普通高等教育中医药类创新课程"十四五"精品教材
全国高等中医药院校教材

卫生法学精要

供基础·临床·预防·口腔医学类专业用

主　编

姚　春　温日锦　张芙华

副主编

董柏青　李小萍　江育萍　颜维海

赵竹君　李　源　黄　璐

主　审

杨文敏

上海科学技术出版社

图书在版编目（CIP）数据

卫生法学精要 / 姚春，温日锦，张芙华主编. -- 上海：上海科学技术出版社，2022.8
普通高等教育中医药类创新课程"十四五"精品教材
全国高等中医药院校教材
ISBN 978-7-5478-5748-9

Ⅰ. ①卫… Ⅱ. ①姚… ②温… ③张… Ⅲ. ①卫生法－法的理论－中国－中医学院－教材 Ⅳ. ①D922.161

中国版本图书馆CIP数据核字(2022)第127077号

卫生法学精要
主编 姚 春 温日锦 张芙华

上海世纪出版(集团)有限公司 出版、发行
上 海 科 学 技 术 出 版 社
(上海市闵行区号景路 159 弄 A 座 9F－10F)
邮政编码 201101   www.sstp.cn
常熟市华顺印刷有限公司印刷
开本 787×1092 1/16 印张 13.25
字数 310 千字
2022 年 8 月第 1 版 2022 年 8 月第 1 次印刷
ISBN 978－7－5478－5748－9/R·2523
定价：50.00 元

本书如有缺页、错装或坏损等严重质量问题，请向印刷厂联系调换

编委会名单

主　编

姚　春　温日锦　张芙华

副主编

董柏青　李小萍　江育萍　颜维海　赵竹君　李　源　黄　璐

主　审

杨文敏

编　委（以姓氏笔画为序）

王　萍（广西医科大学）

朱浩荣（广西中医药大学）

江育萍（广西中医药大学）

孙方圆（广西中医药大学）

李　武（桂林医学院）

李　源（广西中医药大学）

李小萍（广西医科大学）

杨　勇（广西医科大学）

杨文敏（广西职业病防治研究院）

杨宗藩（广西中医药大学）

何艳华（广西职业病防治研究院）

张芙华（湖南文理学院）

陆明阳（广西中医药大学）

周侍美（惠州经济职业技术学院）

赵竹君（广西中医药大学）

姚　春（广西中医药大学）

黄　璐（广西中医药大学）

董柏青（广西中医药大学）

覃　葆（广西中医药大学）

覃安宁（广西卫生法学会）

温日锦（广西中医药大学）

谢青松（广西医科大学）

颜维海（广西中医药大学）

──── 学术秘书

颜维海（广西中医药大学）

序 言

新时期医学高校卫生法制教育改革迄今四十余载,历尽坎坷,稳步前行,取得了可喜的成果,既完善了中医药院校教育体系,也拓展了中医药院校教育形式,丰富了中医药院校教育内容,承担了培养和造就中医药高级人才、实现理论自信、文化自信的重要使命。高等中医药院校卫生法制教育的基本载体——《卫生法学》,与医学职业道德教育改革的发展相伴而行,从零散到集中、从粗浅到精湛、从稀少到众多、从单调到丰富,所起的作用令人瞩目。

新版《卫生法学精要》是在前版《卫生法学》(2009年广西人民出版社出版)改版为《医学伦理学与卫生法学》(2015年科学出版社出版)后,再次改版分出的独立体系。前两版于2006年和2013年受广西壮族自治区卫生厅委托出版,成为全国医学院校使用教材,分别获广西壮族自治区高校人文社会科学重点研究基地"医学伦理与职业道德研究中心"基金资助和广西壮族自治区社会科学优秀成果奖。

2022年接受广西壮族自治区卫生健康委员会的委托和广西中医药大学的指示,重新调整培养人和教育人的方略,对前版《医学伦理学与卫生法学》编写修订为新版《卫生法学精要》教材项目进行申报出版,在上海科学技术出版社的鼎力支持下,将新版《卫生法学精要》列入了"全国普通高等教育中医药类创新课程'十四五'精品教材"(以下简称"精品教材")。这套教材吸取了历版教材的内核,贯彻"突出专业、通俗易懂、逻辑严密、时代感强"的教材编写原则,同时紧密结合全国临床医生、医药师、护士(师)、医疗卫生管理人员等考核制度改革和中医药人才培养、教育的新要求,在统筹计划、编写修订、出版设计过程中,深入讨论,缜密论证、循序渐进,使"精品教材"在内容安排、版面布局和质量把关等方面,实现了预期的目的。在教材编写过程中,始终围绕中医药学卫生法学教育的目标进行,具有针对性、实用性强的特点。教材理论与实践密切联系,定义准确、概念清晰、术语规范、文字精练、科学性强,篇幅适宜。

在新时代的背景下,卫生健康事业走上了高速发展的快车道,医学高校的卫生法学教育事业的发展前景将更为广阔,挑战也将更为严峻。如何通过医学高等教育,持续造就一批又一批遵守国家法律、恪守职业道德、敬畏人民生命的卫生健康事业建设者,如何加强医药卫生人才队伍的卫生法制教育,尤其是在让医学生不仅掌握技术规范,还要在掌握法律规范和道德规范、人文技能的前提下,切实提高卫生法学综合素质,已成为行政主管部门、医药卫生机构、医学高校、行业自律组织等面临的历史重任。本书编委会广泛征求全国中医药高等院校的广大师生意见,多方听取呼声,虚心学习经验,经过两年多的专心致志、刻苦努力,并在"十四五"开局之年着手和2022年5月完成了编写修订工作。

在教材编写过程中,我们坚持从我国国情结合医学高校人才培养的实际出发,结合卫生法制教育教材建设的新战略要求,将卫生法制最新的信息、理论和技术方法予以归纳、提炼,进一步丰富和完善了中医药学卫生法制理论原则、规范要求的内容,在保持前版教材原有特色、优势及风格的基础上,更体现了"简明、系统、全面、适用"的特点。

我们恳请广大师生、医务工作者、医疗卫生机构管理者和社会各界读者,在学习、工作和交流中进一步研究、探讨,提出宝贵意见,使该书的内涵在现实工作和生活中不断丰富、完善。

"登山则情满于山,观海则意溢于海"。对本书的疏漏和缺陷,惠获广大读者更多更好的宝贵意见和建议。

最后,向本书编委会全体成员和全国先后编写《卫生法学》相关教材的同仁表示诚挚问候和崇高敬意!共祝我国医学高校卫生法制教育,在习近平新时代中国特色社会主义思想的指引下,承前启后,开拓奋进,不断取得新的更大突破与辉煌!

广西医学伦理学会、广西卫生法学会、广西医师协会
2022年5月

编 写 说 明

卫生法学是卫生法学教育研究与卫生法学理论教学实践运用的学科,是医学高校医药法律教育的基础学科之一。我们本着"质量至上,读者至上"的理念,从时代新视角出发,进行教材编写。全书共有16章,编写思路清晰、内容丰富、知识全面、结构合理、说理充分、启迪深刻、体系新颖,实用价值较大。

本教材的编写,我们参考了历版同类教材,主要完善的内容如下:① 注释卫生行政执法的基本理论,如卫生行政执法的概念、特征和基本原则,卫生行政许可、处罚、复议、诉讼、赔偿的知识。② 阐释基本医疗卫生与健康促进法的重要知识,如基本医疗卫生服务和健康促进及医疗卫生服务体系的概念、立法意义,公民健康权和制度保障。尤其是基本医疗卫生服务管理,医疗卫生机构质量和运行管理,医疗卫生人员专业能力要求、义务和基本权益保障,医用物资供应保障,国家层面健康促进政策体系等内容。③ 阐明《医师法》的基本知识,如医师资格考试制度、法律责任,尤其是医师资格考试、注册和医师执业权利与义务的规定等内容。④ 阐述执业药师管理法律制度的基本知识,如执业药师的含义和作用,尤其是我国执业药师管理现状、执业药师职业资格考试、执业药师注册制度等内容。⑤ 解释医疗损害责任法的基本内容,如医疗损害的概念及责任,侧重医疗损害的预防与处置、鉴定与医疗事故技术鉴定、行政处理与监督等知识。⑥ 介绍卫生防疫法律的基本知识,如传染病防治的法律规定,侧重艾滋病监测和预防、突发公共卫生事件应急条例、传染性非典型肺炎和新型冠状病毒肺炎防控管理等内容。⑦ 论述食品安全法的基本知识,如食品安全的概念、法律责任,侧重食品安全风险监测和评估、标准和检验,以及食品生产经营和进出口管理、安全事故处置和监督管理等内容。⑧ 阐明药品管理法律的重要知识,如药品生产与经营管理、药品监督管理、特殊药品管理的规律规定及其法律责任等问题。⑨ 讲解母婴保健、人口与计划生育法的基础知识,尤其是婚前保健、孕产期保健、技术鉴定和母婴保健管理,以及人口与计划生育的法律规定等内容。⑩ 注解中医药法的基本内容,如中医药的概念、立法概况、法律责任,尤其是中医药服务、中药保护与发展及中医药人才培养、科学研究和传承传播等知识。⑪ 探讨医学发展中法律规定的内容,如器官移植的概念及法律规定,尤其是死亡、人类基因工程及人类辅助生殖技术的法律问题或规定。

本书第一章由李源编写,第二章由何艳华、董柏青、杨文敏编写,第三章由黄璐编写,第四章由谢青松、覃安宁编写,第五章由覃葆编写,第六章由朱浩荣、陆明阳编写,第七章由王萍编写,第八章由孙方圆、董柏青编写,第九章由赵竹君、江育萍编写,第十章由杨勇、李小萍、王萍编写,第十一章由杨文敏、姚春、何艳华编写,第十二章由孙方圆、董柏青编写,第十三章由赵竹君、江育萍编写,第十四章由杨宗藩编写,第十五章由颜维海、温日锦编写,第十六章由张芙华、周侍美、李武编写。

在编写过程中,得到了上海科学技术出版社,广西社会科学院哲学研究所,广西人类基因组南宁市研究中心伦理、法律和社会问题研究部,广西壮族自治区卫生健康委员会,广西医学会医学伦理学分会,广西卫生法学会,广西医师协会,广西医科大学,广西中医药大学,桂林医学院,惠州学院,广西卫生职业技术学院,广西科技大学,惠州经济职业技术学院,广西职业病防治研究院等有关单位的领导、专家、教授和学者的热情关心、大力支持及深入指导,在此,我们衷心感激!

我们虽力求完美,但限于能力、水平,疏漏在所难免,尤其属于探索和创新性的内容还不够成熟,恳请广大学者、同道不吝赐教。

《卫生法学精要》编委会

2022 年 5 月

目　录

第一章　卫生法概述 / 1
第一节　卫生法的概念、特点和基本原则 / 1
第二节　卫生法的作用 / 5
第三节　卫生法的产生和发展概述 / 7
第四节　卫生法的渊源 / 10
第五节　卫生法律关系 / 11

第二章　基本医疗卫生与健康促进法律制度 / 15
第一节　基本医疗卫生与健康促进法概述 / 15
第二节　基本医疗卫生服务管理 / 17
第三节　医疗卫生机构与医务人员 / 18
第四节　医用物资供应保障 / 21
第五节　健康促进保障 / 22
第六节　监督和法律责任 / 24

第三章　卫生行政执法法律制度 / 25
第一节　卫生行政执法概述 / 25
第二节　卫生行政许可 / 28
第三节　卫生行政处罚 / 30
第四节　卫生行政复议 / 32
第五节　卫生行政诉讼 / 35
第六节　卫生行政赔偿 / 37

第四章　医疗机构管理法律制度 / 39
第一节　医疗机构管理法律概述 / 39

第二节　医疗机构的规划布局和设置审批制度 / 41

第三节　医疗机构的登记和执业制度 / 44

第四节　医疗机构工作管理的法律规定 / 46

第五节　法律责任 / 52

第五章　医药企业管理法律制度 / 54

第一节　医药企业管理法律概述 / 54

第二节　医药企业的设置 / 55

第三节　医药企业的登记与校验 / 60

第四节　医药企业的生产与经营 / 64

第五节　法律责任 / 67

第六章　执业医师管理法律制度 / 69

第一节　医师资格考试与注册 / 69

第二节　医师的执业权利与义务 / 72

第三节　医师的考核与培训 / 74

第四节　法律责任 / 75

第七章　执业药师管理法律制度 / 78

第一节　执业药师法概述 / 78

第二节　执业药师职业资格考试与注册 / 81

第三节　执业药师职责与继续教育 / 83

第四节　法律责任 / 85

第八章　执业护士管理法律制度 / 87

第一节　护士执业考试与注册 / 87

第二节　护士执业权利与义务 / 89

第三节　护士工作执业规则与职责 / 90

第四节　法律责任 / 93

目 录

第九章　医疗损害责任法律制度 / 95
第一节　医疗损害责任法概述 / 95
第二节　医疗损害责任 / 97
第三节　医疗损害预防与处置 / 99
第四节　医疗损害鉴定与医疗事故技术鉴定 / 100
第五节　医疗损害行政处理与监督 / 103
第六节　法律责任 / 104

第十章　卫生防疫法律制度 / 107
第一节　传染病防治的法律规定 / 107
第二节　艾滋病监测和预防的法律规定 / 116
第三节　突发公共卫生事件应急条例 / 119
第四节　传染性非典型肺炎防治管理办法 / 123
第五节　新型冠状病毒肺炎防控管理方案 / 125

第十一章　食品安全法律制度 / 128
第一节　食品安全法概述 / 128
第二节　食品安全风险监测和评估 / 129
第三节　食品安全标准和食品检验 / 131
第四节　食品生产经营和食品进出口管理 / 132
第五节　食品安全事故处置和食品安全监督管理 / 136
第六节　法律责任 / 138

第十二章　药品管理法律制度 / 140
第一节　药品生产与经营管理法律规定 / 140
第二节　药品监督管理法律规定 / 145
第三节　特殊药品管理法律规定 / 148
第四节　法律责任 / 150

第十三章　母婴保健、人口与计划生育法律制度 / 153

第一节　母婴保健法律制度 / 153

第二节　母婴保健管理 / 156

第三节　人口与计划生育法律制度 / 158

第十四章　学校卫生法律制度 / 162

第一节　学校卫生法概述 / 162

第二节　学校卫生工作的要求 / 163

第三节　学校卫生的管理 / 168

第四节　学校卫生的监督 / 171

第五节　法律责任 / 174

第十五章　中医药法律制度 / 176

第一节　中医药法概述 / 176

第二节　中医药服务 / 178

第三节　中药保护与发展 / 181

第四节　中医药人才培养、科学研究和传承传播 / 182

第五节　法律责任 / 185

第十六章　医学发展中的法律规定 / 187

第一节　器官移植的法律规定 / 187

第二节　死亡的法律问题 / 191

第三节　人类基因工程的法律规定 / 196

第四节　人类辅助生殖技术的法律规定 / 198

第一章
卫 生 法 概 述

导学

1. 掌握卫生法的概念、特点和基本原则;卫生法律关系。
2. 熟悉卫生法的作用;卫生法的渊源。
3. 了解卫生法的产生和发展概述。

卫生法是以调整和保护人体生命健康活动中形成的各种社会关系的法律规范。它通过对人们在医学发展和保护人体健康实践中各种权利与义务的规定,调整、确认、保护和发展各种卫生法律关系、医疗卫生秩序,是国家进行卫生管理的重要工具。

第一节 卫生法的概念、特点和基本原则

一、卫生法的概念

卫生法是指由国家制定或认可,并由国家强制力保证实施的,在保护人体健康活动中具有普遍约束力的社会规范的总和。卫生法是国家法律体系中的一个重要组成部分,是依法治国中不可缺少的一环。它具有法律的一般属性,又有特定的调整对象,并具有自己的特征而有别于其他法律。

鉴于目前卫生法调整的领域而言,本章仍然将卫生法视为主要由行政法法律部门组成,包含民事法律关系、刑事法律关系和少部分国际法等。

卫生法主要包括《中华人民共和国基本医疗卫生与健康促进法》(以下简称《基本医疗卫生与健康促进法》)、《中华人民共和国食品安全法》(以下简称《食品安全法》)、《中华人民共和国传染病防治法》(以下简称《传染病防治法》)、《中华人民共和国国境卫生检疫法》(以下简称《国境卫生检疫法》)、《中华人民共和国母婴保健法》(以下简称《母婴保健法》)、《中华人民共和国医师法》(以下简称《医师法》)、《中华人民共和国药品管理法》(以下简称《药品管理法》)、《中华人民共和国中医药法》(以下简称《中医药法》)和《护士条例》《医疗事故处理条例》《医疗器械监督管理条例》《医疗机构管理条例》《乡村医生从业管理条例》《突发公共卫生事件应急条例》《新型冠状病毒肺炎防控方案》等,以及与上述法律法规相应的一系列配套规定。

通过上述卫生法定义和内容,可以看出卫生法包括以下几层含义。

(一)卫生法主要由国内法组成

基于世界各国在政治、经济、文化和历史传统上差异,决定了各国的卫生事业与管理制度

相对保密,但法律另有规定的除外。卫生法不是一般国际社会所公认的国际法,而是由主权国家立法机关以宪法为依据所制定的、适用于本国的法律规范。作为国内法,卫生法不具有国际效力,不需要国际公认。

(二) 卫生法所涉及的基本社会关系

卫生法是调控国家卫生事业、卫生领域内法人、自然人和其他组织之间关系的法律规范。从卫生法所调控国家卫生事业发展过程来看,卫生法所涉及的基本社会关系主要有以下方面。

1. 调整中央与地方卫生行政机关管理权限和分工关系 例如,《医师法》第八条第二款规定:"医师资格考试由省级以上人民政府卫生健康主管部门组织实施。"第三款规定:"医师资格考试的类别和具体办法,由国务院卫生健康主管部门制定。"

2. 调整政府与医疗机构的关系 例如,《医疗机构管理条例》第九条规定:"单位或者个人设置医疗机构,必须经县级以上地方人民政府卫生行政部门审查批准,并取得设置医疗机构批准书。"

3. 调整医疗机构与患者的关系即医患关系 例如,《护士条例》第十八条规定:"护士应当尊重、关心、爱护患者,保护患者的隐私。"

4. 调整政府与从业人员的关系 例如,《乡村医生从业管理条例》第五条规定:"地方各级人民政府应当加强乡村医生的培训工作,采取多种形式对乡村医生进行培训。"

5. 调整政府与药品药械经营企业的关系 例如,《药品管理法》第四十一条规定:"从事药品生产活动,应当经所在地省、自治区、直辖市人民政府药品监督管理部门批准,取得药品生产许可证。无药品生产许可证的,不得生产药品。药品生产许可证应当标明有效期和生产范围,到期重新审查发证。"

(三) 卫生法调整纵向的公共卫生行政关系

卫生法是调整纵向的、以命令与服从为基本内容、以隶属性为基本特征的卫生行政关系。在这一关系中,政府存在及其行政权力行使是必要条件。一方面,政府是国家行政权力行使者,是行政活动主体。另一方面,行政机关一经成立,其行为就具有某种强制力,因此其具体行政行为实施必须遵循一定的规则和程序。当然,卫生行政法也给予卫生行政关系其他主体一定的法律地位,规定其活动权利和活动方式,使其符合国家意志和公益性的要求。

(四) 卫生法的立法目的

作为卫生法,国家立法的目的:一是通过立法,建立健全国家卫生法律法规,发展医疗卫生与健康事业,保障公民享有基本医疗卫生服务,提高公民健康水平,维护国家卫生事业健康、有序的发展。二是以法律这一武器来预防和控制传染病,预防和控制不利于公民健康的病源向我国流入。三是依法维护国家卫生事业的社会公益性地位,防止其步入"市场化"歧途。四是通过立法,使有关部门依法履职,特别在发生突发性公共卫生事件时,有法可依、组织协调、工作有序,及时、有效地控制和处置。

二、卫生法的特点

我国卫生法作为一个特殊法学领域,除具有行政法所特有的性质外,有自身的特点。

(一) 卫生法在形式上的特点

1. 卫生法没有统一的法典 在形式上,卫生法是由宪法、法律、行政法规等众多法律文件所构成,这些是卫生法律规范的总和。卫生法这一特征,是由其自身特殊性所决定的。在卫生领域,需要卫生法调整的范围十分广泛、内容十分繁杂。卫生特别是医疗卫生事项繁杂多变,与卫生有关法律法规甚多而又修改频繁,这都使卫生法难以在目前对卫生问题做出统一的规定、制定一部统一的卫生法。同时,社会上很多新的疾病,如发生于 2003 年的非典型肺炎(SABS)、2019 年新型冠状病毒肺炎(CO-VID-19)等都是突发而来,对疾病本身的认识还须一定的时间,制定带有预见性法律法规就更加困难。因此,卫生法作为诸多部门法的一个分支,是位于宪法之下,由若干单项法、众多行政法规、地方性法规和政府规章等所构成的相对独立的一套法律体系。

2. **卫生法稳定性较差,在形式上富有变动性**　由于卫生法是以有关卫生防疫、医疗、卫生事务为调整对象,而这些事项本身经常变化,并时有突发性、"史无前例"的公共卫生事件发生,因而其调整范围也就具有了不稳定性特征,导致卫生法就不得不随着卫生事业事项变更而变更。同时,行政法规、规章是为卫生行政机关自己实施法律、执行职务和适应实际需要而制定的,这些法规、规章制定和修改程序与卫生法相比较为宽松,因此修改就较为频繁,为多变性。卫生法这一特征,随着我国社会主义法制健全和完善,也正在改变。

3. **卫生法法律形式具有多样化**　从我国卫生立法现状来看,卫生法体系中多数单行法律法规都是近年来的成果。从法律形式上看,卫生法表现为法、条例、规范、办法、规定、通知等。而国家政策在一定条件下、一定范围内也在适用,即起着法的作用。例如,我国《中华人民共和国民法典》(以下简称《民法典》)第八条规定:"民事主体从事民事活动,不得违反法律,不得违背公序良俗。"可以说,在民事活动中是适用的,在卫生法律关系中也同样是适用的。

(二) 卫生法在内容上的特点

1. **卫生法的规定具有广泛性**　卫生法的内容对卫生行政组织、卫生行政管理、卫生监督、医疗机构管理、卫生技术人员资格、计划生育、特殊人群卫生保护、卫生执法、卫生科学技术研究等领域的设置都做了规定,可称得上是包罗万象。同时,卫生系统的管理体制也与其他系统的管理体制有所不同,因此也导致了卫生法内容的广泛性,其涉及的是社会的多个领域。

2. **卫生法的内容具有易变性**　一般地讲,法律应具有相对稳定性。但是,由于我国卫生法制建设起步晚,变化多样的卫生方面事务还在靠政策来调整。特别是我国在 2001 年 12 月 11 日加入世界贸易组织(World Trade Organization,WTO)后,WTO 规则所要求的各种制度(如信息公开制度、听证制度等)都还没有建立或不完善。这就必然要求我国的卫生行政机关制定与 WTO 规则要求相一致的法律法规,从而取代原有的法律法规和有关政策、制度。这种新法的制定,必然表现为卫生法制易变性。目前,我国已制定一系列卫生法律法规,我国卫生法这一特点正在发生质的变革,依法行政环境正在逐步完善。

3. **卫生法规是实体法与程序法交织在一起的**　在我国,民法与民事诉讼法、刑法与刑事诉讼法,都是分别作为实体法和诉讼法分开制定,其都是法的不同部门法,而卫生法则不然。

首先,卫生法和其他部门法类似,其程序性规范并不仅限于诉讼领域,还包括卫生活动过程中的诸多非诉讼领域,如仲裁、调解、和解等。其次,卫生法主要内容是在行政法律领域内,我国的行政诉讼法虽然可以独立成法,成为我国三大诉讼法之一,但由于没有统一的、名称叫"行政法"的法典,而行政诉讼毕竟与行政法有关实体内容密不可分,这就使行政诉讼法包含了许多实体性的条文,而实体法内也包含有许多程序法方面的规定。

三、卫生法的基本原则

卫生法的基本原则是指贯穿于卫生法律规范和卫生法律关系中,指导和制约卫生立法与实施卫生法制的基本精神、准则。与其他法律法规一样,卫生法须遵循的原则有很多,但根据不同的层次,大致可分为以下三类。① 政治原则和宪法原则:坚持社会主义道路、坚持人民民主专政、坚持中国共产党的领导、坚持马克思列宁主义和毛泽东思想、坚持习近平法治思想,是我国卫生法最高原则,它规定了卫生法的发展方向、道路和根本性质。而《宪法》是我国的根本大法,在法律体系中其他的下位法都不能与之抵触,宪法原则是其他部门法应当遵循的原则。② 国际法原则:如在我国没有加入 WTO 前,国际法只是我们应当遵循的一种国家行为准则,对我国的立法与执法影响力不是太大。我国加入 WTO 后,由于 WTO 规则对各成员国立法、执法的约束,国际法原则特别是 WTO 规则也成为我国卫生立法、卫生执法的一项基本原则。③ 卫生法制的基本原则:卫生法制的基本原则是位于政治原则和宪法原则、国际法原则之下,产生于卫生法创立、实施,贯穿于卫生法律规范和卫生法律关系中,指导和制约卫生立法与实施卫生法制的基本精神、准则。

卫生法的基本原则主要包括卫生行政合法性原则、卫生行政合理性原则、卫生行政自由裁量权原则和卫生行政应急性原则。

1. 卫生行政合法性原则　对卫生行政合法性原则的具体内容,可以从以下方面理解。

(1) 卫生行政权或职责是基于宪法和法律授权才存在的:卫生行政合法性原则要求行政主体在其法定权限内行使职权(责),没有法律根据的职权是不存在的。例如,公安机关从事卫生行政机关的卫生管理活动,则违反合法性原则。法定权限是不允许非法超越的,"超越职权"等于违法。行政机关的行为"是否超越职权",是司法审查的一个重要内容。

(2) 卫生行政权必须依法行使:依照法律行使职权,是行政合法性原则为行政主体设定的一项"义务"或"职责"。一般来讲,职权和职责是统一的,职责是职权基础、是本位,职权是为职责服务的。卫生行政机关管理活动中,对于卫生行政相对人来说是在"行使职权";但对于国家、社会和人类来讲,其是在"履行义务"。卫生行政合法性原则要求卫生行政主体行使职权时,既不能违反卫生行政实体法规定,也不能违反卫生行政程序法规定,更不能懈怠或者拖延行使法定职责(履行义务),否则要负相应的法律责任。

(3) 卫生行政授权与委托必须有法律依据,符合法律要旨:在一般情况下,卫生行政职权是由国家法律明文规定的卫生行政机关行使。但是,由于现代社会事务十分复杂、新的疾病层出不穷,有时由其他组织代为执行法律可以节约大量社会资源,可以更好地处理一些技术性问题。在这种情况下,法律往往规定可以授权其他组织代为行使职权,即将应由自己行使职权的一部分或全部委托给其他组织或个人行使。但是,卫生行政机关的授权必须有法律依据,并按程序进行,不得违反法律要旨。

卫生行政合法性原则三方面的内容是有机的统一体,我们应当全面地理解、认真贯彻执行。

2. 卫生行政合理性原则　指卫生行政机关行政行为的内容,应当客观、适度、合乎情理。合理性原则是对卫生行政自由裁量权的限制,主要内容有:① 行政行为应符合立法目的;② 行政行为应建立在正当考虑的基础上,不能考虑不相关因素;③ 平等地适用法律法规,不得对相同的事实予以不同对待;④ 符合社会公德。

3. 卫生行政自由裁量权原则　指在法律法规没有规定的情况下,卫生行政机关根据合理的判断,决定作为或不作为以及如何作为的权力。

4. **卫生行政应急性原则**　这是现代行政法制的重要内容,是指在某些特殊紧急情况下,出于国家安全、社会秩序、人民生命安全或其他公共利益的需要,卫生行政机关可以采取没有法律依据或与法律相抵触的具体措施。

卫生行政应急性原则是合法性原则的例外,但卫生行政应急性原则也并非排除任何法律控制,不受任何限制的行政应急权是没有的。其没有脱离卫生行政法制原则,是卫生行政法制原则特殊的、重要的内容。一般地讲,卫生行政应急权行使应符合以下条件:① 社会存在明确无误的紧急危险;② 卫生行政机关做出应急行为前和行使应急行为过程中,应受到有权机关的监督;③ 应急权的行使应当适当,应将应急损害控制在最小的程度和范围内;④ 非法定机关行使紧急权力后,必须由有权机关予以追认,否则无效。

第二节　卫生法的作用

卫生法作为我国一个特殊法律领域,其除具有法的一般作用和功能外,还具有自身的特点,在社会发展中起着十分重要的作用。

一、确保卫生政策实施和卫生事业发展

国家政策即国策,是指国家根据一定时期的政治经济任务和总体规划、长远目标以及国内外形势的要求,为实现国家对社会政治领导和处理国内外事务而制定的行动方针、路线和准则。

在我国,政策是国家一切活动的依据,包括立法活动。但是,政策只有以法的形式表现出来,才能凭借国家强制力来保证实施。所以,一个国家对新形势下出现的一些新问题的应对办法,总是先以政策形式出现,经过一段时间实践检验取得经验后,再加以改进、修订和完善,然后再通过立法程序将其上升为国家法律。在卫生事业建设方面,国家根据一定时期的国内、国际政治经济形势的需要,经常性地调整一些相应卫生活动的政策,以推动卫生事业稳定、有序、健康发展。但是,制定政策才是初步工作,更大量的工作是如何保证这些政策有效落实。一般地说,国家政策和国家法律在本质上是一致,但政策和法律又有区别。首先,政策和法律是由国家不同的部门制定,政策是由国家行政机关制定,法律是国家立法机关制定。其次,政策不一定对全体公民有约束力,法律则对全体社会成员都有约束力。再次,政策一般比较原则、灵活、多变,具有一般号召力;而法律则比较具体、稳定,对全体社会成员行为具有严格的规定性,具有普遍约束力。最后,政策实施主要靠号召、宣传、教育来落实,而法律则主要靠国家强制力来保证实施。正是由于政策和法律上述区别,因而只要实际需要和条件成熟,政策就会上升为国家法律。

目前,我国已经制定了一系列有关医疗卫生、医药、卫生检疫等方面法律法规,保证了我国卫生事业运行、发展的需要。可以说,我国医疗卫生事业的建立、健全和发展,首先要依靠国家制定政策,在政策运行一段时间后、在实际需要和条件成熟时,才在政策的基础上制定法律。与此同时,国家通过卫生立法确保了国家卫生政策有效实施和卫生事业健康、有序、稳定的发展。

二、实现卫生事业管理的有序化、科学化

卫生行政立法在卫生事业管理方面的作用,主要在于它规定了卫生行政机关管理卫生、医疗、医药、卫生检疫等方面的义务或职责,以及与其职责相适应的职权,从而保证卫生行政管理坚持依法履行(义务)职责、行使职权,真正做到有序化、科学化。

目前我国卫生管理体制,实际上是实行"多线并行""分级交叉管理""垂直领导"。所谓"多线并行""分级交叉管理"是指我国把卫生事业事项(卫生检疫、医疗卫生、医药管理、计划生育、职业病防治、卫生知识教育、核设施放射卫生防护等)分到多个部门管理或共同(交叉)管理。① 国家把国境卫生检疫监测传染病、核设施放射卫生防护工作,交由国家卫生健康委员会统一管理。如2018年4月27日第十三届全国人民代表大会常务委员会第二次会议通过的《国境卫生检疫法》第三条规定:"本法规定的传染病是指检疫传染病和监测传染病。检疫传染病,是指鼠疫、霍乱、黄热病以及国务院确定和公布的其他传染病。监测传染病,由国务院卫生行政部门确定和公布。"② 把行业准入、疾病防治、医疗卫生、职业病防治等方面的大部分工作,交由国家卫生行政系统管理。如《医师法》第四条规定:"国务院卫生健康主管部门负责全国的医师管理工作,县级以上地方人民政府卫生健康主管部门负责本行政区域内的医师管理工作。"此外,《传染病防治法》《护士条例》等也都有相应规定。③ 把医药、药械管理工作,主要交由国家药品监督管理部门管理。如《药品管理法》第五条规定:"国务院药品监督管理部门主管全国药品监督管理工作。国务院有关部门在各自的职责范围内负责与药品有关的监督管理工作。""省、自治区、直辖市人民政府药品监督管理部门负责本行政区域内的药品监督管理工作。"④ 传染病防治,建立由政府领导、卫生行政部门主管、多部门配合的管理体系。《传染病防治法》规定:"各级人民政府领导传染病防治工作。国务院卫生行政部门主管全国传染病防治及其监督管理工作,县级以上地方人民政府卫生行政部门负责本行政区域内的传染病防治及其监督管理工作。县级以上人民政府其他部门在各自的职责范围内负责传染病防治工作。居民委员会、村民委员会应当组织居民、村民参与社区、农村的传染病预防与控制活动。"⑤ 把学校卫生管理、卫生知识教育工作,交由国家卫生行政、教育系统共同管理。如《学校卫生工作条例》第四条规定:"教育行政部门负责学校卫生工作的行政管理,卫生行政部门负责对学校卫生工作的监督指导。"再如,2002年8月5日,教育部和卫生部共同下发《关于举办高等医学教育的若干意见》,对医学高等教育做出了规定:"自2002年10月31日起,停止自学考试、各类高等学校远程教育(广播电视教育、函授教育、网络教育)、学历文凭试点学校举办医学类专业学历教育。成人高等教育举办的医学类专业、相关医学类专业、药学类专业学历教育,自学考试和各类高等学校远程教育举办的相关医学类专业、药学专业学历教育,只能招收已取得卫生类执业资格人员,停止招收非在职人员。"

所谓"垂直领导",是指我国的卫生事业管理,由国家卫生行政部门全面负责,县级以上各级卫生行政部门在自己所辖行政区域内各负其责;县级以上卫生行政机关受当地政府和上级卫生行政部门双重领导,向上级卫生行政部门负责和报告工作。在发生疫情或特殊时期,县级以上卫生行政部门应当按照法律法规规定和上级卫生行政部门政策,负责本辖区卫生防疫、医疗卫生等工作,并按最新政策向上级报告。

上述可见,国家通过卫生立法,可以明确卫生系统各部门的管理职责和权限,对实现卫生行政管理有序化、科学化具有重要的意义。

三、构建支撑卫生事业发展的卫生法律体系

1. **使国家法律法规与WTO规则要求相适应**　《建立世界贸易组织马拉喀什协议》第十六条第四款规定:"每一成员应当保证其法律、规则和行政程序,与所附各协议中的义务相一致。"这一规定,我们可以认为是WTO规则对各成员国法律制度内容上原则性要求。因此,各国应以《建立世界贸易组织马拉喀什协议》对成员国的法律制度的原则性要求为依据,通过立法程序制定一系列卫生法律法规,以使自己国家法律法规与WTO规则要求相适应,从而保证自己国家卫生法律法规符合国际法。

2. **为我国卫生事业营造一个完善的法制环境**　我国《宪法》第五条规定:"国家维护社会主义法制的统一和尊严。一切国家机关和武装力量、各政党和各社会团体、各企业事业组织都必须遵守宪法和法律。一切违反宪法和法律的行为,必须予以追究。"我国实行依法治国,做到有法可依,并制定相应的法律,为人们营造完善的法制环境。基于此,我国加强卫生方面立法,通过国家立法活动,可使人们有法可依。只有法可依,才能要求人们有法必依,也才能对违法者追究责任,即实现违法必究。现国家已通过卫生立法,建立起以卫生法律法规为龙头、以部门规章为必要补充、以政策做临时调整的卫生法律体系,从而保障我国卫生事业健康有序地发展。

四、为实现和谐社会提供相关法律依据

为实现和谐社会提供相关法律依据是卫生法又一作用。众所周知,医疗卫生事业关系到社会的方方面面、每家每户,吃药看病是人人都免不了的事情。所以,关于医院设立、医护人员的准入制度、医药价格高低、医护人员道德品质、医学教育的质量、计划生育政策等,都是人们普遍关心的问题。而有些问题,单靠政策是解决不了所有问题的,需要依靠法律法规来调整。

也正是基于上述情况,国家制定一系列卫生法律法规,将解决一些无法可依的情况;由于法具有指引作用,这就使人们可以预见自己的行为性质和后果,从而依法为一定行为或不为一定行为,这就极大地减少了人们盲目行为,减少了违法犯罪行为,为实现和谐社会提供了相关法律依据。

第三节　卫生法的产生和发展概述

一、国外卫生法的产生、发展概述

国外古代社会卫生法起源较早,公元前3000年左右,古埃及就开始颁布一些有关医药卫生方面的法令。如在公共卫生方面,就有掩埋尸体、排水规定等;在医疗方面,有对失职医生处罚规定等。公元前1776年,古巴比伦王国的国王汉谟拉比颁布的世界上现存最古老的成文法典《汉谟拉比法典》中就有7章涉及医师地位及责任、医疗活动、食品卫生等方面规定。古印度和古希腊法律中,也都有关于医药卫生方面法律规定,如古印度《摩奴法典》中规定僧侣不得娶病女子为妻,规定死者火葬,提倡素食,重罚酗酒者等。在古代奴隶制社会中,罗马奴隶制社会医疗卫生法律最为发达,涉及医疗卫生许多方面,最著名是公元前450年颁布《十二铜表法》,古罗马的卫生法对医生管理与监督、医疗事故处罚与赔偿、城市预防疾病、食品卫生监督、妇女怀孕时间等方面都做了明文规定。特别值得一提的是,古罗马人在历史上首次规定了行医许

可制度,这在今天看来也是非常了不起。因此,古罗马法对以后卫生立法具有较深远的影响。中世纪后期,由于医学发展和医科学校的出现,各国卫生法规定和调整范围有所扩大,医疗卫生许多方面都出现了成文法规,对医生资格要求更为严格。许多国家在卫生、药品和食品等方面管理,都做了法律上的规定,并出现了带有资本主义因素的法规,有的成为近代资本主义法律雏形,如12世纪西西里王罗格尔二世颁布了禁止未经政府考试医生行医法令,严格规定了医生资格;15世纪英国颁布行医制度及城市公共卫生制度等法律条文。虽然在奴隶制社会和封建社会时期许多国家已有卫生方面的法律规定,但当时整个社会法制毕竟还处在萌芽阶段,且受以往社会习惯和宗教影响较大。

随着资本主义发展,卫生法也进入了发展阶段,许多国家出现了专门卫生法,如13世纪威尼斯制定了药剂管理规章;14世纪,威尼斯、马赛等地颁布了检疫法,开创了国境卫生检疫的先河;15世纪前后,佛罗伦萨、纽伦堡、巴塞尔等地都颁布了《药典》,这些都是带有资本主义因素的法律。英国1601年制定了《伊丽莎白济贫法》,这是最早现代资产阶级卫生立法,影响最久,达300余年;1848年制定了《卫生法》,1859年颁布了《药品食品法》,1875年实施了《公共卫生法》,1878年颁布了《全国检疫法》,以后又逐步制定了《助产士法》《妇幼保健法》《精神缺陷法》《国家卫生服务法》《卫生和安全法》等。德国1883年颁布了《疾病保险法》,建立了世界上最早的医疗保险制度。美国1866年纽约市通过了《都会保健法案》,1902年制定了有关生物制品法规,1906年颁布了《纯净食品与药物法》,1909年制定《药政法规》,1914年制定了《联邦麻醉剂法令》等。

第二次世界大战以后,卫生立法得到了迅速发展,各国分别制定了关于医院管理医政法规,规定了医师、药师、助产士、医学检验人员职权范围、惩罚办法及考试措施等。在环境保护方面,各国环境保护立法达到了空前活跃时期,出现"公害罪",明确规定了法人犯罪问题,如法国《公共卫生法》、美国《国家环境政策》、日本《公害对策基本法》等。在劳动保护方面,各国分别规定了职业安全卫生法,对职业病预防、职工体检、妇女特殊照顾等都有明确规定,如日本《尘肺法》《防止粉尘危害规则》《防止石棉危害规则》《防止特定化学物质危害规则》,英国《煤矿安全监察法》《矿山与采石场法》《职业健康与安全法》《煤矿可吸入粉尘法规》,美国《职业安全卫生法》等。在优生方面,各国先后制定了优生法。在社会公共设施上,各国还制定了控制传染病法律、卫生检疫法律等。在社会福利事业上,各国相继制定了老人保健法、精神卫生法、福利法、国民健康保险法等,使医药卫生法在社会生活的各方面发挥越来越大的作用。

二、中国卫生法的产生、发展概述

我国早在两千多年前就有了卫生方面的法律规范,也是世界上最早运用法律手段管理社会卫生的国家之一。我国古代卫生法制定和实施,散见于各种律书和古籍之中,构成了我国卫生法发展轨迹。奴隶社会是我国卫生立法的萌芽时期,如商代就已产生了卫生法律条文,《韩非子·内储说上》有"殷之法,弃灰于道者断其手"记载。西周《周礼》详实地记载了当时的医事管理制度,包括司理医药机构、病历书写和医生考核制度等。当时,"医"已开始令人羡慕的职业,有专业分工,即分为"食医"(营养师)、"疾医"(内科医生)、"疡医"(外科医生)、"兽医"四科,并对医生职责、任务做了规定。《周礼·天官》中记载:"医师掌医之政令,聚毒药以共医事,凡邦之有疾病者……则使医分而治之。"在医生奖罚规定上有"岁终,则稽其医事,以制其事,十全为上,十失一次之,十失二次之,十失三次之,十失四为下"。在个人卫生、环境卫生、预防保健方面也有一些规定,如对死者要埋葬、麻风患者应隔离等。

封建社会是我国卫生立法逐步发展和渐趋完善时期,出现了较系统的成文法典,其中也可见一些关于医疗卫生及传染病预防方面条文,如《秦律》禁止杀婴堕胎等。秦代极为重视环境卫生,当时制定颁布了《田律》,可以说是世界上第一部环境保护法。唐宋时期,卫生立法有了较大的发展。《唐律疏议》中有许多涉及医药卫生条文,如医事立法已占有相当的位置,对医师误伤、欺诈、调剂失误和以药害人等行为均有刑律规定,对饮食卫生、卫生管理等方面也有一些规定。唐显庆四年(659年)颁布了世界上第一部由国家编撰的药典《新修本草》,明令禁止同姓为婚,以后各朝代均采用了这种形式。自宋代开始,设立了管理宫廷内外专门药政机构,开设了国家药局。《太平惠民和剂局方》则是法定生产药品的标准,这是我国乃至世界上最早的药品标准。《太平圣惠方》《圣济总录》等都是带有药典性质的药书。而《市易法》中规定,由朝廷控制药品贸易,禁止商人投机,革除药品伪滥之流弊。宋代于12世纪颁布的《安剂法》,则是我国最早的医院管理规章。另外,宋慈所著《洗冤录》是现存世界上最早的法医学著作,自13世纪至19世纪600年间,被历代法官和检验官奉为经典。元、明、清各代也都颁布过一些卫生方面法令。《元典章》中明确规定禁止假医假药,禁止贩卖毒药;对医生资格及庸医杀人等也有相应的规定。《清朝通典》(原名《皇朝通典》,清代嵇璜、刘墉等奉敕撰)中还对太医院职责及管理做了一些规定,并设立了专管种痘官员,对防治天花及其他一些疫病发布过法令;还颁令建立了一些具有医院性质抚恤组织,如普济堂等。

民国时期卫生法是我国卫生立法专门化、具体化时期。国家设卫生行政部门负责全国医药卫生工作,医药卫生管理制度日趋完备,制定了《全国海港检疫条例》《公立医院设置规则》《中医条例》及《医师法》《药师法》《医事人员检核办法》《中医师检核办法》《传染病预防条例》等法规。

新民主主义革命时期卫生法是中国共产党在革命根据地制定的。中国共产党对根据地人民身体健康十分关心和重视,在大力开展卫生工作、建立健全卫生管理机构的同时进行卫生立法,先后颁布实施了《卫生法规》《卫生运动纲要》《卫生防疫条例》《战时卫生勤务条例》等,在中国卫生法历史上揭开了崭新的一页。这些法规实施,使根据地卫生事业有法可依,有章可循,也为中华人民共和国成立后卫生法发展奠定了基础。

中华人民共和国成立标志着我国卫生法进入了新的历史时期,其发展可分为几个阶段。从中华人民共和国成立到1954年第一部《宪法》颁布。这一时期,立国之初,百废待兴,但党和政府仍十分关心卫生事业、卫生法制建设,制定了大量的卫生法规来促进卫生事业发展和保障公民身体健康。如起临时宪法作用的《共同纲领》第四十八条明确规定"推广医药卫生事业,并注意保护母亲、婴儿和儿童的健康",为当时卫生立法指明了方向。此后,先后颁布了《中央人民政府卫生组织条例》《种痘暂行办法》《交通检疫暂行办法》《管理麻醉药品暂行条例》《工厂卫生暂行条例》《医师暂行条例》《中医师暂行条例》《民用航空检疫暂行办法》等。这是卫生立法起步阶段。

1954—1966年,在《宪法》指导下,国家先后颁布了大量的卫生法规。1954年卫生行政部门颁发《卫生防疫暂行办法》,促进了各级卫生防疫站建设。在此基础上发布《卫生防疫站工作条例》,保证了卫生防疫工作的顺利开展。1955年卫生行政部门颁发《传染病管理办法》,规定了传染病种类、报告制度及处理办法。在劳动卫生、食品卫生方面,先后颁发了《工厂安全生产规程》《工业企业卫生设计暂行卫生标准》《职业病范围和职业病患者处理办法》《职业病中毒和职业病报告试行办法》《食品卫生管理试行条例》《饮用水质标准》等一系列条例和标准。1957

年颁布了《中华人民共和国国境卫生检疫条例》及其实施细则,使国境卫生检疫工作有了法律保证。在药政方面先后颁发了《关于加强药政管理的若干规定》《管理毒药、限制剧毒药暂行规定》等,1965年又再版了《中华人民共和国药典》。

1982年,《宪法》中有关国家发展医疗卫生事业、保护人民健康的规定,为新时期卫生立法指明了方向,提供了依据。随着社会主义市场经济逐步形成、完善和卫生改革的不断深化,卫生法制建设日益重要和迫切,卫生立法步伐迅速加快。改革开放以来,全国人民代表大会常务委员会已制定了《食品卫生法》、《药品管理法》、《国境卫生检疫法》、《传染病防治法》、《中华人民共和国红十字会法》(以下简称《红十字会法》)、《母婴保健法》、《中华人民共和国献血法》(以下简称《献血法》)、《执业医师法》、《中医药法》等13部卫生法,居文教卫系统立法工作之首,且其立法层次和法律地位均较高。国务院制定发布和批准发布的卫生行政法规有100多个,如《麻醉药品管理办法》《精神药品管理办法》《医疗用毒性药品管理办法》《放射性药品管理办法》《医疗事故处理条例》《公共场所卫生管理条例》等。卫生行政部门制定和颁发卫生规章及其他规范性文件数以千计,如《全国医院工作条例》《医院工作制度》《医院工作人员职责》《药品卫生标准》《药品管理实施办法》等。各省、自治区、直辖市也结合实际制定了一批地方法规,使我国医药卫生事业逐步走上法制化轨道,我国卫生法体系初步形成。

第四节　卫生法的渊源

法的渊源简称法源,包括法创制方式和法律规范外部表现形式。我国卫生法的渊源是指卫生法律规范的各种表现形式。

一、宪法

宪法是我国的根本大法,它是由我国最高国家权力机关——全国人民代表大会依照法定程序制定的具有最高法律效力的规范性法律文件。

二、卫生法律

卫生法律是指由全国人民代表大会及其常务委员会制定的卫生方面专门法律,其效力仅次于《宪法》。可分为两种:一是由全国人民代表大会制定的基本法律。如《刑法》的危害公共卫生罪、滥用职权罪、玩忽职守罪、重大人身伤亡罪等,包含有卫生法的内容。二是由全国人民代表大会常务委员会制定的卫生基本法律以外的专门卫生法律,如《传染病防治法》《食品安全法》等。

三、卫生行政法规

卫生行政法规是指由国务院制定的有关卫生方面的规范性法律文件,其法律效力低于卫生法律,是下级卫生行政部门制定各种卫生行政管理规章的依据。

四、地方性卫生法规

地方性卫生法规是指省、自治区、直辖市及省会所在地的市人民代表大会及其常务委员会,经国务院批准的较大的市级人民代表大会及其常务委员会,在不与宪法、法律、行政法规相抵触前提下所制定的规范性法律文件的总称。

五、自治条例与单行条例

自治条例与单行条例是指民族自治地方人民代表大会依法在其职权范围内，根据当地民族政治、经济、文化的特点，制定发布有关本地区政治、经济、文化管理方面的法律文件，其中涉及卫生领域法律规范属于卫生法渊源。

六、卫生行政规章

卫生行政规章是指由国务院卫生行政部门依法在其职权范围内制定在全国范围内具有法律效力的卫生行政管理规章。

七、地方性卫生规章

地方性卫生规章是指由各省、自治区、直辖市以及省会所在地的市和经国务院批准的较大的市级人民政府，依法在其职权范围内制定、发布有关本地区卫生管理方面的卫生法律文件。地方性卫生规章仅在本地区内有效。

八、卫生标准

卫生技术规范和操作规程也是卫生法源的一个重要组成部分，可分为国家和地方两级，前者由国家卫生行政主管部门制定颁布，后者由地方政府卫生行政部门制定颁布。

九、法律解释

法律解释专指由国家机关对特定法律规范的内容和含义所做的说明。我国法律解释从主体地位及其效力来划分，主要有立法解释、司法解释和行政解释。

十、卫生国际条约

卫生国际条约是指我国与外国缔结或我国加入并生效的有关卫生方面的国际法规范性文件，如《国际卫生条例》等。

第五节　卫生法律关系

法律关系是根据法律规范产生、以主体间的权利与义务关系形式表现出来的特殊的社会关系，每一个法律都调整特定方面的社会关系。卫生法律规定对该特定范围内社会关系的调整所形成的法律关系，就是卫生法律关系。具体而言，卫生法律关系就是国家机关、企事业单位、社会团体、公民个人在卫生管理和医药卫生预防保健服务过程中，根据卫生法律规范所形成的权利和义务关系。

一、卫生法律关系的特征

卫生法律关系是法律关系的一种，同时又是有别于其他法律关系的一种特殊法律关系，其独有的特征。

1. **卫生法律关系是由卫生法律规范所调整的社会关系** 卫生法律关系的形成,必须以相应的卫生法律规范的存在为前提。国家制定卫生法律规范,规定了国家卫生行政机关、企事业单位、社会团体和公民之间一定的权利及义务关系,从而使它们之间的关系具有法律性质。所以,我国卫生法律规范的存在是我国卫生法律关系产生的前提,卫生法律关系是由卫生法律所调整的社会关系。

2. **卫生法律关系是卫生法律规范实现的特殊形式** 卫生法律规范在实际中的运用,实现了卫生法律关系。法律规范在逻辑上表现为假定、处理、法律后果三部分,是在假定某一事实存在情况下,规定人们有某种权利和义务,并不表示人们的现实行为。而卫生法律关系则是在卫生法律规范所假定的事实已经存在情况下,实际产生的权利和义务关系。如《医师法》对医师在执业活动中的权利和义务做了明确的规定,这些规定是针对医师的普遍性法律规定,只有当这些规定运用到具体医师身上时才产生相应的权利和义务关系,此时,这一卫生法律规范才得以实现。

3. **卫生法律关系是一种纵横交错的法律关系** 纵向关系和横向关系相互交错、相互结合,形成一个统一的有机整体,具有纵横交错的综合性特征。卫生立法是综合性的社会立法,它不仅包括纵向的卫生管理立法,还包括横向的卫生服务关系的立法。与之相适应,卫生法律关系也包括两个方面,即纵向的卫生管理关系和横向的卫生服务关系,两者是一个有机的整体。这两种关系存在区别,不能互相取代,也不能厚此薄彼。同时,两者又有密切联系,它们的最终目的都是保障公民的身体健康。

4. **卫生法律关系的主体具有特殊性** 卫生法是一个专业性很强的部门法,这就决定了卫生法律关系主体的特殊身份,即通常是从事卫生工作组织和个人。在纵向关系中,必定有一方当事人是卫生管理机关,如卫生行政机关、食品卫生监督机构等。在横向关系中,必定有一方当事人是医药卫生保健服务机构或个人。卫生法律关系要求主体具有专业性、特殊性,但并不是有卫生管理机构和卫生服务机构参与的法律关系都是卫生法律关系。这些机构内部相互之间,以及它们与其他的国家机关、企事业单位、社会组织和公民个人之间,也可能发生民事法律关系。只有以卫生管理和卫生服务为内容,为我国现行卫生法律规范调整所形成的法律关系才是卫生法律关系。

二、卫生法律关系的构成要素

卫生法律关系由主体、内容、客体三要素构成,三者缺一不可。

(一) 卫生法律关系的主体

卫生法律关系的主体是指卫生法律关系参加者,即参与卫生法律关系,在其中享有权利、承担义务的当事人。卫生法律关系主体是卫生法律关系产生的前提条件,任何一种具体的卫生法律关系都必须有双方主体参与,没有主体和主体活动,就不可能产生卫生法律关系。卫生法律关系的主体由我国现行卫生法律规范所规定,具体包括以下方面。

1. **国家机关** 凡依法设立的各级卫生行政机关和其他国家机关,都可能成为卫生法律关系的主体。卫生行政机关是我国卫生法律关系最主要的主体,因为任何一种具体的卫生法律关系都是在国家的卫生行政管理活动中才成立的。在很多情况下,我国卫生法律关系往往是以国家卫生行政机关为一方,其他国家机关、企事业单位、社会团体、公民等为另一方。

2. **企事业单位**　企事业单位也可以成为我国卫生法律关系主体。在卫生管理法律关系中,企事业单位为卫生行政机关所管理和监督。在卫生服务法律关系中,企事业单位以平等主体身份出现,与其他卫生法律关系主体间形成一种服务与被服务的关系。

3. **社会团体**　社会团体在为社会提供卫生咨询和卫生医疗等服务时,即参与了卫生法律关系,成为卫生法律关系主体,如中国红十字会、中华医学会等。

4. **公民**　公民是卫生法律关系中很重要的主体,可以参与多种卫生法律关系。公民作为卫生法律关系主体有两种情况:一种是以特殊身份成为卫生法律关系主体,如受过专门医药卫生知识教育、依法从事防病治病、增进人类健康工作的各级各类卫生技术人员等;另一种是以普通公民身份参与卫生法律关系成为主体,如公民出入国境接受卫生检疫时,就参与了具体的卫生法律关系,成为卫生法律关系主体。此外,居住在我国的外国人和无国籍人,也可成为我国卫生法律关系的主体。他们参与卫生法律关系的范围,由我国与各国签订的卫生国际条约或国际公认准则加以确认。

（二）卫生法律关系的内容

卫生法律关系的内容是指卫生法律关系主体依法所享有的权利和承担的义务,它是卫生法律关系的基础,是卫生法律关系中最根本的因素。卫生法律关系主体的权利是指我国卫生法赋予主体所享有的权益,它表现为享有权利主体有权做出一定的行为,或者要求他人做出一定的行为,或者抑制一定的行为。卫生法律关系主体的权力可分为公民的卫生权利和国家卫生行政机关及其工作人员的职权两种,前者是指由我国卫生法规定并由国家强制力保证实现的公民所享有的卫生权利,后者是指由我国卫生法规定,由国家强制力保证实现国家卫生行政机关及其工作人员执行公务的权力。卫生法律关系主体的义务是指我国卫生法规定主体应履行的某种责任,它表现为负有义务主体必须做出一定的行为或者抑制一定的行为。

（三）卫生法律关系的客体

卫生法律关系的客体是指卫生法律关系主体的权利和义务所指向的对象。

1. **公民生命健康权**　这是我国卫生法律关系最重要的客体,因为健康是人类生存和发展的基本要素,生命健康权是公民从事正常生产、生活的前提。公民的生命健康权包括生存、肢体完整和器官功能正常等。

2. **卫生行为**　指卫生法律关系的主体为达到一定的目的所进行的活动。它分作为和不作为两种形式,前者是积极的行为,如卫生管理行为和卫生服务行为;后者是对一定行为的抑制,如禁止制售假劣药品等。

3. **物**　指在我国卫生法律关系中可作为主体权利与义务对象的物质财富,主要包括进行各种医疗和卫生管理工作过程中需要的生产资料、生活资料,如药品、医疗器械等。

三、卫生法律关系的产生、变更和消灭

1. **卫生法律关系的产生**　由于一定的法律事实发生,使卫生法律关系主体之间产生一定的权利和义务关系,这就是卫生法律关系的产生。如卫生行政机关处罚行为一旦做出,就产生了卫生行政法律关系。

2. **卫生法律关系的变更**　由于一定的法律事实发生,使得当事人之间原有的某种卫生法律关系发生一定变化,就是卫生法律关系的变更。卫生法律关系主体、内容、客体三者中任何

一项或几项要素发生变化,即为卫生法律关系的变更,包括主体变更、客体变更和内容变更。

3. 卫生法律关系的消灭　由于一定法律事实发生,使卫生法律关系主体之间原有的权利和义务关系终止,即卫生法律关系的消灭。卫生法律关系是双方当事人之间的权利和义务关系,它要求双方主体同时存在,任何一方当事人消亡都必然引起卫生法律关系的消灭。

第二章
基本医疗卫生与健康促进法律制度

导学

1. 掌握基本医疗卫生与健康促进法概述的内容；医疗卫生机构与医务人员的内容。
2. 熟悉基本医疗卫生服务管理；医用物资供应保障；健康促进保障。
3. 了解健康促进保障的内容；监督和法律责任。

基本医疗卫生与健康促进的法律制度，是指关于国家实施健康中国战略，普及健康生活，优化健康服务，完善健康保障，建设健康环境，发展健康产业，提升公民全生命周期健康水平的法律规范的总称。

为加快推进健康中国建设，为实现"两个一百年"奋斗目标、实现中华民族伟大复兴的中国梦打下坚实健康基础，2019年12月28日由第十三届全国人民代表大会常务委员会第十五次会议审议通过《中华人民共和国基本医疗卫生与健康促进法》（以下简称《基本医疗卫生与健康促进法》），自2020年6月1日起施行。该法总结了我国医药卫生体制改革的经验，就落实党中央、国务院在基本医疗卫生与健康促进方面的战略部署做出了顶层的、制度性的、基本的安排，是我国卫生与健康领域的第一部基础性、综合性法律，是推进卫生与健康领域治理体系和治理能力现代化的重要举措，对于推动我国卫生与健康领域法治建设，在卫生与健康工作中落实全面依法治国方略，构建中国特色基本医疗卫生制度，全方位全周期保障人民健康，推进健康中国建设，具有重要意义。

第一节 基本医疗卫生与健康促进法概述

一、基本医疗卫生服务

基本医疗卫生服务，是指维护人体健康所必需、与经济社会发展水平相适应、公民可公平获得的，采用适宜药物、技术、设备提供的疾病预防、诊断、治疗、护理和康复等服务。其包括基本公共卫生服务和基本医疗服务。

二、健康促进

世界卫生组织（WHO）于1986年11月在加拿大渥太华举办了第一届全球健康促进大会，

会议发布了《渥太华健康促进宪章》(Ottawa Charter for Health Promotion),其中指出,健康促进(health promotion)是指人们加强控制和改善健康的过程。为了达到生理(身体)健康、心理健康、良好社会适应状态,每个人或者群体应有能力认知和实现愿望,满足需求,改变或适应生存的环境。

三、基本医疗卫生与健康促进的立法意义

《基本医疗卫生与健康促进法》是依据宪法,为了发展医疗卫生与健康事业、保障公民享有基本医疗卫生服务、提高公民健康水平、推进健康中国建设而制定的,适用于从事医疗卫生、健康促进及其监督管理活动。

该法的制定与实施,是以新时代的视角,高度融合了基本医疗卫生制度和健康促进工作,并上升为卫生法律的总纲,坚持以人民为中心的发展理念,以法律形式注释了我国《宪法》关于公民基本权利中的健康权。将有利于落实《宪法》关于国家发展医疗卫生事业、保护人民健康的规定,推动我国卫生与健康领域的法治建设。该法充分体现"大卫生、大健康"和"保基本、强基层、促健康"理念,有利于巩固医改成果、发展医疗卫生与健康事业、提升公民全生命周期健康水平,对于构建中国特色基本医疗卫生制度,全方位全周期保障人民健康,推进健康中国建设,具有极其重要的和深远的意义。

四、医疗卫生与健康教育事业宗旨

医疗卫生与健康事业的宗旨,应当坚持以人民为中心,为人民健康服务。医疗卫生事业应当坚持公益性原则,不断完善国民健康政策,提供覆盖全人群、全生命周期的公平可及、系统连续的健康服务,增进人民健康福祉。国家建立健康教育制度,保障公民获得健康教育的权利,提高公民的健康素养,将卫生和健康各项工作贯穿于新时代的始终。

我国的卫生事业性质是政府实行一定福利政策的社会公益事业,《基本医疗卫生与健康促进法》从法律层面定性了医疗卫生事业的原则,明确我国医疗卫生事业应当坚持的公益性原则。

五、公民健康权

国家和社会尊重、保护公民的健康权,并从两个方面保障公民健康权的实施:实施健康中国战略,普及健康生活,优化健康服务,完善健康保障,建设健康环境,发展健康产业,提升公民全生命周期健康水平;建立健康教育制度,保障公民获得健康教育的权利,提高公民的健康素养。

六、制度保障

通过立法,明确贯彻执行"以基层为重点,以改革创新为动力,预防为主,中西医并重,把健康融入所有政策,人民共建共享"的新时代卫生与健康工作方针。

1. 公民权利 公民依法享有从国家和社会获得基本医疗卫生服务的权利。国家建立基本医疗卫生制度,建立健全医疗卫生服务体系,保护和实现公民获得基本医疗卫生服务的权利。

2. 政府职责 各级人民政府应当把人民健康放在优先发展的战略地位,将健康理念融入各项政策,坚持预防为主,完善健康促进工作体系,组织实施健康促进的规划和行动,推进全民

健身,建立健康影响评估制度,将公民主要健康指标改善情况纳入政府目标责任考核。

3. **组织体系**　国务院和地方各级人民政府领导医疗卫生与健康促进工作。卫生健康主管部门负责统筹协调医疗卫生与健康促进工作,其他有关部门在各自职责范围内负责有关的医疗卫生与健康促进工作。

4. **科技创新**　加强医学基础科学研究,鼓励医学科学技术创新,支持临床医学发展,促进医学科技成果的转化和应用,推进医疗卫生与信息技术融合发展。

5. **人才培养**　发展医学教育,完善适应医疗卫生事业发展需要的医学教育体系,大力培养医疗卫生人才。

6. **中西医并重**　大力发展中医药事业,坚持中西医并重、传承与创新相结合,发挥中医药在医疗卫生与健康事业中的独特作用。

7. **财政投入**　加大对医疗卫生与健康事业的财政投入,通过增加转移支付等方式重点扶持革命老区、民族地区、边疆地区和经济欠发达地区发展医疗卫生与健康事业。

第二节　基本医疗卫生服务管理

一、服务主体

1. **基本公共卫生服务的服务主体**　县级以上人民政府通过举办专业公共卫生机构、基层医疗卫生机构和医院,或者从其他医疗卫生机构购买服务的方式提供基本公共卫生服务,基本公共卫生服务由国家免费提供。

2. **基本医疗服务的服务主体**　由政府举办的医疗卫生机构提供,鼓励社会力量举办的医疗卫生机构提供基本医疗服务。具体而言,医疗卫生服务体系坚持以非营利性医疗卫生机构为主体、营利性医疗卫生机构为补充。政府举办非营利性医疗卫生机构,在基本医疗卫生事业中发挥主导作用,保障基本医疗卫生服务公平可及。以政府资金、捐赠资产举办或者参与举办的医疗卫生机构不得设立为营利性医疗卫生机构,保障基本医疗服务与基本医疗保险制度相衔接。

二、围绕基本医疗卫生服务的体系建设

1. **建立健全突发事件卫生应急体系、院前急救体系**　制定和完善应急预案,组织开展突发事件的医疗救治、卫生学调查处置和心理援助等卫生应急工作,有效控制和消除危害。健全院前急救体系,为急危重症患者提供及时、规范、有效的急救服务。公共场所应当按照规定,配备必要的急救设备、设施。急救中心(站)不得以未付费为由拒绝或者拖延为急危重症患者提供急救服务。

2. **国家实行预防接种制度,加强免疫规划工作**　居民有依法接种免疫规划疫苗的权利和义务。政府向居民免费提供免疫规划疫苗。

3. **国家建立传染病防控制度、慢性非传染性疾病防控与管理制度**　制定传染病防治规划并组织实施,加强传染病监测预警,坚持预防为主、防治结合、联防联控、群防群控、源头防控、综合治理,阻断传播途径,保护易感人群,降低传染病的危害。任何组织和个人应当接受、配合医疗卫生机构为预防、控制、消除传染病危害依法采取的调查、检验、采集样本、隔离治疗、医学

观察等措施;对慢性非传染性疾病及其致病危险因素开展监测、调查和综合防控干预,及时发现高危人群,为患者和高危人群提供诊疗、早期干预、随访管理和健康教育等服务。

4. **国家加强职业健康保护** 县级以上人民政府应当制定职业病防治规划,建立健全职业健康工作机制,加强职业健康监督管理,提高职业病综合防治能力和水平。用人单位应当控制职业病危害因素,采取工程技术、个体防护和健康管理等综合治理措施,改善工作环境和劳动条件。

5. **国家发展妇幼保健、老年人保健、残疾预防和残疾人康复、精神卫生事业** 建立健全妇幼健康服务体系,为妇女、儿童提供保健及常见病防治服务。为公民提供婚前保健、孕产期保健等服务,促进生殖健康,预防出生缺陷。将老年人健康管理和常见病预防等纳入基本公共卫生服务项目。完善残疾预防和残疾人康复及其保障体系,采取措施为残疾人提供基本康复服务。应当优先开展残疾儿童康复工作,实行康复与教育相结合。建设、完善精神卫生服务体系,维护和增进公民心理健康,预防、治疗精神障碍。加强心理健康服务体系和人才队伍建设,促进心理健康教育、心理评估、心理咨询与心理治疗服务的有效衔接,设立为公众提供公益服务的心理援助热线,加强未成年人、残疾人和老年人等重点人群心理健康服务。

6. **推进基本医疗服务实行分级诊疗制度,基层医疗卫生机构实行家庭医生签约服务** 引导非急诊患者首先到基层医疗卫生机构就诊,实行首诊负责制和转诊审核责任制,逐步建立基层首诊、双向转诊、急慢分治、上下联动的机制,并与基本医疗保险制度相衔接。建立医疗联合体等协同联动的医疗服务合作机制;鼓励社会力量举办的医疗卫生机构参与医疗服务合作机制;建立家庭医生服务团队,与居民签订协议,根据居民健康状况和医疗需求提供基本医疗卫生服务。

三、公民在接受医疗卫生服务中享有的权利和义务

(一)知情同意和受尊重的权利

1. **知情同意的权利** 包括以下两方面内容:一是接受医疗卫生服务时,公民对病情、诊疗方案、医疗风险、医疗费用等事项依法享有知情同意的权利。对于需要实施手术、特殊检查、特殊治疗的,医疗卫生人员应当及时向患者说明医疗风险、替代医疗方案等情况,不能或者不宜向患者说明的应当向患者的近亲属说明,并取得其同意。除上述内容以外,患者还享有其他法律法规规定的应当享受的知情同意的内容及权利。二是作为客体接受药物、医疗器械临床试验和其他医学研究时,应当遵守医学伦理规范,依法通过伦理审查,取得知情同意。

2. **受尊重的权利** 指公民接受医疗卫生服务,应当受到尊重。医疗卫生机构、医疗卫生人员应当关心爱护、平等对待患者,尊重患者人格尊严,保护患者隐私。

(二)应当履行的义务

公民接受医疗卫生服务,应当遵守诊疗制度和医疗卫生服务秩序,尊重医疗卫生人员的人格。

第三节 医疗卫生机构与医务人员

一、医疗卫生服务体系

(一)医疗卫生服务体系概念

所谓医疗卫生服务体系,是指由基层医疗卫生机构、医院、专业公共卫生机构等组成的城乡全覆盖、功能互补、连续协同的医疗卫生服务体系。

（二）组成的要素及功能

医疗卫生服务体系由基层医疗卫生机构、医院、专业公共卫生机构三个不同类别的医疗卫生机构要素组成，在医疗卫生服务体系中，其功能定位不同。各级各类医疗卫生机构分工合作，为公民提供预防、保健、治疗、护理、康复、安宁疗护等全方位全周期的医疗卫生服务。

1. 基层医疗卫生机构　指乡镇卫生院、社区卫生服务中心（站）、村卫生室、医务室、门诊部和诊所等。主要提供预防、保健、健康教育、疾病管理，为居民建立健康档案，常见病、多发病的诊疗以及部分疾病的康复、护理，接收医院转诊患者，向医院转诊超出自身服务能力的患者等基本医疗卫生服务。

2. 医院　指综合医院、中医医院、中西医结合医院、民族医医院、专科医院、康复医院等各级各类医院。主要提供疾病诊治，特别是急危重症和疑难病症的诊疗，突发事件医疗处置和救援，以及健康教育等医疗卫生服务，并开展医学教育、医疗卫生人员培训、医学科学研究和对基层医疗卫生机构的业务指导等工作。

3. 专业公共卫生机构　指疾病预防控制中心、专科疾病防治机构、健康教育机构、急救中心（站）和血站等。主要提供传染病、慢性非传染性疾病、职业病、地方病等疾病预防控制和健康教育、妇幼保健、精神卫生、院前急救、采供血、食品安全风险监测评估、出生缺陷防治等公共卫生服务。

（三）组成的义务及职责

以建成的医疗卫生机构为基础，合理规划与设置国家医学中心和国家、省级区域性医疗中心，诊治疑难重症，研究攻克重大医学难题，培养高层次医疗卫生人才。

医疗卫生机构应当遵守法律、法规、规章，建立健全内部质量管理和控制制度，对医疗卫生服务质量负责。

医疗卫生机构应当按照临床诊疗指南、临床技术操作规范和行业标准以及医学伦理规范等有关要求，合理进行检查、用药、诊疗，加强医疗卫生安全风险防范，优化服务流程，持续改进医疗卫生服务质量。

二、医疗卫生机构分类管理

医疗卫生服务体系坚持以非营利性医疗卫生机构为主体，营利性医疗卫生机构为补充。政府举办非营利性医疗卫生机构，在基本医疗卫生事业中发挥主导作用，保障基本医疗卫生服务公平可及。以政府资金、捐赠资产举办或者参与举办的医疗卫生机构不得设立为营利性医疗卫生机构，社会力量可以选择设立非营利性或者营利性医疗卫生机构，这是首次明确了从所有制形式对医疗卫生机构实行分类管理。

三、医疗卫生机构质量和运行管理

1. 急危重症救治方面　以医疗卫生机构为基础，合理规划与设置国家医学中心和国家、省级区域性医疗中心，诊治疑难重症，研究攻克重大医学难题，培养高层次医疗卫生人才。

2. 诊疗和服务质量方面　医疗卫生机构应当遵守法律、法规、规章，建立健全内部质量管理和控制制度；按照临床诊疗指南、临床技术操作规范和行业标准以及医学伦理规范等有关要求，合理进行检查、用药、诊疗，加强医疗卫生安全风险防范，优化服务流程，持续改进医疗卫生服务质量。

3. 医疗技术应用管理方面　　国家对医疗卫生技术的临床应用进行分类管理,对技术难度大、医疗风险高,服务能力、人员专业技术水平要求较高的医疗卫生技术实行严格管理。医疗卫生机构开展医疗卫生技术临床应用,应当与其功能任务相适应,遵循科学、安全、规范、有效、经济的原则,并符合伦理规范。

4. 医院运行和决策机制方面　　国家建立权责清晰、管理科学、治理完善、运行高效、监督有力的现代医院管理制度。医院应当制定章程,建立和完善法人治理结构,提高医疗卫生服务能力和运行效率。

5. 医疗风险分担机制方面　　完善医疗风险分担机制,鼓励医疗机构参加医疗责任保险或者建立医疗风险基金,鼓励患者参加医疗意外保险。

6. 技术创新方面　　鼓励医疗卫生机构不断改进预防、保健、诊断、治疗、护理和康复的技术、设备与服务,支持开发适合基层和边远地区应用的医疗卫生技术。

7. 信息化应用方面　　推进全民健康信息化,推动健康医疗大数据、人工智能等的应用发展,加快医疗卫生信息基础设施建设,制定健康医疗数据采集、存储、分析和应用的技术标准,运用信息技术促进优质医疗卫生资源的普及与共享。

四、医疗卫生人员概念、专业能力要求

(一) 医疗卫生人员概念

所谓医疗卫生人员,是指执业医师、执业助理医师、注册护士、药师(士)、检验技师(士)、影像技师(士)和乡村医生等卫生专业人员。

(二) 医疗卫生人员专业能力要求

1. 对职业精神的要求　　医疗卫生人员应当弘扬"敬佑生命、救死扶伤、甘于奉献、大爱无疆"的崇高职业精神,遵守行业规范,恪守医德,努力提高专业水平和服务质量。这16个字是对医疗卫生人员职业道德的高度概括,医疗卫生人员在执业活动中,应当坚守职业精神,依法执业。

2. 对职业素养的要求　　医疗卫生人员应当遵循医学科学规律,遵守有关临床诊疗技术规范和各项操作规范以及医学伦理规范,使用适宜技术和药物,合理诊疗,因病施治,不得对患者实施过度医疗。医疗卫生人员不得利用职务之便索要、非法收受财物或者牟取其他不正当利益。

五、医疗卫生人员义务和基本权益保障

医务人员是医疗卫生服务和健康中国建设的主力军,是社会生产力的重要组成部分,充分调动、发挥医务人员积极性、主动性,对提高医疗服务质量和效率,保障医疗安全,建立优质高效的医疗卫生服务体系,维护社会和谐稳定,具有十分重要的意义。

(一) 医疗卫生人员定期到基层和艰苦边远地区从事医疗卫生工作的义务

执业医师晋升为副高级技术职称的,应当有累计1年以上在县级以下或者对口支援的医疗卫生机构提供医疗卫生服务的经历。

(二) 权益保障

1. 切实改善医务人员薪酬待遇　　建立健全符合医疗卫生行业特点的人事、薪酬、奖励制度,体现医疗卫生人员职业特点和技术劳动价值。

2. **落实风险较高的特殊岗位的薪酬待遇**　对从事传染病防治、放射医学和精神卫生工作以及其他在特殊岗位工作的医疗卫生人员,应当按照国家规定给予适当的津贴。津贴标准应当定期调整。

3. **有效保障基层医疗卫生机构医务人员社会保险与福利**　加强乡村医疗卫生队伍建设,建立县乡村上下贯通的职业发展机制,完善对乡村医疗卫生人员的服务收入多渠道补助机制和养老政策。

4. **认真执行基层和艰苦地区工作医务人员的倾斜政策**　对在基层和艰苦边远地区工作的医疗卫生人员,在薪酬津贴、职称评定、职业发展、教育培训和表彰奖励等方面实行优惠待遇。

六、医疗卫生机构和医疗卫生人员执业环境安全保障

1. **对医疗卫生机构的法律保护**　根据法律规定,医疗卫生机构执业场所是提供医疗卫生服务的公共场所,任何组织或者个人不得扰乱其秩序,明确指出医疗卫生机构具有"公共场所"的属性。

国家完善公共场所卫生管理制度。县级以上人民政府卫生健康等主管部门应当加强对公共场所的卫生监督。公共场所卫生监督信息应当依法向社会公开。

公共场所经营单位应当建立健全并严格实施卫生管理制度,保证其经营活动持续符合国家对公共场所的卫生要求。

2. **对医疗卫生人员的法律保护**　国家采取措施,保障医疗卫生人员执业环境。全社会关心、尊重医疗卫生人员,维护良好、安全的医疗卫生服务秩序,共同构建和谐医患关系。医疗卫生人员的人身安全、人格尊严不受侵犯,其合法权益受法律保护。禁止任何组织或者个人威胁、危害医疗卫生人员人身安全,侵犯医疗卫生人员人格尊严。

第四节　医用物资供应保障

一、药品供应保障

1. **药品供应保障制度**　这是作为2009年我国新一轮医药卫生体制改革的医药卫生四大体系组成之一,也是"十三五"医改的重点任务。应完善药品供应保障制度,建立工作协调机制,保障药品的安全、有效、可及。

2. **基本药物制度**　"基本药物"是世界卫生组织于20世纪70年代提出的概念,是最重要的、基本的、不可缺少的、满足人民所必需的药品。在我国,基本药物是适应基本医疗卫生需求,剂型适宜,价格合理,能够保障供应,公众可公平获得的药品。政府举办的基层医疗卫生机构全部配备和使用基本药物,其他各类医疗机构也都必须按规定使用基本药物。

我国的基本药物制度是指对基本药物的遴选、生产、流通、使用、定价、报销、监测评价等环节实施有效管理的制度,并与公共卫生、基本医疗服务、基本医疗保障体系相衔接。国家实施基本药物制度,遴选适当数量的基本药物品种,满足疾病防治基本用药需求。根据药品临床应用实践、药品标准变化、药品新上市情况等,对基本药物目录进行动态调整。基本药物按照规定优先纳入基本医疗保险药品目录。

建立国家基本药物制度有利于整顿药品生产流通秩序、规范医疗行为、促进合理用药、减

轻群众负担,实现人人享有基本医疗卫生服务。同时,有利于维护人民群众的基本医疗卫生权益,促进公平、公正。我国幅员辽阔,城乡、地区发展差异大,在全国范围内建立基本药物制度,有利于提高人民群众获得基本药物的可及性,从而保障人民群众基本用药,减轻医药费用负担,保障居民基本医疗卫生权益。总之,国家基本药物制度的建立,对于推动卫生事业发展的意义是极其重要的、深远的。

3. **药品审评审批制度** 建立健全以临床需求为导向的药品审评审批制度,支持临床急需药品、儿童用药品和防治罕见病、重大疾病等药品的研制、生产,满足疾病防治需求。

4. **药品质量保障与监测体系** 建立健全药品研制、生产、流通、使用全过程追溯制度,加强药品管理,保证药品质量。

建立健全药品价格监测体系,开展成本价格调查,加强药品价格监督检查,依法查处价格垄断、价格欺诈、不正当竞争等违法行为,维护药品价格秩序。

5. **药品采购管理制度** 加强药品分类采购管理和指导,参加药品采购投标的投标人不得以低于成本的报价竞标,不得以欺诈、串通投标、滥用市场支配地位等方式竞标。

6. **医药储备与药品供求管理** 建立中央与地方两级医药储备,用于保障重大灾情、疫情及其他突发事件等应急需要。

建立健全药品供求监测体系,及时收集和汇总分析药品供求信息,定期公布药品生产、流通、使用等情况。

二、医疗器械管理

加强对医疗器械的管理,完善医疗器械的标准和规范,提高医疗器械的安全有效水平。

国务院卫生健康主管部门和省、自治区、直辖市人民政府卫生健康主管部门应当根据技术的先进性、适宜性和可及性,编制大型医用设备配置规划,促进区域内医用设备合理配置、充分共享。

三、中药的保护与发展

加强中药的保护与发展,充分体现中药的特色和优势,发挥其在预防、保健、医疗、康复中的作用。

第五节 健康促进保障

一、健康促进的内涵

健康促进是指运用行政的或组织的手段,广泛协调社会各相关部门以及社区、家庭和个人,使其履行各自对健康的责任,共同维护和促进健康的一种社会行为、社会战略的总称。健康促进是《渥太华宪章》(1986年11月21日世界卫生组织在加拿大渥太华召开的第一届国际健康促进大会上)首先提出的:"健康促进是促使人们维护和改善他们自身健康的过程。"《渥太华宪章》指出,健康促进不仅是卫生部门的责任,而是超出了卫生部门的责任范畴。因此,该宪章提出了五个方面的健康促进策略,即制定健康的公共政策(build healthy public policy)、创造支持性环境(create supportive environments)、加强社区行动(strengthen community action)、发展个人技能(develop personal skills)、调整卫生服务方向(reorient health services)。2016年第九届全球健康促进大会发布的《2030可持续发展中的健康促进上海宣言》正式提出健康和福祉在联合国2030年发展议程及其可持续发展目标中的核心位置,要在实现所有可持续发展目标的过程中开展健康促进,让全社会参与健康发展的进程。同时,呼吁加大对健康促进的财政保证和财政投资,加快实现可持续发展目标。

二、健康促进的实施

各级人民政府与医疗卫生、教育、体育、宣传等机构及基层群众性自治组织和社会组织应当开展健康知识的宣传、普及,提升全民自我健康管理能力和健康素养水平,引导公众养成健康的生活方式。

1. **各级人民政府** 加强健康教育工作及其专业人才培养,建立健康知识和技能核心信息发布制度,普及健康科学知识,向公众提供科学、准确的健康信息。

2. **医疗卫生机构** 医疗卫生人员在提供医疗卫生服务时,应当对患者开展健康教育。

3. **教育机构** 学校应当利用多种形式实施健康教育,普及健康知识、科学健身知识、急救知识和技能,提高学生主动防病的意识,培养学生良好的卫生习惯和健康的行为习惯,减少、改善学生近视、肥胖等不良健康状况。按照规定开设体育与健康课程,组织学生开展广播体操、眼保健操、体能锻炼等活动。学校应配备校医,建立和完善卫生室、保健室等。县级以上人民政府教育主管部门应当按照规定将学生体质健康水平纳入学校考核体系。

4. **新闻媒体** 开展健康知识的公益宣传。

5. **用人单位** 为职工创造有益于健康的环境和条件,严格执行劳动安全卫生等相关规定,积极组织职工开展健身活动,保护职工健康。

6. **个人** 强调公民是自己健康的第一责任人,要树立和践行对自己健康负责的健康管理理念,主动学习健康知识,提高健康素养,加强健康管理。应当尊重他人的健康权利和利益,不得损害他人健康和社会公共利益。倡导家庭成员相互关爱,形成符合自身和家庭特点的健康生活方式。

三、国家层面健康促进政策体系

为了确保健康促进工作的实施,从影响健康的环境、食品饮用水、营养状况因素等方面着手,完善健康促进的体系。建立疾病和健康危险因素监测、调查和风险评估制度,加强影响健康的环境问题预防和治理;大力开展爱国卫生运动,鼓励和支持开展群众性卫生与健康活动,依靠、动员群众控制和消除健康危险因素,改善环境卫生状况,建设健康城市、健康村镇、健康社区;建立科学、严格的食品、饮用水安全监督管理制度,提高安全水平;建立营养状况监测制度,对经济欠发达地区、重点人群实施营养干预计划,开展未成年人和老年人营养改善行动,倡导健康饮食习惯;发展全民健身事业,完善覆盖城乡的全民健身公共服务体系,加强公共体育设施建设,组织开展和支持全民健身活动;加强重点人群健康服务,制定并实施未成年人、妇女、老年人、残疾人等的健康工作计划;完善公共场所卫生管理制度;采取措施,减少吸烟对公民健康的危害,公共场所控制吸烟。

四、资金保障

1. **政府职责保障层面** 各级人民政府履行发展医疗卫生与健康事业的职责,建立与经济社会发展、财政状况和健康指标相适应的医疗卫生与健康事业投入机制,将医疗卫生与健康促进经费纳入本级政府预算,主要用于保障基本医疗服务、公共卫生服务、基本医疗保障和政府举办的医疗卫生机构建设与运行发展。

  2. 医疗保障体系层面 建立以基本医疗保险为主体和商业健康保险、医疗救助、职工互助医疗和医疗慈善服务等为补充的多层次的医疗保障体系。

五、费用支出

  基本医疗服务费用主要由基本医疗保险基金和个人支付。公民有依法参加基本医疗保险的权利和义务。用人单位和职工按照国家规定缴纳职工基本医疗保险费,城乡居民按照规定缴纳城乡居民基本医疗保险费。

第六节　监督和法律责任

一、监督管理体系的组成和职责

  1. 建立健全机构自治、行业自律、政府监管、社会监督相结合的医疗卫生综合监督管理体系 县级以上人民政府卫生健康主管部门对医疗卫生行业实行属地化、全行业监督管理。

  2. 政府部门监管的职责 县级以上人民政府医疗保障主管部门应当提高医疗保障监管能力和水平,对纳入基本医疗保险基金支付范围的医疗服务行为和医疗费用加强监督管理,确保基本医疗保险基金合理使用、安全可控。

二、法律责任

  违反本法律应当承担相应的行政责任、刑事责任和民事责任,包括以下方面。

  1. 政府职能部门方面 对滥用职权、玩忽职守、徇私舞弊等履职不力的行为,依法予以处分。

  2. 医疗卫生机构方面 对于未取得医疗机构执业许可证擅自执业,伪造、变造、买卖、出租、出借医疗机构执业许可证,医疗卫生机构对外出租、承包医疗科室,非营利性医疗卫生机构分配或者变相分配收益,医疗信息安全制度保障措施不健全导致医疗信息泄露、骗取医保等行为,再次明确其法律责任,以及不同违法行为的适用法律。

  3. 医务人员方面 对于泄露公民个人健康信息、违反医德及医学伦理行为方面,依法予以行政处罚。

  4. 社会方面 违法药品招投标行为,以及扰乱医疗卫生机构执业场所、危害医疗卫生人员人身安全、侵犯医疗卫生人员人格尊严的行为,按法律、规章规定予以处罚。

  违反《基本医疗卫生与健康促进法》,构成犯罪的,依法追究刑事责任;造成人身、财产损害的,依法承担民事责任。

第三章
卫生行政执法法律制度

导学

1. 掌握卫生行政处罚；卫生行政复议。
2. 熟悉卫生行政执法概述内容；卫生行政许可；卫生行政诉讼。
3. 了解卫生行政赔偿。

卫生行政执法是将卫生法律规范适用于现实社会，实现国家卫生管理的重要活动，是国家卫生行政机关最主要职责之一。卫生行政执法的有效活动，决定卫生法律法规得以执行和实施，达到保障人民身体健康的目的。因此，重视和加强卫生行政执法是依法行政的必然要求，也是建设法治国家的必然要求。

第一节 卫生行政执法概述

一、卫生行政执法的概念、特征和基本原则

（一）卫生行政执法的概念

卫生行政执法是指卫生行政主体及其公职人员以及受卫生行政主体委托的组织和个人，依照法定职权和程序，履行法定职责（义务）、行使法定管理职权、实施法律活动，亦称卫生法的执行。

卫生行政执法包含两层含义，一是卫生行政主体及其公职人员以及受卫生行政主体委托的组织和个人，将现行卫生法律法规作用于具体的人或事的行为（即具体卫生行政行为），如卫生行政复议、卫生行政裁决等；二是享有卫生行政立法权机关依法制定卫生行政规章的行为（即抽象卫生行政行为）。

正确理解卫生行政执法有广义和狭义两个方面：广义的卫生行政执法是指卫生行政执法机关执行法律、适用卫生法律规范的全部活动过程，它既包括抽象卫生行政行为（即行政立法行为），也包括具体的卫生行政行为。狭义的卫生行政执法则仅指卫生行政主体做出具体行政行为的过程。在实践中，由于卫生行政执法既是一种卫生行政部门职能活动，又是以大量的具体行为表现出来，从而对管理相对人的权利、义务产生影响，因此是指具体的卫生行政行为。

（二）卫生行政执法的特征

1. 卫生行政执法主体的特定性 卫生行政执法的主体是国家卫生行政机关及其公职人员，如国家卫生健康委员会、国家市场监督管理总局、国家药品监督管理局、各省市卫生健康委员会等。国务院和地方各级人民政府中的卫生行政职能部门，在对全国或者本地区进行卫生

行政管理的同时,就是在全国或者本地区执行国家卫生法律法规的过程。

2. 卫生行政执法对象的特定性　卫生行政执法是将卫生法律规范适用于具体的公民和组织以及特定的事与物,执法对象是特定的,执法产生后果直接影响对象的权利和义务。

3. 卫生行政执法职权的法定性　卫生行政执法是卫生行政机关依据卫生法律、法规、规章行使其卫生监督管理权行为,是一种行使职权活动。而行使职权范围是法定的,卫生行政执法主体只能在法律规定职权范围内履行其责任,不得越权或滥用职权。如国家药品监督管理局负责药品(含中药、民族药)、医疗器械和化妆品安全监督管理,不能超越此范围而去监管食品安全。

4. 卫生行政执法行为的强制性　卫生行政执法是一种行政行为,是由卫生执法机关所采取的具有法律效力行为,这种行为具有强制力。卫生行政执法行为一旦生效,行政相对人就必须遵守或履行相应的义务。否则,卫生行政执法主体有权依法采取强制手段使行政执法行为得以实现,相对人也可能因此受到相关法律追究。

5. 卫生行政执法行为的可申诉性　卫生行政执法行为生效的后果将直接影响相对人的权利和义务,并产生相应的、现实的法律后果。当公民、法人或者其他组织认为卫生行政机关的具体执法行为侵犯其合法权益时,有权向行政机关提出行政复议申请或依法向人民法院提起诉讼。

6. 卫生行政执法行为的技术性　卫生行政执法具有鲜明的专业技术性,卫生行政执法主体必须依法办事,同时其行为必须达到国家卫生标准的要求,即法律法规要求与卫生专业技术要求相统一。

（三）卫生行政执法的基本原则

卫生行政执法原则是指导卫生行政执法工作开展的基本行为准则,主要遵循以下原则。

1. 依法行政原则　这是卫生执法机关在执法中应当遵循的首要原则,包括三层含义。一是卫生行政执法活动职权及其职权范围必须是法律法规明确规定的,即职权法定。二是卫生行政机关必须依法行使职权,一切卫生行政执法活动应符合卫生法律法规规定,不能与卫生法律法规相抵触,不允许有任何法外特权。三是卫生行政执法必须符合法定程序。

2. 合理行政原则　所谓合理就是指卫生行政机关对违法行为所采取的措施和手段与行政相对人所实施的违法行为情节相适应,轻重有度。因此,卫生行政机关在执法活动中,应在法定范围、限制内,在处理具体案件中适度、公正、公平、公开、合理地维护法律尊严。

3. 高效便民原则　这是指卫生行政机关实施行政管理,应当遵守法定时限,积极履行法定职责,提高办事效率,提供优质服务,以迅速、及时和准确的手段对管理相对人的违法行为予以制止与处理,及时对管理相对人的各项请求做出反应,方便管理相对人。

4. 权责统一的原则　卫生行政机关各项卫生行政执法的特定职权均由卫生法律法规明确规定,这种职权是卫生行政机关的一种权力,体现了作为国家意志的权威性、强制性。同时,它又是法律赋予卫生行政机关的一种义务和责任。法律在授予卫生行政机关权力时,也明确规定卫生行政执法主体疏于职权、拒绝或拖延履行职责等应承担的法律后果。

二、卫生行政执法主体

卫生行政执法主体是指国家依法设立并代表国家行使卫生行政权,能以自己的名义从事卫生管理活动,并对行为后果独立承担法律责任的组织。

（一）卫生行政执法主体的组成

我国卫生行政执法主体由各级卫生行政机关和法律法规授权组织两类组成。

1. 卫生行政机关　国务院和各级地方政府设置了相应的其他卫生行政机构，即国家卫生健康委员会和省、市、县各级地方卫生健康委员会，统称各级卫生行政机关。各级卫生行政机关是法定卫生行政执法机关，作为各级政府组成部分，代表国家行使卫生行政权，管理社会公共卫生事务。各级卫生行政机关按照不同的管理权限，实施不同的卫生行政执法任务。

2018年3月，根据第十三届全国人民代表大会第一次会议批准的《国务院机构改革方案》，国务院组建了国家卫生健康委员会，不再保留原国家卫生和计划生育委员会。各省市卫生厅、卫生局也做出相应机构改革，成立省级、市级卫生健康委员会等，不再保留原省卫生厅、市卫生局等机构。另外，国务院还对一些卫生行政和相关部门的职能进行了调整，如取消原国家食品药品监督管理总局，组建国家市场监督管理总局，将食品（含保健食品）安全监管职能调整到国家市场监督管理总局中；组建国家药品监督管理局，负责药品、医疗器械、化妆品安全监管，由国家市场监督管理总局管理；组建国家医疗保障局，将人力资源和社会保障部城镇职工及城镇居民基本医疗保险、生育保险职能，原国家卫生和计划生育委员会的新型农村合作医疗职责，国家发展和改革委员会的药品、医疗服务价格管理职责，民政部的医疗救助职责，进行整合；将国家质量监督检验检疫总局的出入境检验检疫管理职责和队伍，划入海关总署等。

2. 授权组织　授权组织是依法律法规授权，能够以自己的名义行使特定行政职能的行政机关以外的社会组织。其特点是被授权组织虽享有规定的权利和承担行政法律责任的资格，但仍不具备国家机关地位，它们只有在行使法律法规所授予行政管理职能时，才享有国家特定行政管理权和承担相应的法律责任。

卫生行政执法职权一般由卫生行政机关或法律法规授权组织行使。除上述两类卫生行政执法主体外，还有一类团体组织，它们既不是卫生行政执法主体，也不是卫生行政执法相对人，但卫生行政执法的活动需要它们来完成。在某些情况下，行使卫生行政执法职权行政机关可以依法将其卫生执法职权一部分或全部委托给有关团体组织，由该受托团体组织在受托权限内以委托行政机关名义实施行政执法活动，从而使受托团体组织成为"不能以自己名义行使卫生行政执法职权"的主体，如各级卫生监督所。

（二）卫生行政执法机关的性质

卫生行政机关是卫生行政执法的主体，目前我国的卫生行政执法主要是通过各级卫生行政部门以执法权来实现的。

卫生行政机关是代表国家行使卫生行政管理权，负责社会卫生管理事务。各级政府卫生行政部门，既是卫生行政执法机关，又是卫生行政执法的领导机关。其主要职责和任务是贯彻实施国家卫生工作方针、政策，领导全国和地方卫生工作，编制规划，制定和实施卫生法律法规，并履行监督检查工作。

三、卫生行政执法行为的种类

1. 卫生行政许可　是卫生行政机关根据公民、法人或者其他组织申请，按照卫生法律、法规、规章和卫生标准、规范进行审查，准予其从事与卫生管理有关特定活动的行为。

2. 卫生行政确认　是卫生行政机关依法对相对人的法律地位、法律关系和法律实施进行审查甄别,予以确认或认可的卫生行政执法行为。

3. 卫生监督检查　是卫生行政机关依职权对卫生监督相对人遵守法律、法规和规章等情况进行检查、了解和监督的卫生行政执法行为。

4. 卫生行政强制　是卫生行政机关为了保障卫生监督管理目标的实现,依法采取强制措施促使义务人履行义务,或对有关场所和管理相对人的人身或财产采取紧急性、即时性强制措施的卫生执法行为。

5. 卫生行政处罚　是卫生行政机关依据卫生法律、法规和规章,对违反卫生行政管理秩序但尚未构成犯罪的公民、法人和其他组织给予惩罚的卫生行政执法行为。

6. 卫生行政裁决　是卫生行政机关依照法律授权,对平等主体间发生与行政管理活动密切相关、特定的民事纠纷(争议)进行审查并做出裁决的卫生行政执法行为。

7. 卫生行政奖励　是卫生行政机关依照法定条件对为国家和社会卫生事业及卫生监督做出重大贡献的单位和个人,给予物质奖励或精神奖励的具体卫生行政行为。

8. 卫生行政指导　是卫生行政机关在自身职责和任务范围内,根据卫生监督工作的需要,为监督管理相对人提供一种服务性行为。

9. 行政复议　是指公民、法人或者其他组织认为具体行政行为侵犯其合法权益,依法向行政机关提出行政复议申请,行政机关依法受理行政复议申请、依法做出行政复议决定的制度。

第二节　卫生行政许可

卫生行政许可又称卫生行政审批,是指卫生行政机关根据公民、法人或其他组织提出的申请,经依法审查,准予从事某种卫生相关活动的行为。如卫生行政部门向符合法定条件医疗机构执业申请单位颁发《医疗机构执业许可证》,药品监督管理部门向申请开办药品生产并符合法定条件的企业颁发《药品生产许可证》等。

一、卫生行政许可的种类

不同的卫生行政管理事项,需要不同的卫生行政许可,分为以下五类。

1. 普通许可　这是运用最广泛的行政许可,指由卫生行政机关确认自然人、法人或其他组织是否具备从事卫生相关活动的条件。普通许可没有数量限制,如设立卫生医疗机构许可、药品生产经营许可等。

2. 特许　这是由卫生行政机关代表国家依法向被许可人授予某种权利,主要适用于自然资源开发利用、有限公共资源配置等,其主要功能是分配稀缺资源,一般有数量限制,如医疗排污许可等。

3. 认可　这是一种资格性许可,由卫生行政机关对申请人是否具备特定技能的认定。认可的主要功能是提高从业水平或某种技能、信誉,一般根据考试结果决定是否予以认可,没有数量限制,如对执业医师、执业护士资格认可等。

4. 核准　这是一种技术性许可,由卫生行政机关对某些事项是否达到特定技术标准、技术规范的判断和核定。核准具有较强的技术性和专业性,一般要根据实地验收、检测来决定,没有数量限制,如生猪屠宰检疫、大型医疗设备安装核准、器官移植手术核准等。

5. 登记　这是由卫生行政机关对相对人的特定主体资格、特定身份进行确定,如医疗机构登记、医学会登记等。

二、卫生行政许可的程序

卫生行政许可因许可种类不同而适用不同的程序,其中适用最普遍的是一般程序。

1. 申请　公民、法人或者其他组织需要从事与卫生管理有关特定活动行为的前提是需依法向卫生行政机关提出申请。申请人提出申请许可,是卫生行政机关实施卫生行政许可前提,它标志着许可程序开始。申请人必须以书面形式提出申请,一般表现为申请书,申请人应当如实向卫生行政机关提交有关材料和真实情况,并对其申请材料真实性负责。行政机关不得要求申请人提交与其申请的行政许可事项无关的技术资料和其他材料;不得以转让技术作为取得行政许可的条件;也不得在实施行政许可的过程中,直接或者间接地要求转让技术。

2. 受理　卫生行政机关受理申请时,应根据以下三种情况分别做出处理。首先,应当予以受理情况。申请事项属于本行政机关职权范围,申请材料齐全、符合法定形式,或者申请人按照本行政机关的要求提交全部补正申请材料,卫生行政机关应当受理其申请。其次,申请材料存在瑕疵情况。若申请材料存在可以当场更正错误的,应当允许申请人当场更正;申请材料不齐全或者不符合法定形式的,应当当场或者在5日内一次告知申请人需要补正的全部内容,逾期不告知,自收到申请材料之日起即为受理。再次,不予受理情况。若申请事项依法不需要取得行政许可的,应当即时告知申请人不受理;申请事项依法不属于本行政机关职权范围,应当即时做出不予受理的决定,并告知申请人向有关行政机关申请。

无论卫生行政机关是否受理申请人提交的行政许可申请,都应出具加盖该行政机关专用印章和注明日期书面凭证。

3. 审查与决定　卫生行政机关应当对申请人提交的申请材料进行审查,卫生行政机关对卫生行政许可申请进行审查后,除当场做出行政许可决定以外,应当在法定期限内按照规定程序做出行政许可决定。卫生行政机关做出准予行政许可决定,需要颁布行政许可证件,应当向申请人颁发加盖本行政机关印章卫生行政许可证件,并予以公布。卫生行政机关依法决定做出不予行政许可的书面决定,应当说明理由,并告知申请人享有依法申请行政复议或者提起行政诉讼的权利。

一般情况下,除可以当场做出行政许可决定的外,卫生行政机关应当自受理行政许可申请之日起20日内做出行政许可决定。20日内不能做出决定的,经本行政机关负责人批准,可以延长10日,并应当将延长期限的理由告知申请人。

4. 听证　行政许可直接涉及申请人和他人之间重大利益关系的,行政机关在做出行政许可决定前,应当告知申请人、利害关系人享有要求听证的权利;申请人、利害关系人在被告知听证权利之日起5日内提出听证申请的,行政机关应当在20日内组织听证,申请人、利害关系人不承担行政机关组织听证的费用。

听证应按照下列程序进行:① 听证前将举行听证时间、地点通知申请人、利害关系人,必要时予以公告;② 听证应当公开举行;③ 行政机关应当指定审查该行政许可申请的工作人员以外人员为听证主持人,申请人、利害关系人认为主持人与该行政许可事项有直接利害关系的,有权申请回避;④ 举行听证时,审查该行政许可申请的工作人员应当提供审查意见证据、理由，申请人、利害关系人可以提出证据，并进行申辩和质证；⑤ 听证应当制作笔录，听证笔录应当交听证参加人确认无误后签字或者盖章。同时，行政机关应当根据听证笔录，做出行政许可决定。

第三节　卫生行政处罚

卫生行政处罚是指享有卫生行政处罚权的卫生行政机关、法律法规授权组织和行政委托组织依照法定权限、程序和依据对违反卫生行政管理秩序，应当受到卫生行政处罚相对方给予卫生行政制裁的具体行政行为。通过对违法者依法处罚，达到教育、惩戒违法者，警戒他人，制止已有违法行为，预防新的违法行为发生的目的。

一、卫生行政处罚的种类

1. 警告、通报批评　警告是指卫生行政主体对情节显著轻微、尚未造成实际危害结果的违法行为人的告诫和谴责。警告不是简单、随便的口头批评，而应以书面形式做出并向本人宣布和送达。通报批评属于声誉罚(亦称荣誉罚、名誉罚、申诫罚)的一种，是指行政机关对违法行为人在一定范围内通过书面批评加以谴责和告诫，指出其违法行为，避免其再犯。

2. 罚款、没收非法财物、没收非法所得　罚款是指卫生行政主体强制违法相对人在一定期限内交纳一定货币的处罚形式。没收非法财物是指卫生行政主体对违法相对人剥夺其与违法行为有关的财物，如违禁品等。没收非法所得是指卫生行政主体对违法相对人剥夺违法行为而获得的非法金钱收入，如违法经营而获得非法利润等。

3. 暂扣许可证件、降低资质等级　暂扣许可证是对行政违法行为人所拥有的资质的限制，一般附有期限或条件。降低资质等级是对行政违法行为人已有资格进行的处罚，从而达到一种限制行政相对人实施某种行为的目的。

4. 限制开展生产经营活动、责令停产停业、责令关闭、限制从业　限制开展生产经营活动是对具有经营自主权的市场主体的生产经营活动的类型和范围予以限制；责令停产停业是指卫生行政主体对违法从事生产经营活动相对人，在一定期限和范围内限制或取消其生产经营活动资格的处罚；责令关闭是指在不能通过限制经营活动和责令停产停业的严重情况下，全面禁止违法主体继续经营的行政处罚；限制从业是对公民个人行为的限制，即限制公民从事一定职业，包括在一定时间内限制和终身禁止。

5. 吊销许可证　吊销许可证是指卫生行政主体依法终止相对人某一方面行为能力，使其不再具备从事该类活动资格的处罚。

卫生行政处罚种类还包括责令限期改正、责令追回已售出禁止生产产品、撤销批准文号等。卫生行政处罚种类可以单独适用，也可以合并适用。

二、卫生行政处罚的程序

1. 简易程序　也称当场处罚程序，是指卫生行政处罚主体对一些事实清楚、情节简单、处罚较轻违法案件，当场给予处罚的一种简便程序。根据2021年1月22日修订通过的《中华人民共和国行政处罚法》(以下简称《行政处罚法》)规定，当违法事实确凿并有法定依据，行政机关执法人员依法判断对公民处以200元以下、对法人或者其他组织处以3 000元以下罚款或者警告的行政处罚的,可以当场做出行政处罚决定。而1997年6月19日卫生部令第53号发布的《卫生行政处罚程序》中规定,当违法事实清楚、证据确凿,卫生行政机关执法人员依法判断应对公民处以50元以下、对法人或者其他组织处以1 000元以下罚款或者予以警告的行政处罚,可以当场做出处罚决定。在我国的《行政处罚法》未修订之前,《卫生行政处罚程序》与《行政处罚法》中对于简易程序的规定是相同的。目前在《行政处罚法》已修订而《卫生行政处罚程序》未修订的情况下,参照上位法优于下位法的原则,一般情况应当适用《行政处罚法》的最新规定。

做出简易程序决定时,卫生执法人员应向当事人出示执法身份证件,填写预定格式、编有号码并加盖卫生行政机关印章当场行政处罚决定书。决定书应载明当事人违法行为、行政处罚依据(适用法律、法规、规章名称及条、款、项、目)、具体处罚决定、时间、地点、卫生行政机关名称,书面责令当事人改正或限期改正违法行为,并由执法人员签名或者盖章后当场交付给当事人。当事人拒绝签收的,应当在行政处罚决定书上注明。最后,卫生行政执法人员当场做出的行政处罚决定,应当在7日内报所属卫生行政机关备案。

2. 一般程序 也称普通程序,是指卫生行政主体对一般违法案件实施行政处罚的基本程序。除可以当场做出的行政处罚外,卫生行政机关发现公民、法人或者其他组织有依法应当给予行政处罚行为的,必须全面、客观、公正地调查,收集有关证据;必要时,依照法律法规规定,可以进行检查。一般程序包括以下步骤。

(1)受理:卫生行政机关对于在卫生监督管理中发现的、卫生机构监测报告、社会举报、上级卫生行政机关交办、下级卫生行政机关报请或者有关部门移送的六大类案件应当及时受理并做好记录。

(2)立案:卫生行政机关受理案件后,发现案件同时符合下列四种条件的,应当在7日内立案:有明确的违法行为人或者危害后果、有来源可靠的事实依据、属于卫生行政处罚范围、属于本机关管辖。卫生行政机关对决定立案的应当制作报告,由直接领导批准,并确定立案日期和两名以上卫生执法人员为承办人。

(3)调查取证:立案后,卫生行政机关应当依法调查取证,查明违法事实。案件调查取证,必须有两名以上执法人员参加,并出示有关证件。卫生执法人员询问当事人、证人或进行现场检查时,应当场制作询问笔录或现场检查笔录。笔录经核对无误后,卫生执法人员和被询问人或被检查人应当在笔录上签名。若被询问人或被检查人拒绝签名,两名卫生执法人员应共同在笔录上签名并注明情况。

调查终结后,承办人应当写出调查报告,其内容应当包括案由、案情、违法事实、违反法律法规或规章的具体款项等。

(4)听取申辩:卫生行政机关在做出普通的行政处罚之前,应当及时告知当事人行政处罚认定事实、理由和依据,以及当事人依法享有的权利。卫生行政机关必须充分听取当事人陈述和申辩,并进行复核。若当事人提出的事实、理由或者证据成立,卫生行政机关应当采纳,且不得因当事人申辩而加重处罚。

(5)听证:卫生行政机关在做出降低资质等级、吊销许可证、责令停产停业、责令关闭、限制从业或者较大数额罚款等较为重大行政处罚决定前,应当告知当事人有要求举行听证的权利。当事人要求听证的,卫生行政机关应当组织。听证程序不是与简易程序和一般程序并列的第三种程序,而只是一般程序中有可能经历的一个中间环节,只有在当事人要求的情况下,卫生行政机关才可以提供听证。

卫生行政机关决定予以听证,应依照以下程序。① 听证主持人应当在当事人提出听证要求之日起2日内确定举行听证时间、地点和方式;② 在举行听证7日前,将听证通知书送达当事人;③ 当事人接到听证通知书后,应当按期出席听证会,因故不能如期参加听证,应当事先告知主持听证的卫生行政机关,并获得批准,无正当理由不按期参加听证,视为放弃听证要求;④ 除涉及国家秘密、商业秘密或者个人隐私外,听证应当以公开方式进行;⑤ 当事人认为听证主持人、听证员和书记员与本案有利害关系,有权申请回避;⑥ 举行听证时,案件调查人提出当事人违法事实、证据和适用听证程序行政处罚建议,当事人进行陈述、申辩和质证;⑦ 听证时应当制作笔录,听证后笔录应交当事人和案件调查人审核,无误后签名或盖章;⑧ 听证结束后,听证主持人依据听证情况,提出书面意见,卫生行政机关应根据听证情况进行复核。

(6) 做出处罚决定:承办人在案件调查终结后,应对违法行为的事实、性质、情节以及社会危害程度进行合议并做好记录,合议应当根据认定违法事实,依照有关卫生法律、法规、规章规定分别提出下列处理意见:① 确有应当受行政处罚的违法行为,依法提出卫生行政处罚意见;② 违法行为轻微,依法提出不予卫生行政处罚意见;③ 违法事实不能成立,依法提出不予卫生行政处罚意见;④ 违法行为不属于本机关管辖,应当移送有管辖权机关处理;⑤ 违法行为构成犯罪,需要追究刑事责任,应当移送司法机关,同时予以行政处罚和依法提出卫生行政处罚意见。

三、卫生行政处罚的执行

卫生行政处罚执行是指有权机关依法强制执行卫生行政处罚决定的法律制度,通过卫生行政处罚执行,确保卫生行政处罚决定得以实现,以维护和保障卫生行政秩序。若当事人对卫生行政处罚决定不服,可以申请行政复议或者提起行政诉讼,除行政复议或行政诉讼期间裁定停止执行情况外,行政处罚不停止执行。

当事人逾期不履行卫生行政处罚决定,做出行政处罚决定的卫生行政机关可以采取下列措施:到期不缴纳罚款,每日按罚款数额的3%加处罚款;将查封、扣押财物拍卖或者将冻结存款划拨抵缴罚款;申请人民法院强制执行。当事人确有经济困难,需要延期或者分期缴纳罚款,经当事人申请和行政机关批准,可以暂缓或者分期缴纳。

第四节 卫生行政复议

卫生行政复议是公民、法人或其他组织认为卫生行政机关具体行政行为侵犯其合法权益,依法向有复议管辖权的卫生行政机关提出复议申请,由受理申请机关对该具体行政行为进行审查,并做出复议决定的活动。

一、卫生行政复议的特征和原则

(一)卫生行政复议的特征

1. **依申请而为之** 卫生行政复议是一种依申请而产生的行政活动,行政管理相对人提出申请是卫生行政复议发生的前提条件,没有当事人申请,复议机关不能依职权主动对某一个具体行政行为进行卫生行政复议。

2. 管理相对人不服　　卫生行政复议是由于行政管理相对人不服卫生行政机关具体行政行为而引发的行政活动。

3. 内部纠错性　　卫生行政复议是上级卫生行政机关对下级卫生行政机关行政活动进行监督的一种规范性行政活动,属于行政机关内部纠错机制。

4. 具有救济性　　卫生行政复议是具有救助性质的行政活动,行政复议必须对原具体行政行为做出维持、撤销或变更的决定,以答复提出复议的当事人。通过行政复议对违法或不当具体行政行为的纠正或撤销,可保护行政管理相对人的合法权益不受侵害,弥补其损失,解决因行政机关行使职权而产生的行政争议。

（二）卫生行政复议的原则

1. 依法独立行使复议权原则　　卫生行政复议机关在审查行政争议过程中,应当依法行使复议权,不受其他机关、社会团体和个人的非法干扰。

2. 实行一级复议制原则　　上一级卫生行政机关对具体行政行为下达复议决定之后,行政管理相对人不能向上级行政机关再次申请行政复议,若行政管理相对人对行政复议决定不服,可以向人民法院提起行政诉讼,但是法律规定行政复议决定为最终裁决除外。

3. 合法、公正、公开、及时、便民原则　　行政机关在行使复议权、履行复议职责过程中必须合法,包括复议主体、审理复议案件依据、审理复议案件程序等方面。复议机关在履行复议职责时应该公开进行,必须切实站在中立立场,公正地对待复议双方,不能偏袒自己的下级行政机关。同时,行政复议机关还应该尽可能减少当事人复议成本且快速处理复议案件。

4. 不适用调解原则　　行政复议解决的是行政机关与行政管理相对人之间的行政争议,而不是平等主体之间民事纠纷。行政复议机关在审查具体行政行为时,必须坚持以事实为依据、以法律为准绳的原则,对合法具体行政行为应当做出维持决定,对违法具体行政行为应当依法决定撤销或变更,而不能以调解方式解决行政争议。

二、卫生行政复议的受案范围

1. 受案范围

（1）对卫生行政机关做出的警告、罚款、没收违法所得、没收非法财物、责令停产停业、暂扣或者吊销许可证、暂扣或者吊销执照、行政拘留等行政处罚决定不服。

（2）对卫生行政机关做出的限制人身自由或者查封、扣押、冻结财产等行政强制措施决定不服。

（3）对卫生行政机关做出的有关许可证、执照、资质证、资格证等证书变更、中止、撤销决定不服。

（4）认为卫生行政机关侵犯其合法的经营自主权。

（5）认为符合法定条件,申请卫生行政机关颁发许可证、执照、资质证、资格证等证书,或者申请卫生行政机关审批、登记有关事项,卫生行政机关没有依法办理。

（6）认为卫生行政机关违法要求行政管理相对人履行义务。

（7）认为卫生行政机关侵犯其人身、财产权利。

（8）认为行政机关其他具体行政行为侵犯其合法权益。

2. 不属于卫生行政复议受案范围事项 公民、法人或者其他组织对下列事项不服,不能申请卫生行政复议。

(1) 对卫生行政机关做出的行政处分或者其他人事处理决定不服,不能申请复议。这类内部行政行为,如有不当或违法之处,应通过上级行政机关人事部门、监察部门解决。

(2) 不服卫生行政机关对民事纠纷做出的调解或其他处理,只能依法申请仲裁或者向人民法院提起诉讼。

(3) 对国家卫生行政部门规章或者地方人民政府规章不服的,不属于卫生行政复议的管辖范围。而对规章的审查,要依照法律、行政法规办理。

三、卫生行政复议的程序

1. 卫生行政复议的申请

(1) 申请人:作为具体行政行为相对人的公民、法人或者其他组织都属于行政复议申请人范畴。有权申请行政复议公民死亡的,其近亲属可以申请行政复议;有权申请行政复议公民为无民事行为能力或限制民事行为能力人的,其法定代表人可以代为申请行政复议;有权申请行政复议法人或者其他组织终止,承受其权利的法人或者其他组织可以申请行政复议;与申请行政复议具体行政行为有利害关系的其他公民、法人或者组织,可以作为第三人参加行政复议。

(2) 申请期限:公民、法人或者其他组织认为具体行政行为侵犯其合法权益,可以自知道该具体行政行为之日起 60 日内提出行政复议申请,但法律规定申请期限超过 60 日的除外。因不可抗力或者其他正当理由耽误法定申请期限的,申请期限自障碍消除之日起继续计算。

(3) 申请方式:申请人申请行政复议,可以书面申请,也可以口头申请;口头申请的,行政复议机关应当当场记录申请人基本情况,行政复议请求,申请行政复议主要事实、理由和时间。

2. 卫生行政复议的管辖 依据《行政复议法》规定,卫生行政复议管辖主要有以下情形。

(1) 对县级以上卫生行政机关具体行政行为不服,由申请人选择,可以向该卫生行政机关本级人民政府申请行政复议,也可以向上一级卫生行政机关申请行政复议。

(2) 对卫生行政机关依法设立的派出机构依照法律、法规、规章规定,以自己的名义做出的具体行政行为不服,向设立该派出机构卫生行政机关或者该机关本级人民政府申请行政复议。

(3) 对法律法规授权组织的具体行政行为不服,可向直接管理该组织的卫生行政机关申请行政复议。

(4) 对两个卫生行政机关或者卫生行政机关与其他行政机关共同做出的具体行政行为不服,向其共同上一级行政机关申请行政复议。

公民、法人或者其他组织申请行政复议,行政复议机关已依法受理,或者法律法规规定应当先向行政复议机关申请行政复议,对行政复议决定不服再向人民法院提起行政诉讼,在法定行政复议期限内不得向人民法院提起行政诉讼;已向人民法院提起行政诉讼,人民法院已经依法受理的,不得申请行政复议。

3. 卫生行政复议的受理 行政复议机关收到行政复议申请后,应当在 5 日内进行审查,做出受理或者不受理决定。对于依法决定不予受理的,应当书面告知申请人。

4. 卫生行政复议的审理 行政复议原则上采取书面审查方式,但是申请人要求或者行政复议机关认为必要时,可以向有关组织和个人进行调查。行政复议审查过程中,被申请人不得自行向其他组织和个人收集证据。

5. 卫生行政复议的决定 行政复议机关应当自受理申请之日起60日内做出行政复议决定;但是法律另有规定的,期限可以延长或缩短,延长期限最多不超过30日。复议机关经过审理,应分别针对下列情形做出不同的行政复议决定,并制作书面行政复议决定书。

(1) 具体卫生行政行为无违法或不当,决定维持。

(2) 具体卫生行政行为确有违法或不当,应决定撤销、变更或确认具体行政行为违法,或责令被申请人在一定期限内履行职责。

6. 卫生行政复议的执行 卫生行政复议决定书一经送达即发生法律效力。被申请人不履行或无故拖延履行,复议机关或者其他机关应责令其履行;申请人逾期不起诉,又不履行行政复议决定,卫生行政机关可以强制执行,也可以申请人民法院强制执行。

第五节 卫生行政诉讼

卫生行政诉讼是指公民、法人或其他组织认为卫生行政机关及其工作人员,包括授权与委托卫生行政执法组织具体行政行为侵犯了其合法权益,依法向人民法院提起诉讼,由人民法院进行审理并做出裁决的活动。

一、卫生行政诉讼的特征

卫生行政诉讼是通过审判进行的一种司法活动,是解决卫生行政纠纷的一项重要法律制度,具有以下特征。

1. 当事人具有恒定性 卫生行政诉讼原告只能是卫生行政管理中的相对人,即在具体的卫生行政管理过程中,处于被卫生行政执法机关管理一方的当事人,可以是公民、法人或者其他组织。而卫生行政诉讼被告只能是卫生行政管理中的管理方,即卫生行政管理机关以及法律法规授权组织。当事人双方诉讼地位是恒定的,不允许卫生行政主体作为原告起诉卫生行政管理相对人,这是区别于民事诉讼和刑事诉讼的重要特征。

2. 一般不适用调解 卫生行政诉讼中的审查是卫生行政机关具体的行政行为,根本目的是保障公民、法人或者其他组织合法权益不受违法行政行为侵害。所以,一般情况下人民法院审理行政案件,除法律另有规定外,不适用调解。

3. 举证责任一般由被告承担 除法律另有规定外,卫生行政诉讼中被告对做出的行政行为负有举证责任,应当提供做出该行政行为证据和所依据规范性文件。被告不提供或者无正当理由逾期提供证据,视为没有相应证据。

二、卫生行政诉讼的受案范围

卫生行政诉讼受案范围是指人民法院在一定范围内受理公民、法人或者其他组织提起卫生行政纠纷案件的权限,主要包括以下几类。

1. 不服卫生行政处罚案件 如不服卫生行政机关做出吊销许可证和执照、责令停产停业、没收违法所得、没收非法财物、罚款、警告等卫生行政处罚。

2. 不服卫生行政机关做出强制措施案件 如不服卫生行政机关做出的限制公民人身自由的行政强制措施;不服卫生行政机关做出的对场所、设施、财物、汇款加以查封、扣押、冻结的行政强制措施等。

3. **不服卫生行政机关做出强制执行案件**　如不服卫生行政机关采取的对财产、物品、场所加以强制划拨、扣缴、拍卖、拆除等行政强制执行。

4. **认为卫生行政机关不履行法定职责案件**　如认为卫生行政机关不履行行政许可和审批法定职责;卫生行政机关拒绝向申请者颁发有关许可证、行政许可审批,或者不予答复等。

5. **认为卫生行政机关违法侵权案件**　如认为卫生行政机关或法律法规授权组织利用职权非法侵害其法定经营权或违法要求履行义务等。

6. **其他案件**　法律法规规定可以提起卫生行政诉讼其他行政案件。

三、卫生行政诉讼参与人

卫生行政诉讼参与人是指依法参加卫生行政诉讼,享有诉讼权利,承担诉讼义务,并且与诉讼争议或诉讼结果有利害关系的人,包括当事人、共同诉讼人、诉讼中的第三人和诉讼代理人。

1. **卫生行政诉讼原告**　指认为卫生行政主体及其工作人员具体行政行为侵犯其合法权益,而向人民法院提起诉讼的公民、法人和其他组织。

2. **卫生行政诉讼被告**　指实施具体行政行为被原告指控侵犯其合法权益,而由人民法院通知应诉的行政主体。

3. **卫生行政诉讼第三人**　指同诉讼争议具体行政行为有法律上利害关系,申请参加或由人民法院通知其参加到卫生行政诉讼中来的公民、法人和其他组织。

4. **卫生行政诉讼代理人**　指以当事人名义,在其代理权限内,代理当事人进行卫生行政诉讼活动的人。

四、卫生行政诉讼的程序

卫生行政诉讼的程序是指由法律规定人民法院审理卫生行政案件的活动过程,包括起诉和受理、审理和判决、执行三个基本环节。

1. **起诉和受理**　起诉和受理可以说是同一环节的两个方面。起诉是卫生行政管理相对人认为卫生行政主体具体卫生行政行为侵犯其合法权益,依法请求人民法院用行政判决加以保护的行为。受理是原告起诉后,受诉人民法院经过审查认为符合法定起诉条件,决定予以立案审理的行为。

(1) 起诉条件:① 原告是认为具体卫生行政行为侵犯其合法权益公民、法人或者其他组织;② 有明确被告;③ 有具体的诉讼请求和事实根据;④ 属于人民法院受案范围和受诉人民法院管辖。

(2) 起诉期限:一般情形下,具体卫生行政行为相对人应当在知道做出具体卫生行政行为之日起6个月内提出起诉。法律另有规定的除外;因不可抗力或者其他特殊情况耽误法定期限,在障碍消除后10日内,可以申请延长期限,并由人民法院决定。申请人不服卫生行政复议决定,可以在收到复议决定书之日起15日内向人民法院起诉;复议机关逾期不做决定,申请人可以在复议期满之日起15日内向人民法院起诉。

(3) 受理决定期限:人民法院接到诉状,经审查应当在7日内立案或者做出不予受理裁定。原告对裁定不服,可以提起上诉。

2. 审理和判决　人民法院受理卫生行政诉讼后,应组织合议庭,采取合议制,开庭审理。一般情况下,审理应公开进行,由合议庭进行法庭调查,允许原、被告双方进行辩论,在辩论终结后依法进行裁判。卫生行政诉讼实行两审终审制,当事人不服一审人民法院判决的可以向上一级人民法院提起上诉。第二审人民法院裁判为终审裁判,当事人如不服可以进行申诉,但不影响二审裁判执行。

3. 执行　一审行政诉讼判决经过上诉期当事人未提起上诉,或二审行政诉讼判决一经送达,即产生强制执行效力。当事人拒绝履行发生法律效力的判决裁定,另一方当事人可以向第一审人民法院申请强制执行,或者依法强制执行。

第六节　卫生行政赔偿

卫生行政赔偿是国家赔偿制度的组成部分,是指卫生行政机关及其工作人员违法行使职权,侵犯公民、法人或者其他组织合法权益并造成损害,由国家承担赔偿责任的制度。结合国家发展的需要,第十一届全国人民代表大会常务委员会第十四次、第二十九次会议分别于2010年、2012年对《国家赔偿法》做出了修正。

一、卫生行政赔偿的构成要件

申请卫生行政赔偿,必须符合下列要件:① 侵犯主体必须是行使国家卫生管理职权的卫生行政机关、受委托行使国家卫生管理职权的机关或法律法规授权的组织,以及这些机关、组织的工作人员;② 行使卫生行政管理职权的机关及其工作人员必须有违法行为;③ 行政相对人必须有实际的损害结果发生;④ 违法行为与损害结果之间必须有因果关系。

二、卫生行政赔偿的范围

根据《国家赔偿法》规定,卫生行政赔偿范围包括行使卫生行政管理职权机关及其工作人员违法实施行政处罚、违法采取行政强制措施等给当事人造成损失情形,主要有以下两大类。

1. 侵犯公民人身权利　行政机关及其工作人员在行使行政职权时有下列侵犯人身权情形之一的,受害人有取得赔偿的权利:① 违法拘留或者违法采取限制公民人身自由的行政强制措施;② 非法拘禁或者以其他方法非法剥夺公民人身自由;③ 以殴打、虐待等行为或者唆使、放纵他人以殴打、虐待等行为造成公民身体伤害或者死亡;④ 违法使用武器、警械造成公民身体伤害或者死亡;⑤ 造成公民身体伤害或者死亡其他违法行为。

2. 侵犯财产权　行政机关及其工作人员在行使行政职权时有下列侵犯财产权情形之一的,受害人有取得赔偿的权利:① 违法实施罚款、吊销许可证和执照、责令停产停业、没收财物等行政处罚;② 违法对财产采取查封、扣押、冻结等行政强制措施;③ 违法征收、征用财产;④ 造成财产损害其他违法行为。

《国家赔偿法》还规定了三种国家不承担赔偿责任情况:行政机关工作人员与行使职权无关的个人行为;因公民、法人和其他组织自己的行为致使损害发生;法律规定的其他情形。

三、卫生行政赔偿的方式

依据《国家赔偿法》规定,卫生行政赔偿以支付赔偿金为主要方式;对于能够返还财产或者恢复原状,予以返还财产或者恢复原状;对于不能够返还财产或恢复原状,或者造成当事人人身损害,予以支付赔偿金;造成受害人名誉权、荣誉权损害,应当在侵权行为影响范围内,为受害人消除影响、恢复名誉、赔礼道歉。

第四章
医疗机构管理法律制度

导学

1. 掌握医疗机构的登记和执业制度。
2. 熟悉医疗机构管理法律概述内容；医疗机构工作管理的法律规定。
3. 了解医疗机构的规划布局和设置审批制度；违反相关法律法则的法律责任。

为了维护医疗秩序，保障公民健康权益，充分发挥医疗机构及广大医疗专业人员救死扶伤、防病治病、维护人民群众身心健康的作用，国家对医疗机构及医疗专业人员管理等做了相应的法律规定。

第一节 医疗机构管理法律概述

一、医疗机构的概念和类别

（一）医疗机构概念

医疗机构是指依照法律规定设立，以救死扶伤、防病治病和为公民健康服务为宗旨，从事疾病预防、诊断、治疗、康复、健康教育的医院、妇幼保健院、社区卫生服务中心、卫生院、疗养院、门诊部、诊所、卫生所（室）以及急救站等机构，经许可并登记取得《医疗机构执业许可证》医疗卫生机构的总称。医疗机构的内涵有以下三方面。

1. **法律含义** 医疗机构首先具有刚性法律内涵，其履行法律法规所规定的审批程序，才能成为合法医疗机构。目前我国有关医疗机构审批法规即《医疗机构管理条例》及其实施细则中规定，只有依法取得设置医疗机构批准书，并履行登记手续，领取了《医疗机构执业许可证》单位或者个人才能开展相应的诊疗活动。

2. **社会职能内涵** 医疗机构社会职能是为所在地区居民提供包括治疗及预防在内综合而完善的保健活动，包括家庭医疗、康复训练与保健。

3. **科学性与目的性内涵** 这是医疗机构本质性内涵，真正合格的医疗机构能够为患者实施科学的、正确的诊疗。因此，首先看其是否配备有达到应有资质和应有技术水平的医务人员，其次要看其设备条件是否达到应有的技术水平，还包括科学管理的要求。更重要的是强调举办医疗机构目的，应是救死扶伤、维护公众健康、提高服务对象的健康水平。

（二）医疗机构的类别

医疗机构的类别包括：① 综合医院、中医医院、中西医结合医院、民族医医院、专科医院、康复医院；② 妇幼保健院、妇幼保健计划生育服务中心；③ 社区卫生服务中心、社区卫生服务站；④ 中心卫生院、乡（镇）卫生院、街道卫生院；⑤ 疗养院；⑥ 综合门诊部、专科门诊部、中医门诊部、中西医结合门诊部、民族医门诊部；⑦ 诊所、中医诊所、民族医诊所、卫生所、医务室、卫生保健所、卫生站；⑧ 村卫生室（所）；⑨ 急救中心、急救站；⑩ 临床检验中心；⑪ 专科疾病防治院、专科疾病防治所、专科疾病防治站；⑫ 护理院、护理站；⑬ 医学检验实验室、病理诊断中心、医学影像诊断中心、血液透析中心、安宁疗护中心；⑭ 其他诊疗机构。

卫生防疫、国境卫生检疫、医学科研和教学等机构在本机构业务范围之外开展诊疗活动以及美容服务机构开展医疗美容业务的，必须依据《医疗机构管理条例》及其实施细则，申请设置相应类别的医疗机构。

二、医疗机构的性质和功能

（一）医疗机构的性质

医疗机构作为社会卫生服务体系的一个重要组成部分，其性质体现在以下方面。

1. 生产性　生产性是医疗机构基本特性。医疗机构所从事卫生服务活动就是一种社会产品生产，其具备市场经济应有的生产、交换、流通、分配、消费的基本功能。医疗机构通过预防、诊断、治疗、保健、康复等卫生服务工作，促使患者恢复健康，从而保护居民的生活和劳动能力，这不仅是一种直接特殊服务性生产，而且也直接、间接地保护了社会生产力。

2. 经营性　医疗机构是具有经济性质的经营单位，但医疗机构经营性并不简单等同于追求利润最大化，而是要遵循经济活动客观规律，追求医疗资源投入使用最优化，其中包含着为患者减轻经济负担、为医疗机构降低医疗资源消耗，并提高医疗服务质量，充分体现社会效益和经济效益统一。

3. 技术性　医疗机构是专业技术性很强的知识密集型单位，也是医学科学研究及医学教育基地。医疗机构职工都掌握一定的专业技术，提供的服务有很强的技术性。同时，提高医疗卫生服务质量，也离不开医学科学技术发展和医学人才培养。因此，医疗机构的工作应遵循其技术性特点，依靠科学技术，走科技发展之路。

4. 人道性　医疗工作的人道性是医疗机构区别于其他行业的固有特性，实行救死扶伤人道主义历来是指导医疗机构工作和医务人员行为的高尚理念。我国自古就有"医乃仁术"的传统，强调赤诚济世、仁爱救人的敬业精神。人道性是医疗机构各项工作与精神文明建设的精华和内涵，如果失去人道性，医疗机构就会失去"神圣殿堂"光辉，也就失去了存在基础。

5. 公益性和福利性　我国卫生事业是具有一定福利政策的公益性事业，国家从政策上确定了我国医疗机构的公益性和福利性。首先，公益性规定了医疗机构经济活动特性，决定了医疗机构建设、发展和资源利用要依靠政府主导及全社会参与，而不只是医疗机构自身经营，而医疗机构、医务人员也使自己的一切工作和行为都从全社会利益出发。其次，我国卫生事业仍具有一定的福利性质，政府实施福利政策必须由医疗机构予以落实，医疗机构和医务人员要履行维护人民健康和生命神圣职责，维护患者健康福利权，这种工作职责本身就具有福利特性。

（二）医疗机构的功能

随着医学科学技术发展、医学模式转变以及人们对疾病与健康认识深化和医疗保健需求提高，医疗机构的功能已逐渐从单纯的诊疗、护理患者向疾病预防与康复全面发展。现代医疗机构功能应该是以医疗工作为中心，在提高医疗质量的基础上，保证教学和科研任务的完成，并不断提高教学质量和科研水平,做好扩大疾病预防、健康管理和计划生育技术工作。

1. 医疗服务功能　医疗服务作为医疗机构主要社会功能,它对整个社会具有三方面的作用。首先,通过对社会人群自然生命过程进行生物医学技术及人文服务干预,从而提高人民健康水平,增进国民健康素质,延长人口预期寿命。其次,保护和恢复社会劳动力。医疗服务最佳效果是使患病的劳动者包括脑力劳动者和体力劳动者重返工作岗位,或者缩短他们患病治疗、休养时间,从而为创造社会劳动价值和财富直接、间接地做出贡献。再次,在上述两方面作用的基础上,促进社会人群精神文明和社会安定,为构建和谐社会做出贡献。

2. 预防保健功能　医疗机构发展趋势是扩大预防保健功能,即扩大参与社区预防保健业务,并增强以患者和"亚健康人群"为主要服务对象的"三级预防"功能,以及医疗机构控制感染功能。

3. 医学教育及医学专业人才培训功能　一般医院特别是医学院校附属医院和教学医院,不仅是医疗预防机构,而且也是进行临床医学教育和培养医学人才场所,其在完成医疗任务和确保医疗服务质量前提下,根据各自条件、能力和特点,或与医学院校建立一定的承担教学任务的关系,或者自行开展医护人员培训工作。

4. 医学、药学科学研究功能　医疗机构是医学和医药临床应用科学研究基地,包括新技术、新疗法和新药物临床实验研究;有条件的医疗机构还可开展基础医学科学研究和卫生管理科学研究。

5. 社会救助功能　现代医疗机构改变了过去单纯从事医疗机构内医疗工作的倾向,逐步重视、扩大预防工作,开展社区预防保健、疾病普查和防治干预,以及健康教育、健康促进活动。特别是突发公共卫生事件发生时,各级医疗机构是承担社会救助任务的主要医疗力量。

6. 医用产品加工生产功能　医疗机构主要功能不是物质产品生产,但为适应医疗的需要,医疗机构也需要进行医用产品或药物制剂及生物医学工程的研究、设计和生产加工。例如,医用物品消毒加工工作、许多新的医用器材需要在医院进行设计等。

三、医疗机构管理立法

《基本医疗卫生与健康促进法》等法律,国务院出台的《医疗机构管理条例》《医疗纠纷预防与处理条例》等行政法规,国家卫生健康委员会以及各省、自治区、直辖市等制定和颁布一系列与之配套的规章和规范性文件,共同构成了我国的医疗机构管理法律制度。

1. 医疗机构管理法律法规　《基本医疗卫生与健康促进法》和国务院发布《医疗机构管理条例》是我国医疗机构管理法律制度的主干,它系统地规定了我国医疗机构管理的基本原则、各项基本制度和医疗机构必须履行的义务以及相关法律责任。

2. 地方性医疗机构管理政策、规章　这是由地方政府制定和发布的规范性文件,包括各地《医疗机构管理条例实施办法》《医疗机构设置规划》《医疗机构评审办法》以及地方医疗机构基本标准等。

第二节　医疗机构的规划布局和设置审批制度

一、医疗机构的规划布局

1. 医疗机构设置规划的制定　《医疗机构管理条例》规定,医疗机构不分类别、所有制形式、隶属关系、服务对象,其设置必须符合当地医疗机构设置规划和国家医疗机构基本标准,各省、自治区、直辖市应当按照当地的设置规划合理分配医疗资源,更好地为公民提供符合成本效益的医疗、预防、保健、康复服务。县级以上地方人民政府应当把医疗机构设置规划纳入当地的区域卫生发展规划和城乡建设发展总体规划。

县级以上地方人民政府卫生行政部门应当根据本行政区域内的人口、医疗资源、医疗需求和现有医疗机构分布状况,依据《医疗机构设置规划指导原则》,制定本行政区域医疗机构设置规划,经上一级卫生行政部门审核,报同级人民政府批准,在本行政区域内发布实施。机关、企业和事业单位可以根据需要设置医疗机构,并纳入当地医疗机构设置规划。

医疗机构的设置应当在分析本地区居民医疗服务需求、利用及其影响因素和医疗保健资源及其内外环境的基础上,找出本地区居民主要健康问题(依据发病率、患病率、死亡率、疾病顺位、死因顺位)及其影响因素,确定本区域医疗机构合理设置思路。根据本地区社会经济发展水平、地理条件、人口状况、居民卫生服务需求,对医疗服务需求进行预测,进而确定所需要的医疗机构类别、级别、数量、规模及分布,并确定床位总数和医师、护士总数。

2. 医疗机构设置的基本原则

(1) 坚持需求导向原则:坚持以人民健康为中心,以人民群众就医需求为导向,围绕新时期卫生与健康工作方针,增加医疗资源,优化卫生资源要素配比,以国家医学中心、国家和省级区域医疗中心(均含中医,下同)、县级公立医院建设为重点,以临床专科能力和人才队伍建设为抓手,推进优质医疗资源扩容和区域均衡布局,优化基层医疗卫生机构布局,实现医疗机构高质量发展,满足人民群众多层次、多样化的医疗服务需求。

(2) 区域统筹规划原则:各级各类医疗机构应当符合属地卫生健康事业发展需求和医疗机构设置规划。地方各级卫生行政部门(含中医药主管部门)在同级人民政府领导下负责医疗机构设置规划的制定和组织实施。通过统筹医疗资源总量、结构、布局,补短板、强弱项,完善城乡医疗服务体系,不断提高医疗资源整体效能,增强重大疫情应对等公共卫生服务能力。合理配置区域综合和专科医疗资源,促进康复、护理、医养结合、居家医疗等接续性医疗服务快速发展。

(3) 科学布局原则:明确和落实各级各类医疗机构的功能和任务,根据人口数量、分布、年龄结构以及交通条件、诊疗需求等,实行中心控制、周边发展,合理配置各区域医疗机构数量,鼓励新增医疗机构在中心城区周边居民集中居住区设置,推动各区域医疗资源均衡布局、同质化发展。

(4) 协同创新原则:合理规划发展紧密型城市医疗集团和县域医疗服务共同体,充分发挥信息化的支撑作用,加强医防融合、平急结合、医养结合,推动区域医疗资源融合共享。政府对社会办医区域总量和空间不做规划限制,鼓励社会力量在康复、护理等短缺专科领域举办非营利性医疗机构,鼓励社会力量举办的医疗机构牵头成立或加入医疗联合体。大力发展互联网诊疗服务,将互联网医院纳入医疗机构设置规划,形成线上线下一体化服务模式,提高医疗服务体系的整体效能。

(5) 中西医并重原则:遵循新时期卫生与健康工作方针,中西医并重,促进中医药传承创新发展,保障中医、中西医结合、少数民族医医疗机构的合理布局和资源配置,充分发挥中医防病治病的独特优势和作用。

3. 医疗服务体系的框架

(1) 按三级医疗预防保健网和分级医疗的概念,一级、二级、三级医院设置应层次清楚、结构合理、功能到位,建立适合我国国情分级诊疗和双向转诊体系总体框架,以利于发挥整体功能。

(2) 大力发展中间性医疗服务和设施(包括医院内康复医学科、社区康复、家庭病床、护理站、护理院、老年病和慢性病医疗机构等),充分发挥基层医疗机构的作用,合理分流患者,以促进急性病院(或院内急性病部)健康发展。

(3) 建立健全急救医疗服务体系。急救医疗服务体系应由急救中心、急救站和医院急诊科(室)组成,合理布局,缩短服务半径,形成急救服务网络。

(4) 其他医疗机构纳入三级医疗网或与三级网密切配合、协调。

(5) 建立中医、中西医结合、民族医疗机构服务体系。

4. 医疗机构的调整　各地在实施规划过程中,对现有医疗机构中不符合规划要求、重复设置的医疗机构,必要时可予以合理调整。如本地区医疗机构、床位、医师与人口比例已达到规划提出的指标,则不应再规划新建、扩建医疗机构。

5. 医疗机构设置规划的修订　规划每5年修订1次,根据考核评价情况和当地社会、经济、医疗需求、医疗资源、疾病等发展变化情况,对所定指标进行修订。

二、医疗机构设置审批制度

1. 设置医疗机构的基本条件

(1) 符合当地医疗机构设置规划和医疗机构基本标准。

(2) 单位或者个人设置医疗机构,按照国务院的规定应当办理《设置医疗机构批准书》的,应当经县级以上地方人民政府卫生行政部门审查批准,并取得《设置医疗机构批准书》。

(3) 排除条件。排除条件包括不能申请和不予批准设置两种情形。

有下列情形之一的,不能申请设置医疗机构:① 不能独立承担民事责任的单位;② 正在服刑或者不具有完全民事行为能力的个人;③ 医疗机构在职、因病退职或者停薪留职的医务人员;④ 发生二级以上医疗事故未满5年的医务人员;⑤ 因违反有关法律、法规和规章,已被吊销执业证书的医务人员;⑥ 被吊销《医疗机构执业许可证》的医疗机构法定代表人或者主要负责人;⑦ 省、自治区、直辖市卫生行政部门规定的其他情形。

有下列情形之一的,不予批准设置医疗机构:① 不符合当地医疗机构设置规划;② 设置人不符合规定的条件;③ 不能提供满足投资总额资信证明;④ 投资总额不能满足各项预算开支;⑤ 医疗机构选址不合理;⑥ 污水、污物、粪便处理方案不合理;⑦ 省、自治区、直辖市卫生行政部门规定的其他情形。

2. 设置医疗机构的审批程序

(1) 申请:申请设置医疗机构必须由法定申请人向法定机构提交下列文件:① 设置申请书;② 设置可行性研究报告;③ 选址报告和建筑设计平面图。

法定申请人包括以下几种情况:① 地方各级人民政府设置医疗机构,由政府指定或任命拟设医疗机构筹建负责人申请;② 机关、企业和事业单位设置的为内部职工服务的门诊部、卫生所(室)、诊所的执业登记或者备案,由所在地的县级人民政府卫生行政部门办理;③ 个人设置医疗机构,由符合法定条件设置人申请;④ 两人以上合伙设置医疗机构,由合伙人共同申请。

不设床位或床位不满100张的医疗机构设置,向所在地县级人民政府卫生行政部门申请;

床位在100张以上的医疗机构和专科医院按照省、自治区、直辖市卫生行政部门规定申请;国家统一规划医疗机构设置,由国务院卫生行政部门决定。

(2)审查批准:县级以上地方人民政府卫生行政部门应当自申请人提供规定的全部材料之日起计算,30日内做出批准或不批准书面答复;批准设置,发给《设置医疗机构批准书》,核发批准书同时,应向上一级卫生行政部门备案。

上级卫生行政部门接到备案报告后,有权予以审核,在30日内可以纠正或者撤销下级卫生行政部门做出的不符合规划的设置审批。

国务院明确取消部分医疗机构(除三级医院、三级妇幼保健院、急救中心、急救站、临床检验中心、中外合资合作医疗机构、港澳台独资医疗机构外)《设置医疗机构批准书》核发行政许可,在执业登记时发放《医疗机构执业许可证》。

第三节 医疗机构的登记和执业制度

一、医疗机构的登记制度

医疗机构执业必须进行登记,领取《医疗机构执业许可证》;诊所按照国务院卫生行政部门的规定向所在地的县级人民政府卫生行政部门备案后,可以执业。医疗机构的执业登记,由批准其设置的人民政府卫生行政部门办理;不需要办理《设置医疗机构批准书》的医疗机构的执业登记,由所在地的县级以上地方人民政府卫生行政部门办理。

申请执业登记必须具备下列条件:① 按照规定应当办理《设置医疗机构批准书》的,已取得《设置医疗机构批准书》;② 符合医疗机构的基本标准;③ 有适合的名称、组织机构和场所;④ 有与其开展的业务相适应的经费、设施、设备和专业卫生技术人员;⑤ 有相应的规章制度;⑥ 能够独立承担民事责任。

医疗机构执业登记主要事项包括:① 名称、地址、法定代表人或者主要负责人;② 所有制形式;③ 诊疗科目、床位;④ 注册资金。

医疗机构改变名称、场所、主要负责人、诊疗科目、床位,必须向原登记机关办理变更登记或者向原备案机关备案。医疗机构歇业,必须向原登记机关办理注销登记或者向原备案机关备案。经登记机关核准后,收缴《医疗机构执业许可证》。医疗机构非因改建、扩建、迁建原因停业超过1年,视为歇业。

2021年5月19日国务院《关于深化"证照分离"改革进一步激发市场主体发展活力的通知》(国发〔2021〕7号),取消对诊所执业的许可准入管理,改为备案管理。即开办诊所不再向卫生健康主管部门申请办理设置审批,可直接办理诊所执业备案。

二、医疗机构的执业制度

1. 医疗机构执业总体要求

(1)任何单位或者个人,未取得《医疗机构执业许可证》或者未经备案,不得开展诊疗活动。

(2)医疗机构执业,必须遵守有关法律法规和医疗技术规范。

(3)医疗机构必须按照核准登记或者备案的诊疗科目开展诊疗活动。未经允许不得擅自扩大业务范围。需要改变诊疗科目,应当按照规定程序和要求办理变更登记手续。

（4）医疗机构必须将《医疗机构执业许可证》、诊疗科目、诊疗时间和收费标准悬挂于明显处所。医疗机构应当按照政府物价等有关部门核准收费标准收取医疗费用，详列细项，并出具收据。

（5）医疗机构印章、银行账户、牌历以及医疗文件中使用的名称应当与核准登记医疗机构名称相同，使用两个以上名称，应当与第一名称相同。

（6）医疗机构不得使用非卫生技术人员从事医疗卫生技术工作，医疗机构使用卫生技术人员从事本专业以外诊疗活动，按使用非卫生技术人员处理。医疗机构工作人员上岗工作，必须佩戴载有本人姓名、职务或者职称标牌。

（7）医疗机构应当严格执行无菌消毒、隔离制度，采取科学有效的措施处理污水和废弃物，预防和减少医院感染。

（8）医疗机构对危重患者应当立即抢救。对限于设备或者技术条件不能诊治的患者，应当及时转诊。

（9）医务人员在诊疗活动中应当向患者说明病情和医疗措施。需要实施手术、特殊检查、特殊治疗的，医务人员应当及时向患者具体说明医疗风险、替代医疗方案等情况，并取得其明确同意；不能或者不宜向患者说明的，应当向患者的近亲属说明，并取得其明确同意。因抢救生命垂危的患者等紧急情况，不能取得患者或者其近亲属意见的，经医疗机构负责人或者授权的负责人批准，可以立即实施相应的医疗措施。

（10）医疗机构在诊疗活动中，应当对患者实行保护性医疗措施，并取得患者家属和有关人员配合。医疗机构应当尊重患者对自己病情、诊断、治疗的知情权利。在实施手术、特殊检查、特殊治疗时，应当向患者解释。因实施保护性医疗措施不宜向患者说明情况的，应当将有关情况通知患者家属。

（11）医疗机构发生医疗事故，按照国家有关规定处理。

（12）医疗机构对传染病、精神疾病、职业病等患者特殊诊治和处理，应当按照国家法律法规规定办理。

（13）医疗机构应当按照有关药品管理法律法规，加强药品管理，不得使用假劣药品、过期药品和失效药品以及违禁药品等。

（14）医疗机构应当承担相应的预防保健工作，承担县级以上人民政府卫生行政部门委托支援农村、指导基层医疗卫生工作等任务。发生重大灾害、事故、疾病流行或者其他意外情况时，医疗机构及其卫生技术人员应当服从县级以上人民政府卫生行政部门调遣。

2. 中外合资、合作医疗机构执业的要求　中外合资、合作医疗机构作为独立法人实体，自负盈亏、独立核算、独立承担民事责任，在执业过程中，应当执行以下规定。

（1）《医疗机构管理条例》《医疗机构管理条例实施细则》关于医疗机构执业规定。

（2）医疗技术准入规范和临床诊疗技术规范，遵守新技术、新设备及大型医用设备临床应用有关规定。

（3）发生医疗事故，依照国家有关法律法规处理。

（4）聘请外籍医师、护士，按照《医师法》《护士条例》等有关规定办理。

（5）发生重大灾害、事故、疾病流行或者其他意外情况时，中外合资、合作医疗机构及其卫生技术人员要服从卫生行政部门调遣。

（6）发布本机构医疗广告，按照《中华人民共和国广告法》《医疗广告管理办法》执行。

(7) 医疗收费价格和税收政策按照国家有关规定执行。

3. 医疗质量管理 医疗质量是指在现有医疗技术水平及能力、条件下,医疗机构及其医务人员在临床诊断及治疗过程中,按照职业道德及诊疗规范要求,给予患者医疗照顾的程度。医疗质量安全核心制度是指医疗机构及其医务人员在诊疗活动中应当严格遵守的相关制度,如首诊负责制度、三级查房制度、会诊制度、分级护理制度、疑难病例讨论制度、急危重患者抢救制度、手术分级管理制度、病历管理制度、临床用血审核制度、信息安全管理制度等。

医疗机构是医疗质量管理的第一责任主体,实行院、科两级责任制,应当全面加强医疗质量管理,持续改进医疗质量,保障医疗安全。二级以上的医院、妇幼保健院以及专科疾病防治机构应当设立医疗质量管理委员会,按照国家医疗质量管理的有关要求,制订本机构医疗质量管理制度并组织实施,应当建立本机构全员参与、覆盖临床诊疗服务全过程的医疗质量管理与控制工作制度,组织开展本机构医疗质量监测、预警、分析、考核、评估和反馈工作,以及医疗质量持续改进。医疗机构应当建立医疗安全与风险管理体系,制订防范、处理医疗纠纷的预案,预防、减少医疗纠纷的发生。

医疗机构应当加强医务人员职业道德教育,发扬救死扶伤的人道主义精神,履行防病治病、救死扶伤、保护人民健康的神圣职责;应当将医务人员医疗质量管理情况作为医师定期考核、晋升和医务人员绩效考核的重要依据。

三、医疗机构的校验

医疗机构的校验是指卫生行政部门依法对医疗机构基本条件和执业状况进行检查、评估、审核,并依法做出相应结论的过程。根据卫生部2009年6月15日发布的《医疗机构校验管理办法(试行)》,医疗机构校验期为:① 床位在100张以上的综合医院、中医医院、中西医结合医院、民族医医院以及专科医院、疗养院、康复医院、妇幼保健院、急救中心、临床检验中心和专科疾病防治机构的校验期为3年;② 其他医疗机构的校验期为1年;③ 中外合资、合作医疗机构的校验期为1年;④ 暂缓校验后再次校验合格医疗机构、校验期为1年。

校验结论包括"校验合格"和"暂缓校验","暂缓校验"应当确定暂缓校验期。医疗机构有下列情形之一的,登记机关应当做出"暂缓校验"结论,下达整改通知书,并根据情况,给予1~6个月暂缓校验期:① 校验审查所涉及的有关文件、病案和材料存在隐瞒、弄虚作假情况;② 不符合医疗机构基本标准;③ 限期整改期间;④ 停业整顿期间;⑤ 省、自治区、直辖市卫生行政部门规定的其他情形。对经校验认定不具备相应医疗服务能力医疗机构诊疗科目,登记机关予以注销。

第四节 医疗机构工作管理的法律规定

一、药事管理

1. 药事管理组织 根据《医疗机构药事管理规定》:① 医疗机构根据实际工作需要,应设立药事管理组织。二级以上医院应当设立药事管理与药物治疗学委员会,其他医疗机构应当成立药事管理与药物治疗学组。药事管理与药物治疗学委员会(组)有履行贯彻执行医疗卫生及药事管理等有关法律、法规、规章,审核制定本机构药事管理和药学工作的规章制度,并监督实施等职责。② 三级医院设置药学部,并可根据实际情况设置二级科室;二级医院设置药剂科;其他医疗机构设置药房。药学部门具体负责药品管理、药学专业技术服务和药事管理工作,开展以患者为中心、以合理用药为核心的临床药学工作,组织药师参与临床药物治疗,提供药学专业技术服务。③ 二级以上医院药学部门负责人应当具有高等学校药学专业或者临床药学专业本科以上学历,及本专业高级技术职务任职资格。

2. **临床药学管理** 临床药学是研究临床合理用药,并使药物发挥最大疗效的综合性学科。我国医疗机构临床药学工作应面向患者,在临床诊疗活动中实行医药结合。临床药学专业技术人员应参与临床药物治疗方案设计;建立重点患者药历,实施治疗药物监测,开展合理用药研究;收集药物安全性和疗效等信息,建立药学信息系统,提供用药咨询服务。医疗机构要逐步建立临床药师制。

3. **药学研究管理** 医疗机构应创造条件,支持药学专业技术人员结合临床实际工作需要开展药学研究工作。

二、处方管理

1. **开具处方的条件** 《处方管理办法》规定:① 医师应当在注册的医疗机构签名留样或者专用签章备案后,方可开具处方。② 经注册的执业助理医师在医疗机构开具的处方,应当经所在执业地点执业医师签名或加盖专用签章后方有效。③ 医师取得麻醉药品和第一类精神药品处方权后,方可在本机构开具麻醉药品和第一类精神药品处方,但不得为自己开具该类药品处方。药师取得麻醉药品和第一类精神药品调剂资格后,方可在本机构调剂麻醉药品和第一类精神药品。④ 试用期人员开具处方,应当经所在医疗机构有处方权的执业医师审核并签名或加盖专用签章后方有效。

2. **处方开具、调剂和保管**

(1) 处方开具管理:医疗机构应当根据本机构性质、功能、任务,制定药品处方集,并加强对本机构处方开具的管理:① 建立处方点评制度,对处方实施动态监测及超常预警,登记并通报不合理处方,对不合理用药及时予以干预。② 对出现超常处方3次以上且无正当理由的医师提出警告,限制其处方权;限制处方权后,仍连续2次以上出现超常处方且无正当理由的,取消其处方权。③ 医师出现下列情形之一的,处方权由其所在医疗机构予以取消:被责令暂停执业,考核不合格离岗培训期间,被注销、吊销执业证书,不按照规定开具处方造成严重后果的,不按照规定使用药品造成严重后果的,因开具处方牟取私利的。④ 未取得处方权的人员及被取消处方权的医师不得开具处方。

(2) 处方调剂管理:未取得药学专业技术职务任职资格的人员不得从事处方调剂工作。

(3) 处方保管管理:① 普通处方、急诊处方、儿科处方保存期限为1年,医疗用毒性药品、第二类精神药品处方保存期限为2年,麻醉药品和第一类精神药品处方保存期限为3年。处方保存期满后,经医疗机构主要负责人批准、登记备案,方可销毁。② 应当根据麻醉药品和精神药品处方开具情况,按照麻醉药品和精神药品品种、规格对其消耗量进行专册登记,登记内容包括发药日期、患者姓名、用药数量。专册保存期限为3年。

3. **处方点评** 处方点评是指根据相关法规、技术规范,对处方书写的规范性及药物临床应用的适宜性(用药适应证、药物选择、给药途径、用法、用量、药物相互作用、配伍禁忌等)进行评价，发现存在或潜在的问题，制定并实施干预和改进措施，促进临床药物合理应用的过程。

根据 2010 年 2 月 10 日卫生部发布《医院处方点评管理规范（试行）》，医院应当加强处方质量和药物临床应用管理，规范医师处方行为，落实处方审核、发药、核对与用药交待等相关规定；定期对医务人员进行合理用药知识培训与教育；制定并落实持续质量改进措施。

（1）处方点评的实施：医疗机构药学部门应当会同医疗管理部门，根据诊疗科目、科室设置、技术水平、诊疗量等实际情况，确定具体抽样方法和抽样率。其中，门、急诊处方的抽样率不应少于总处方量的 1‰。且每月点评处方绝对数不应少于 100 张；病房（区）医嘱单的抽样率（按出院病历数计）不应少于 1%，且每月点评出院病历绝对数不应少于 30 份。

（2）处方点评的原则：处方点评工作要坚持科学、公正、务实的原则，有完整、准确的书面记录，并通报临床科室和当事人。在处方点评工作过程中发现不合理处方，应当及时通知医疗管理部门和药学部门。

（3）处方点评的结果：处方点评的结果分为合理处方和不合理处方。不合理处方包括不规范处方、用药不适宜处方及超常处方。

1) 不规范处方：① 处方的前记、正文、后记内容缺项，书写不规范或者字迹难以辨认的；② 医师签名、签章不规范或者与签名、签章的留样不一致的；③ 药师未对处方进行适宜性审核的（处方后汇的审核、调配、核对、发药栏目无审核调配药师及核对发药药师签名，或者单人值班调剂未执行双签名规定）；④ 新生儿、婴幼儿处方未写明日、月龄的；⑤ 西药、中成药与中药饮片未分别开具处方的；⑥ 未使用药品规范名称开具处方的；⑦ 药品的剂量、规格、数量、单位等书写不规范或不清楚的；⑧ 用法、用量使用"遵医嘱""自用"等含糊不清字句的；⑨ 处方修改未签名并注明修改日期，或药品超剂量使用未注明原因和再次签名的；⑩ 开具处方未写临床诊断或临床诊断书写不全的；⑪ 单张门、急诊处方超过 5 种药品的；⑫ 无特殊情况下，门诊处方超过 7 日用量，急诊处方超过 3 日用量，慢性病、老年病或特殊情况下需要适当延长处方用量未注明理由的；⑬ 开具麻醉药品、精神药品、医疗用毒性药品、放射性药品等特殊管理药品处方未执行国家有关规定的；⑭ 医师未按照抗菌药物临床应用管理规定开具抗菌药物处方的；⑮ 中药饮片处方药物未按照"君、臣、佐、使"的顺序排列，或未按要求标注药物调剂、煎煮等特殊要求的。

2) 用药不适宜处方：① 适应证不适宜的；② 遴选的药品不适宜的；③ 药品剂型或给药途径不适宜的；④ 无正当理由不首选国家基本药物的；⑤ 用法、用量不适宜的；⑥ 联合用药不适宜的；⑦ 重复给药的；⑧ 有配伍禁忌或者不良相互作用的；⑨ 其他用药不适宜情况的。

3) 超常处方：① 无适应证用药的；② 无正当理由开具高价药的；③ 无正当理由超说明书用药的；④ 无正当理由为同一患者同时开具两种以上药理作用相同药物的。

在尚无有效或者更好治疗手段等特殊情况下，医师取得患者明确知情同意后，可以采用药品说明书中未明确但具有循证医学证据的药品用法实施治疗。

三、病历管理

病历是指医务人员在医疗活动过程中形成的文字、符号、图表、影像、切片等资料的总和，包括门（急）诊病历和住院病历。为了加强医疗机构病历管理，保证病历资料客观、真实、完整，根据《医疗机构病历管理规定（2013 年版）》（国卫医发〔2013〕31 号）要求，医疗机构应当建立病历管理制度，设置病案管理部门或者配备专（兼）职人员，负责病历和病案管理工作。病历归档以后形成病案。

1. **病历保管**　在医疗机构建有门（急）诊病历档案的，其门（急）诊病历由医疗机构负责保管；没有在医疗机构建立门（急）诊病历档案的，其门（急）诊病历由患者负责保管。住院病历由医疗机构负责保管。医疗机构应当严格管理病历，严禁任何人涂改、伪造、隐匿、销毁、抢夺、窃取病历。

2. **病历查阅**　根据《医疗机构病历管理规定》，除为患者提供诊疗服务的医务人员，以及经卫生计生行政部门、中医药管理部门或者医疗机构授权的负责病案管理、医疗管理的部门或者人员外，其他任何机构和个人不得擅自查阅患者病历。其他医疗机构及医务人员因科研、教学需要查阅、借阅病历的，应当向患者就诊医疗机构提出申请，经同意并办理相应手续后方可查阅、借阅。查阅后应当立即归还，借阅病历应当在3个工作日内归还。查阅的病历资料不得带离患者就诊医疗机构。禁止以非医疗、教学、研究目的泄露患者的病历资料。

3. **病历复制**　医疗机构可以为申请人复制门（急）诊病历和住院病历中的体温单、医嘱单、住院志（入院记录）、手术同意书、麻醉同意书、麻醉记录、手术记录、病重（病危）患者护理记录、出院记录、输血治疗知情同意书、特殊检查（特殊治疗）同意书、病理报告、检验报告等辅助检查报告单、医学影像检查资料等病历资料。复制的病历资料经申请人和医疗机构双方确认无误后，加盖医疗机构证明印记。医疗机构复制病历资料，可以按照规定收取工本费。

4. **病历的封存与启封**　依法需要封存病历时，应当在医疗机构或者其委托代理人、患者或者其代理人双方共同在场的情况下，对病历共同进行确认，签封病历复制件。医疗机构申请封存病历时，应当告知患者或者其代理人共同实施病历封存；但患者或者其代理人拒绝或者放弃实施病历封存的，医疗机构可以在公证机构公证的情况下，对病历进行确认，由公证机构签封病历复制件。开启封存病历应当在签封各方在场的情况下实施。

5. **病历保管时限**　门（急）诊病历由医疗机构保管的，保存时间自患者最后一次就诊之日起不少于15年；住院病历保存时间自患者最后一次住院出院之日起不少于30年。

6. **电子病历应用管理**　电子病历是指医务人员在医疗活动过程中，使用信息系统生成的文字、符号、图表、图形、数字、影像等数字化信息，并能实现存储、管理、传输和重现的医疗记录，是病历的一种记录形式，包括门（急）诊病历和住院病历。

（1）电子病历的基本要求：《医疗机构病历管理规定（2013年版）》《病历书写基本规范》《中医病历书写基本规范》适用于电子病历管理。电子病历系统应当为操作人员提供专有的身份标识和识别手段，并设置相应权限。操作人员对本人身份标识的使用负责。

（2）电子病历的书写与存储：医疗机构使用电子病历系统进行病历书写，应当遵循客观、真实、准确、及时、完整、规范的原则。门（急）诊病历书写内容包括门（急）诊病历首页、病历记录、化验报告、医学影像检查资料等。住院病历书写内容包括住院病案首页、入院记录、病程记录、手术同意书、麻醉同意书、输血治疗知情同意书、特殊检查（特殊治疗）同意书、病危（重）通知单、医嘱单、辅助检查报告单、体温单、医学影像检查报告、病理报告单等。

电子病历应当设置归档状态，医疗机构应当按照病历管理相关规定，在患者门（急）诊就诊结束或出院后，适时将电子病历转为归档状态。门（急）诊电子病历由医疗机构保管的，保存时间自患者最后一次就诊之日起不少于15年；住院电子病历保存时间自患者最后一次出院之日起不少于30年。

（3）电子病历的使用：电子病历系统应当设置病历查阅权限，并保证医务人员查阅病历的需要,能够及时提供并完整呈现该患者的电子病历资料。医疗机构应当为申请人提供电子病历的复制服务。医疗机构可以提供电子版或打印版病历。

(4)电子病历的封存:依法需要封存电子病历时,应当在医疗机构或者其委托代理人、患者或者其代理人双方共同在场的情况下,对电子病历共同进行确认,并进行复制后封存。封存的电子病历复制件可以是电子版,也可以对打印的纸质版进行复印,并加盖病案管理章后进行封存。

四、医疗废物管理

医疗废物是指医疗卫生机构在医疗、预防、保健以及其他相应活动中产生的具有直接或者间接感染性、毒性以及其他危害性的废物。

1. 医疗废物管理责任制 《医疗废物管理条例》规定,医疗卫生机构应当建立健全医疗废物管理责任制:① 医疗卫生机构法定代表人为第一责任人,切实履行职责,防止因医疗废物导致传染病传播和环境污染事故;② 依据国家有关法律、行政法规、部门规章和规范性文件的规定,制定与医疗废物安全处置有关的规章制度和在发生意外事故时的应急方案;③ 设置监控部门或者专(兼)职人员,负责检查、督促、落实本单位医疗废物的管理工作,防止违反本条例的行为发生。

2. 医疗废物分类管理 医疗卫生机构应当根据《医疗废物分类目录》,按照要求,及时分类收集医疗废物。

3. 人员培训和职业安全防护 医疗卫生机构应当对本单位从事医疗废物收集、运送、储存、处置等工作的人员和管理人员,进行相关法律和专业技术、安全防护以及紧急处理等知识的培训。

五、医院感染管理

医院感染是指住院患者在医院内获得的感染,包括在住院期间发生的感染和在医院内获得、出院后发生的感染,但不包括入院前已开始或者入院时已处于潜伏期的感染。医院工作人员在医院内获得的感染也属于医院感染。

1. 医院感染管理组织 各级各类医疗机构应当建立医院感染管理责任制,制定并落实医院感染管理的规章制度和工作规范,严格执行有关技术操作规范和工作标准,有效预防和控制医院感染,防止传染病病原体、耐药菌、条件致病菌及其他病原微生物的传播。

2. 预防与控制

(1)严格执行消毒工作技术规范:医疗机构应当按照《消毒管理办法》,严格执行医疗器械、器具的消毒工作技术规范,并达到以下要求。① 进入人体组织、无菌器官的医疗器械、器具和物品必须达到灭菌水平;② 接触皮肤、黏膜的医疗器械、器具和物品必须达到消毒水平;③ 各种用于注射、穿刺、采血等有创操作的医疗器具必须一用一灭菌。医疗机构使用的消毒药械及一次性医疗器械和器具应当符合国家有关规定,一次性使用的医疗器械、器具不得重复使用。

(2)控制医院感染的危险因素:① 制定具体措施,保证医务人员的手卫生和诊疗环境条件、无菌操作技术、职业卫生防护工作符合规定要求,对医院感染的危险因素进行控制;② 严格执行隔离技术规范,根据病原体传播途径采取相应的隔离措施;③ 制定医务人员职业卫生防护工作的具体措施,提供必要的防护物品,保障医务人员的职业健康。

(3) 医院感染监测:① 严格按照《抗菌药物临床应用指导原则》,加强抗菌药物临床使用和耐药菌监测管理;② 按照医院感染诊断标准及时诊断医院感染病例,建立有效的医院感染监测制度,分析医院感染的危险因素,并针对导致医院感染的危险因素,实施预防与控制措施;③ 及时发现医院感染病例和医院感染的暴发,分析感染源、感染途径,采取有效的处理和控制措施,积极救治患者。

(4) 医院感染报告:医疗机构经调查证实发生以下情形时,应当于 12 小时内向所在地的县级地方人民政府卫生行政部门报告,并同时向所在地疾病预防控制机构报告。① 5 例以上医院感染暴发;② 由于医院感染暴发直接导致患者死亡;③ 由于医院感染暴发导致 3 人以上人身损害后果。

医疗机构发生以下情形时,应当按照《国家突发公共卫生事件相关信息报告管理工作规范(试行)》的要求进行报告。① 10 例以上的医院感染暴发事件;② 发生特殊病原体或者新发病原体的医院感染;③ 可能造成重大公共影响或者严重后果的医院感染。

医疗机构发生医院感染属于法定传染病的,应当按照《传染病防治法》《国家突发公共卫生事件应急预案》规定进行报告和处理。

3. 人员培训　医疗机构应当制定对本机构工作人员的培训计划,对全体工作人员进行医院感染相关法律法规及医院感染管理相应工作规范和标准、专业技术知识的培训。

六、大型医用设备配置与使用管理

1. 大型医用设备配置管理　《医疗器械监督管理条例》第四十八条规定:医疗器械使用单位配置大型医用设备,应当符合国务院卫生主管部门制定的大型医用设备配置规划,与其功能定位、临床服务需求相适应,具有相应的技术条件、配套设施和具备相应资质、能力的专业技术人员,并经省级以上人民政府卫生主管部门批准,取得大型医用设备配置许可证。2017 年 5 月国务院修改《医疗器械监督管理条例》,在第三十四条增加一款,作为第三款:"大型医用设备配置管理办法由国务院卫生计生主管部门会同国务院有关部门制定。大型医用设备目录由国务院卫生计生主管部门会商国务院有关部门提出,报国务院批准后执行。"

大型医用设备配置规划原则上每 5 年编制 1 次,由省级卫生健康行政部门提出本地区大型医用设备配置规划和实施方案建议并报送国家卫生健康行政部门。国家卫生健康行政部门负责制定大型医用设备配置规划,并向社会公开。申请配置甲类大型医用设备的,向国家卫生健康行政部门提出申请;申请配置乙类大型医用设备的,向所在地省级卫生健康行政部门提出申请。未经许可擅自配置使用大型医用设备的,由县级以上人民政府卫生健康行政部门责令停止使用,给予行政处罚。

2. 大型医用设备使用管理　大型医用设备使用应当遵循安全、有效、合理和必需的原则。医疗器械使用单位应当建立大型医用设备管理档案,记录其采购、安装、验收、使用、维护、维修、质量控制等事项,并如实记载相关信息。应当按照大型医用设备产品说明书等要求,进行定期检查、检验、校准、保养、维护,确保大型医用设备处于良好状态。应当按照国家法律法规的要求,建立完善大型医用设备使用信息安全防护措施,确保相关信息系统运行安全和医疗数据安全。

3. 大型医用设备使用人员　大型医用设备使用人员应当具备相应的资质、能力,按照产品说明书、技术操作规范等使用大型医用设备。

第五节 法律责任

任何违反《基本医疗卫生与健康促进法》《医疗机构管理条例》《医疗纠纷预防和处理条例》的医疗机构及其直接责任人都应承担相应的法律责任。按照《医疗机构管理条例》规定,医疗机构违法的法律责任形式是行政责任,行政责任处罚种类主要有警告、限期改正、责令停业、没收非法所得和药品、器械、罚款、吊销医疗机构执业许可证等。应当承担法律责任的行为及责任包括以下方面。

1. 非法执业 违反《基本医疗卫生与健康促进法》规定,未取得《医疗机构执业许可证》擅自执业的,由县级以上人民政府卫生健康主管部门责令停止执业活动,没收违法所得和药品、医疗器械,并处违法所得5倍以上20倍以下的罚款,违法所得不足1万元的,按1万元计算。

2. 未经备案责任 违反《医疗机构管理条例》规定,诊所未经备案执业的,由县级以上人民政府卫生行政部门责令其改正,没收违法所得,并处3万元以下的罚款;拒不改正的,责令其停止执业活动。

3. 逾期不校验许可证仍从事诊疗活动 校验是对医疗机构进行预防性监督管理的一种方式,医疗机构应在期满前到原登记机关办理校验手续。逾期不校验《医疗机构执业许可证》仍从事诊疗活动的,由县级以上人民政府卫生健康行政部门责令其限期补办校验手续;拒不校验的,吊销其《医疗机构执业许可证》。

4. 出卖、转让、出借执业许可证 执业许可证是卫生健康行政部门发给医疗机构行医许可证明,只能由持有者自己使用,且必须在规定的地域内使用,禁止出卖、转让、出借。如有出卖、转让、出借《医疗机构执业许可证》的,依照《基本医疗卫生与健康促进法》的规定予以处罚。

5. 超出登记诊疗范围 诊疗活动超出登记或者备案范围属于非法行医性质,不受法律保护。对此种行为应予以警告、责令其改正,没收违法所得,并可以根据情节处以1万元以上10万元以下的罚款;情节严重的,吊销其《医疗机构执业许可证》或者责令其停止执业活动。

6. 使用非卫生技术人员从事医疗技术工作 医疗机构使用非卫生技术人员从事医疗卫生技术工作,必然对患者生命健康构成严重威胁,这是法律绝对禁止的。对此违法行为,应对医疗机构责令其限期改正,并可以处以1万元以上5万元以下的罚款;情节严重的,吊销其《医疗机构执业许可证》或者责令其停止执业活动。

7. 出具虚假证明 医疗证明文件不仅关系到当事人生命健康,也会影响到当事人其他人身权和财产权,引起民事赔偿甚至发生刑事指控。因此,对医疗机构出具虚假疾病诊断书、健康证明书或者死亡证明书等证明文件的,予以警告;对造成危害后果的,可以处以1万元以上10万元以下的罚款;对直接责任人员由所在单位或者上级机关给予行政处分。

8. 篡改、伪造、隐匿、毁灭病历资料 根据《医疗纠纷预防和处理条例》第四十五条规定,医疗机构篡改、伪造、隐匿、毁灭病历资料的,对直接负责的主管人员和其他直接责任人员,由县级以上人民政府卫生健康行政部门给予或者责令给予降低岗位等级或者撤职的处分,对有关医务人员责令暂停6个月以上1年以下执业活动;造成严重后果的,对直接负责的主管人员和其他直接责任人员给予或者责令给予开除的处分,对有关医务人员由原发证部门吊销执业证书;构成犯罪的,依法追究刑事责任。

9. **其他情形** 医疗机构有下列情形之一的,登记机关可以责令其限期改正:① 发生重大医疗事故;② 连续发生同类医疗事故,不采取有效防范措施;③ 连续发生原因不明的同类患者死亡事件,同时存在管理不善因素;④ 管理混乱,有严重事故隐患,可能直接影响医疗安全;⑤ 省级卫生健康行政部门规定的其他情形。

当事人对行政处罚决定不服的,可以依照国家法律法规规定申请行政复议或者提起行政诉讼。当事人对罚款及没收药品、器械的处罚决定在法定期限内未申请复议或者不提起诉讼又不履行的,县级以上人民政府卫生健康行政部门可以申请人民法院强制执行。

第五章
医药企业管理法律制度

导学

1. 掌握医药企业的设置。
2. 熟悉医药企业概述的内容；医药企业的登记与校验；医药企业的生产与经营。
3. 了解医药企业违反《药品管理法》的行为和法律责任。

医药工业是关系国计民生的重要产业，是培育发展战略性新兴产业的重点领域，主要包括化学药、中药、生物技术药物、医疗器械、药用辅料和包装材料、制药设备等。在我国，医药企业主要分为药品生产企业和药品经营企业两大类。

根据国家药品监督管理局发布的《2020年度药品监管统计年度报告》，截至2020年底，全国有效期内《药品生产许可证》7 690个（含中药饮片、医用气体等）。其中，生产原料药和制剂的企业有4 460家，生产化学药的企业有3 519家，生产中成药的企业有2 160家，生产中药（含饮片）企业4 357家，生产医用气体的企业有671家，生产特殊药品的企业有224家。全国共有《药品经营许可证》持证企业57.33万家。其中，零售药店24.10万家，零售连锁企业和门店数量31.92万家，批发企业1.31万家。

药品是一种特殊商品，药品生产、经营企业的生产、经营条件和行为直接决定药品质量。因此，药品生产、经营企业承担着保证药品质量的首要责任。为了保证药品质量，国家对药品生产和经营企业实施许可证制度，其申办必须具备必要的条件，遵循必要的质量管理规则。对此，《药品管理法》（2019年修订版）及其实施条例等对药品生产、经营企业管理做出了严格的规定。

第一节 医药企业管理法律概述

一、药品生产企业

药品生产企业是指生产药品的专营企业或兼营企业，在我国，药品分为化学药品和中药两大类。化学药品生产系指将原料加工制成能供医疗应用药品的过程，分原料药生产和制剂生产两大类。中药生产分中药材、中药饮片、中成药、中药配方颗粒生产等。

二、药品经营企业

药品经营企业是指经营药品的专营企业或兼营企业。药品经营企业是药品销售活动的主体,经营主要方式有药品批发和药品零售,因此,药品经营企业一般也分为药品批发企业和药品零售企业,经营范围各自按照经药品监督管理部门核准经营的药品品种类别进行。药品经营企业基本职能是将药品生产企业生产药品通过购进、销售等活动,使药品从生产领域向消费领域转移,实现药品使用价值。

1. **药品批发企业**　指将购进药品销售给药品生产企业、药品经营企业、医疗机构的药品经营企业,是药品流通的一个重要环节。其经营条件、经营行为,如人员素质、管理制度、购药渠道、购药记录、仓储养护等,直接对药品质量和用药安全产生影响。因此,开办药品批发企业必须经企业所在地省、自治区、直辖市人民政府药品监督管理部门批准并发给《药品经营许可证》。

2. **药品零售企业**　指将购进药品直接销售给消费者的药品经营企业。作为直接面向患者销售药品、提供药品服务与药品流通的终端环节,其经营条件和经营行为,如人员素质、管理制度、购药渠道、储藏条件、销售登记、用药咨询等,对药品质量和安全合理用药具有重大的影响。因此,开办药品零售企业必须经过药品监督管理部门批准并发给《药品经营许可证》。

药品零售连锁企业是集约化的药品零售企业,是指经营同类药品、使用统一商号若干个门店,在同一总部管理下,采取统一采购配送、统一质量标准、采购与销售分离、实行规模化管理经营的组织形式。国家大力倡导和鼓励药品经营集约化、零售连锁化,重点扶持、发展药品商业连锁经营。

第二节　医药企业的设置

国家对药品生产、经营实行严格的许可证制度,无论药品生产企业还是药品经营企业都必须经批准有了许可证,才可以到工商行政管理部门申请营业执照。

一、药品生产企业的设置

设定和实施许可法律依据主要为《药品管理法》、《中华人民共和国疫苗管理法》(以下简称《疫苗管理法》,2019 年 12 月 1 日施行)、《药品管理法实施条例》、《药品生产监督管理办法》和 2010 版《药品生产质量管理规范》(简称 GMP)、《药品经营质量管理规范》(简称 GSP)。

(一) 开办药品生产企业必须具备的法定条件

(1) 开办药品生产企业应当符合国家制定药品行业发展规划和产业政策。国家对医药行业实行宏观调控,对药品生产行业实行产业优化配置、资源有效利用和可持续发展,防止低水平重复建设,保证药品质量和企业市场竞争力以及合法权益。

(2) 具有依法经过资格认定的药学技术人员、工程技术人员及相应的技术工人。

(3) 具有与其生产药品相适应的厂房、设施和卫生环境。

(4) 具有能对所生产的药品进行质量管理和质量检验的机构、人员以及必要的仪器设备。

(5) 具有保证药品质量的规章制度,并符合国务院药品监督管理部门依据法律法规制定的药品生产质量管理规范要求。

国家有关法律法规对生产麻醉药品、精神药品、医疗用毒性药品、放射性药品、药品类易制毒化学品等另有规定的,依照其规定。

上述五项条件是原则性规定,在核发《药品生产许可证》时,药品监督管理部门将会下发详细、具体的规定。

(二)药品生产质量管理规范规定药品生产企业应建立生产和质量管理机构,并有组织机构图

举例某制药企业组织结构如图5-1。各级机构和人员职责应明确,并配备一定数量与药品生产相适应具有专业知识、生产经验及组织能力的管理人员和技术人员。

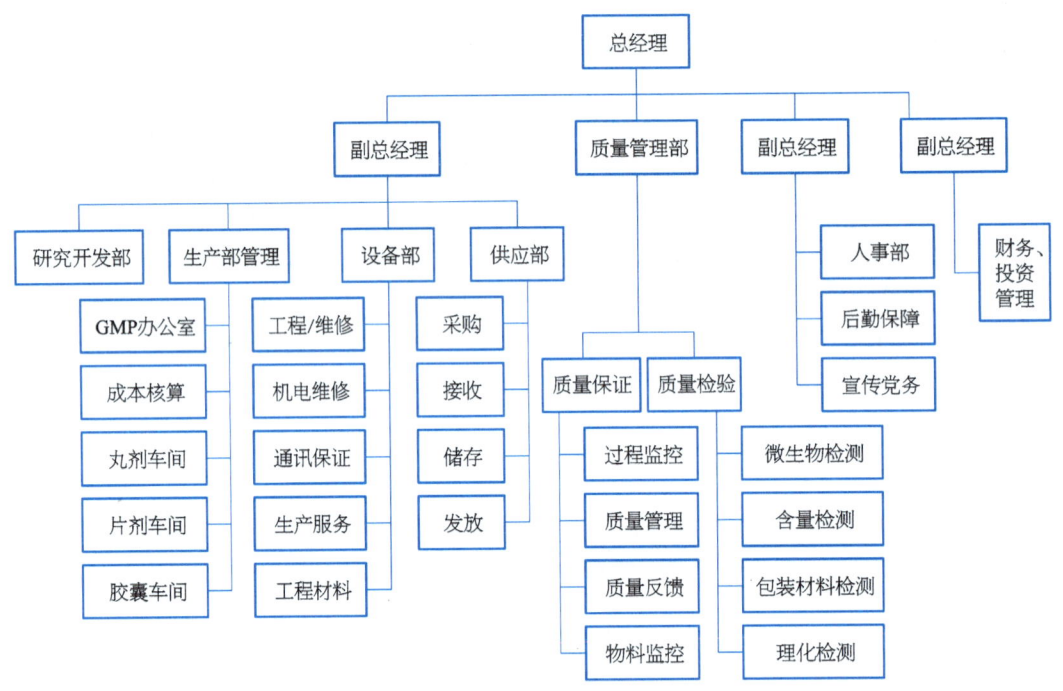

图5-1 某制药企业组织结构

1. **机构** 这是药品生产和质量管理的组织保证,药品生产企业在机构设置过程中要遵循因事设岗、因岗配人的原则,使全部活动都能落实到岗位、人员。各部门既要有明确分工,又要相互协作、相互制约。药品生产企业内部机构设置一般为质量管理、生产管理、工程、供应、销售、研究开发、人事等部门,各机构职能如下。

(1) 质量管理部:负责企业质量管理体系运行过程中质量协调、监督、审核和评价工作;负责药品生产全过程质量检验和质量监督工作;开展质量审核,在企业内部提供质量保证。

(2) 生产管理部:负责生产质量管理文件编写、修订、实施;制定生产计划,下达生产指令;负责或参与质量管理文件编写、修订、实施;对产品制造、工艺规程、卫生规范等执行情况进行监督管理;解决生产过程中所遇到的技术问题;会同有关部门进行生产工艺等验证;做好技术经济指标统计和管理工作。

(3) 工程部:负责企业设备、设施维修、保养和管理;组织设备、设施验证工作;保证计量器具准确性;保证提供符合生产工艺要求的水、电、气、风、冷等。

(4) 供应部:严格按物料质量标准要求供货;对供应商进行管理,保证供货渠道畅通;配合质量管理部门进行供应商质量体系评价工作。

(5) 销售部：负责市场开发工作；确保药品售后可追踪性；负责将产品质量问题、用户投诉信息及时反馈给质量管理和生产管理部门。

(6) 研究开发部：制定成品质量规格和检验方法；确定中间控制项目、方法与标准；确定生产过程；选择合适包装形式并制定包装材料质量规格；确定药品稳定性等。

(7) 人事部：根据 GMP 对人员任职要求，负责各类人员配置工作；负责编制员工培训计划，组织实施、检查、考核。

2. 人员　这是药品生产和质量管理执行的主体，是药品生产和推行 GMP 首要条件，是 GMP 中最关键、最根本的因素。新版 GMP 将企业全职人员，包括企业负责人、生产管理负责人、质量管理负责人和质量授权人概括为关键人员。质量管理负责人和生产管理负责人不得互相兼任，质量管理负责人和质量授权人可以兼任。应当制定操作规程确保质量授权人独立履行职责，不受企业负责人和其他人员干扰。对各类人员要求如下。

(1) 企业负责人：是药品质量主要责任人，全面负责企业日常管理。为确保企业实现质量目标并按照规范要求生产药品，企业负责人应当负责提供必要的资源，合理计划、组织和协调，保证质量管理部门独立履行其职责。

(2) 生产管理负责人：应当至少具有药学或相关专业本科学历（或中级专业技术职称或执业药师职业资格），具有至少 3 年从事药品生产和质量管理的实践经验，其中至少有 1 年药品生产管理经验，接受过与所生产产品相关的专业知识培训。

(3) 质量管理负责人：应当至少具有药学或相关专业本科学历（或中级专业技术职称或执业药师职业资格），具有至少 5 年从事药品生产和质量管理的实践经验，其中至少有 1 年药品质量管理经验，接受过与所生产产品相关的专业知识培训。

(4) 质量授权人：应当至少具有药学或相关专业本科学历（或中级专业技术职称或执业药师职业资格），具有至少 5 年从事药品生产和质量管理的实践经验，从事过药品生产过程控制和质量检验工作。应当具有必要的专业理论知识，并经过与产品质量相关的培训，方能独立履行其职责。

3. 培训

(1) 企业应当指定部门或专人负责培训管理工作，应当有培训方案或计划，培训记录应当予以保存。

(2) 与药品生产、药品生产质量有关的所有人员都应当经过培训，培训的内容包括 GMP 理论和实践培训以及相关法规、相应岗位职责与技能培训，并定期评估培训实际效果。

(3) 高风险操作区（如高活性、高毒性、传染性、高致敏性物料生产区）的工作人员应接受专门培训。

4. 人员卫生

(1) 所有人员都应当接受卫生要求培训，掌握卫生操作规程。人员卫生操作规程应当包括与健康、卫生习惯及人员着装相关的内容。

(2) 企业应当对人员健康进行管理，并建立健康档案。直接接触药品的生产人员上岗前应当接受健康检查，以后每年至少进行 1 次健康检查。体表有伤口、患有传染病或其他可能污染药品的疾病人员不得从事直接接触药品生产。

(3) 参观人员和未经培训人员不得进入生产区和质量控制区，特殊情况确需进入，应当事先对个人卫生、更衣等事项进行指导。

(4) 任何进入生产区人员均应当按照规定更衣,进入洁净生产区人员不得化妆和佩戴饰物,操作人员应当避免裸手直接接触药品及与药品直接接触的包装材料和设备。

(5) 生产区、仓储区禁止吸烟和饮食,禁止存放食品、饮料、香烟和个人用药品等非生产用物品。

二、药品经营企业的设置

(一) 药品批发企业和零售连锁企业

药品批发企业的基本机构由质量管理部、业务部(采购、储存、销售)、办公室、财务部等机构组成。药品零售连锁企业的组织机构一般由零售连锁管理总部、配送中心和零售事业部及若干个门店组成。

GSP要求药品批发企业和零售连锁企业必须成立以企业负责人、企业质量负责人、分管业务负责人及质量管理部门负责人为核心,会同其他各有关部门负责人共同组成的质量领导组织(图5-2)。

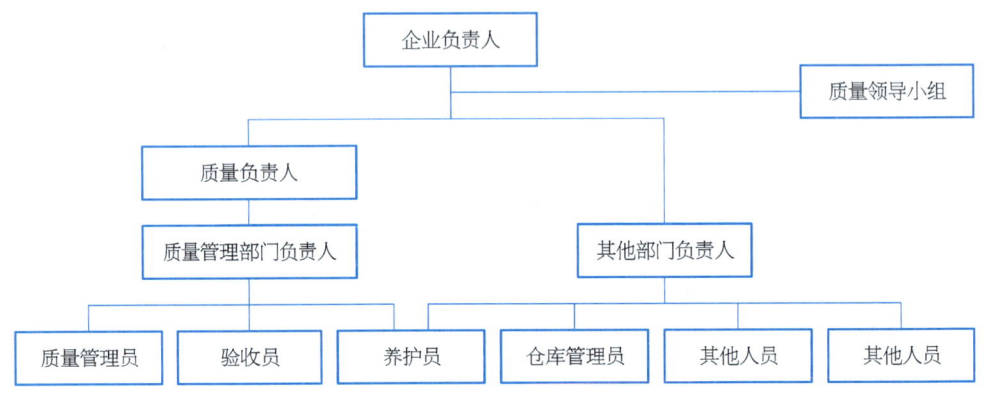

图5-2 药品经营企业组织结构

企业负责人是药品质量主要责任人,全面负责企业日常管理,保证质量管理部门和质量管理人员有效履行职责,确保企业实现质量目标并按照规范要求经营药品。企业质量负责人应当由高层管理人员担任,全面负责药品质量管理工作,独立履行职责,在企业内部对药品质量管理具有裁决权。

企业负责人应当具有大学专科以上学历或者中级以上专业技术职称,经过基本的药学专业知识培训,熟悉有关药品管理法律法规及规范要求。

企业质量负责人应当具有大学本科以上学历、执业药师职业资格和3年以上药品经营质量管理的工作经历,在质量管理工作中具备正确判断和保障实施能力。

企业质量管理部门负责人应当具有执业药师职业资格和3年以上药品经营质量管理的工作经历,能独立解决经营过程中质量问题。

企业应当配备符合以下资格要求质量管理、验收及养护等岗位人员:① 从事质量管理工作的,应当具有药学中专或者医学、生物、化学等相关专业大学专科以上学历或者具有药学初级以上专业技术职称。② 从事验收、养护工作的,应当具有药学或者医学、生物、化学等相关专业中专以上学历或者具有药学初级以上专业技术职称。③ 从事中药材、中药饮片验收工作的,应当具有中药学专业中专以上学历或者具有中药学中级以上专业技术职称;从事中药材、中药饮片养护工作的,应当具有中药学专业中专以上学历或者具有中药学初级以上专业技术职称;直接收购产地中药材的,验收人员应当具有中药学中级以上专业技术职称。

经营疫苗的企业还应当配备两名以上专业技术人员专门负责疫苗质量管理和验收工作,专业技术人员应当具有预防医学、药学、微生物学或者医学等专业本科以上学历及中级以上专业技术职称,并有3年以上从事疫苗管理或者技术工作经历。

从事质量管理、验收工作的人员应当在职在岗,不得兼职其他业务工作。

从事采购工作的人员应当具有药学或者医学、生物、化学等相关专业中专以上学历,从事销售、储存等工作的人员应当具有高中以上文化程度。

企业应当对各岗位人员进行与其职责和工作内容相关的岗前培训、继续培训,以符合规范要求。

(二) 药品零售企业

药品零售企业应根据自身规模,设置相应的管理机构或管理人员,如质量负责人、质量管理员(机构)、处方审核员、采购员(组)、保管员(组)、养护员(组)、营业员(组)。

企业应当设置质量管理部门或者配备质量管理人员,履行以下职责:① 督促相关部门和岗位人员执行药品管理法律法规及规范要求;② 组织制订质量管理文件,并指导、监督文件执行;③ 负责对供货单位及其销售人员资格证明审核;④ 负责对所采购药品合法性审核;⑤ 负责药品验收,指导并监督药品采购、储存、陈列、销售等环节质量管理工作;⑥ 负责药品质量查询及质量信息管理;⑦ 负责药品质量投诉和质量事故调查、处理及报告;⑧ 负责对不合格药品确认及处理;⑨ 负责假劣药品报告;⑩ 负责药品不良反应报告;⑪ 开展药品质量管理教育和培训;⑫ 负责计算机系统操作权限审核、控制及质量管理基础数据维护;⑬ 负责组织计量器具校准及检定工作;⑭ 指导并监督药学服务工作;⑮ 其他应当由质量管理部门或者质量管理人员履行的职责。

企业法定代表人或者企业负责人应当具备执业药师职业资格。企业应当按照国家有关规定配备执业药师,负责处方审核,指导合理用药。

质量管理、验收、采购人员应当具有药学或者医学、生物、化学等相关专业学历或者具有药学专业技术职称。从事中药饮片质量管理、验收、采购人员应当具有中药学中专以上学历或者具有中药学专业初级以上专业技术职称。

营业员应当具有高中以上文化程度或者符合省级药品监督管理部门规定的条件。中药饮片调剂人员应当具有中药学中专以上学历或者具备中药调剂员资格。

企业各岗位人员应当接受相关法律法规及药品专业知识与技能岗前培训和继续培训。

(三) 药品经营企业的硬件要求

(1) 药品批发和零售连锁企业应按经营规模设置相应的仓库,其面积(指建筑面积,下同)大型企业不应低于1 500 m², 中型企业不应低于1 000 m², 小型企业不应低于500 m²。

(2) 根据所经营药品储存要求,设置不同温、湿度条件仓库。其中冷库温度为2~10℃;阴凉库不高于20℃;常温库为0~30℃;各库房相对湿度应保持在45%~75%。

(3) 药品批发和零售连锁企业设置药品检验室应有用于仪器分析、化学分析、滴定液标定的专门场所,并有用于易燃易爆、有毒等环境下操作的安全设施和温、湿度调控设备。药品检验室的面积,大型企业不小于150 m², 中型企业不小于100 m², 小型企业不小于50 m²。

(4) 用于药品零售营业场所和仓库,面积不应低于以下标准:① 大型零售企业营业场所面积 100 m²,仓库 30 m²;② 中型零售企业营业场所面积 50 m²,仓库 20 m²;③ 小型零售企业营业场所面积 40 m²,仓库 20 m²;④ 零售连锁门店营业场所面积 40 m²。

(5) 企业应当根据药品温度控制要求,在运输过程中采取必要的保温或者冷藏、冷冻措施。运输过程中,药品不得直接接触冰袋、冰排等蓄冷剂,防止对药品质量造成影响。

在冷藏、冷冻药品运输途中,应当实时监测并记录冷藏车、冷藏箱或者保温箱内温度数据。

(6) 企业应当建立能够符合经营和质量管理要求的计算机系统,并满足药品电子监管实施条件。对实施电子监管的药品,在售出时应当进行扫码和数据上传。

第三节 医药企业的登记与校验

一、开办药品生产企业的法定程序和规定

(一) 开办药品生产企业申报审批程序

1. **申请筹建** 由开办药品生产企业申办人向拟办企业所在地省级药品监督管理部门提出筹建申请,提交有关资料。药品监督管理部门自收到申请之日起 30 个工作日内,按照国家发布药品行业发展规划和产业政策进行审查,做出是否同意筹建的决定。省级药品监督管理部门批准筹建后,抄报国家药品监督管理局。申办人取得同意筹建批准文件后,开始筹建。

2. **申请许可证** 申办人完成筹建后,向批准筹建部门申请验收,并提交规定资料。省级药品监督管理部门在收到申请验收完整资料之日起 30 个工作日内,组织验收。验收合格,发给《药品生产许可证》。

3. **登记注册** 申办人凭《药品生产许可证》到工商行政管理部门依法办理登记注册,取得营业执照。

具体步骤见图 5-3。

(二) 申请开办药品生产企业须报送资料

报送资料包括:① 药品生产许可证登记表并附电子版申请文件;② 申办药品生产许可证申请报告;③ 申办药品生产许可证自查报告;④ 申请人基本情况及其相关证明文件;⑤ 拟办企业基本情况,包括拟办企业名称、生产品种、剂型、设备、工艺及生产能力;拟办企业场地、周边环境、基础设施等条件说明,以及投资规模等情况说明;⑥ 工商行政管理部门出具的拟办企业名称预先核准通知书,生产地址及注册地址、企业类型、法定代表人或者企业负责人;⑦ 拟办企业组织机构图(注明各部门职责及相互关系、负责人);⑧ 拟办企业法定代表人、企业负责人、部门负责人简历及学历和职称证书;依法经过资格认定药学及相关专业技术人员、工程技术人员、技术工人登记表,并标明所在部门及岗位;高级、中级、初级技术人员的比例情况表;⑨ 拟办企业周边环境图、总平面布置图、仓储平面

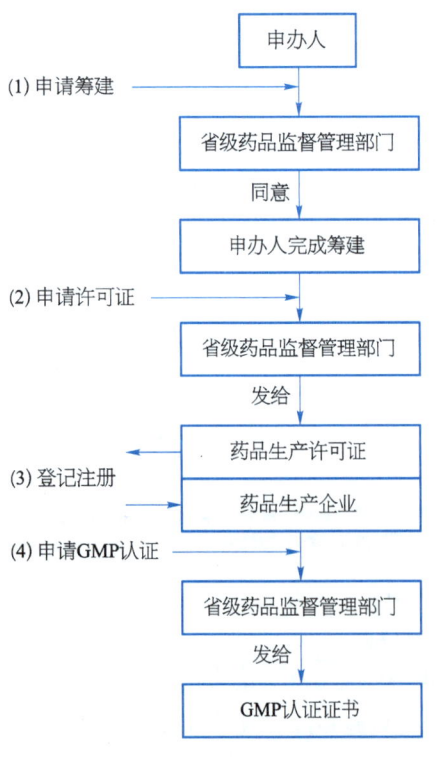

图 5-3 开办药品生产企业申报与审批流程

布置图、质量检验场所平面布置图；⑩ 拟办企业生产工艺布局平面图（包括更衣室、盥洗间、人流和物流通道、气闸等，并标明人、物流向和空气洁净度等级），空气净化系统的送风、回风、排风平面布置图，工艺设备平面布置图；⑪ 拟生产范围、剂型、品种、质量标准及依据；⑫ 拟生产剂型及品种工艺流程图，并注明主要质量控制点与项目；⑬ 空气净化系统、制水系统、主要设备验证概况，生产、检验仪器、仪表、衡器校验情况；⑭ 主要生产设备及检验仪器目录；⑮ 拟办企业生产管理、质量管理文件目录；⑯ 拟生产品种原辅料检测可委托检验仪器备案件；⑰ 拟开办药品生产企业所在地消防、环保证明材料；⑱ 申请人应附所提交材料真实性的自我保证声明。

（三）《药品生产许可证》管理

(1) 由国家药品监督管理局统一印制：分正本和副本。

(2) 记载事项：应当载明许可证编号、企业名称、法定代表人、企业负责人、企业类型、注册地址、生产地址、生产范围、发证机关、有效期限等项目。

(3) 变更许可事项：药品生产企业变更许可事项时，应当在许可事项发生变更 30 日前，向原发证机关申请变更登记；未经批准，不得变更许可事项。

(4) 期满换证规定：有效期为 5 年。有效期届满，需要继续生产药品，持证企业应当在许可证有效期届满前 6 个月，按照国务院药品监督管理部门规定申请换发许可证并提交规定资料。经省级药品监督管理部门检查验收，合格者予以换发许可证。

(5) 撤销生产许可证规定：药品生产企业终止生产药品或者关闭，许可证由原发证机关缴销，并通知工商行政管理部门。

(6) 年检要求：实行年检制度，省级药品监督管理部门负责组织本行政区域内许可证的年检工作。

任何单位或个人不得伪造、变造、买卖、出租、出借《药品生产许可证》。

二、开办药品经营企业的法定程序和规定

2004 年 4 月 1 日起施行的《药品经营许可证管理办法》（以下简称《管理办法》，于 2017 年 11 月根据国家食品药品监督管理总局局务会议《关于修改部分规章的决定》修正）明确规定，开办药品批发企业、药品零售企业应按照以下程序办理《药品经营许可证》。

（一）开办药品批发企业申领许可证程序

(1) 申办人向拟办企业所在地省、自治区、直辖市药品监督管理部门提出筹建申请，并提交以下材料：① 拟办企业法定代表人、企业负责人、质量负责人学历证明原件、复印件及个人简历；② 执业药师执业证书原件、复印件；③ 拟经营药品范围；④ 拟设营业场所、设备、仓储设施及周边卫生环境等情况。

(2) 药品监督管理部门对申办人提出的申请，应当根据下列情况分别做出处理：① 申请事项不属于本部门职权范围，应当即时做出不予受理决定，发给《不予受理通知书》，并告知申办人向有关药品监督管理部门申请。② 申请材料存在可以当场更正错误的，应当允许申办人当场更正。③ 申请材料不齐或者不符合法定形式的，应当当场或者在 5 日内发给申办人《补正材料通知书》，一次性告知需要补正全部内容。逾期不告知，自收到申请材料之日起即为受理。④ 申请事项属于本部门职权范围，材料齐全、符合法定形式，或者申办人按要求提交全部补正材料，发给申办人《受理通知书》，《受理通知书》中的注明日期为受理日期。

(3) 药品监督管理部门自受理申请之日起 30 个工作日内，依据《管理办法》第四条规定对

申报材料进行审查,做出是否同意筹建决定,并书面通知申办人。不同意筹建,应当说明理由,并告知申办人享有依法申请行政复议或者提起行政诉讼的权利。

(4) 申办人完成筹建后,向受理申请药品监督管理部门提出验收申请,并提交以下材料:① 药品经营许可证申请表;② 工商行政管理部门出具的拟办企业核准证明文件;③ 拟办企业组织机构情况;④ 营业场所、仓库平面布置图及房屋产权或使用权证明;⑤ 依法经过资格认定药学专业技术人员资格证书及聘书;⑥ 拟办企业质量管理文件及仓储设施、设备目录。

(5) 受理申请药品监督管理部门在收到验收申请之日起30个工作日内,依据开办药品批发企业验收实施标准组织验收,做出是否发给《药品经营许可证》决定。符合条件的,发给经营许可证;不符合条件的,应当书面通知申办人并说明理由,同时告知申办人享有依法申请行政复议或提起行政诉讼的权利。

(二) 开办药品零售企业申领许可证程序

(1) 申办人向拟办企业所在地省、自治区、直辖市药品监督管理部门提出筹建申请,并提交以下材料:① 拟办企业法定代表人、企业负责人、质量负责人学历、执业资格或职称证明原件、复印件,以及个人简历和专业技术人员资格证书、聘书;② 执业药师执业证书原件、复印件;③ 拟经营药品范围;④ 拟设营业场所、设备、仓储设施及周边卫生环境等情况。

(2) 药品监督管理机构对申办人提出的申请,应当根据下列情况分别做出处理:① 申请事项不属于本部门职权范围,应当即时做出不予受理决定,发给《不予受理通知书》,并告知申办人向有关药品监督管理部门申请。② 申请材料存在可以当场更正错误的,应当允许申办人当场更正。③ 申请材料不齐或者不符合法定形式的,应当当场或者在5日内发给申办人《补正材料通知书》,一次性告知需要补正全部内容。逾期不告知,自收到申请材料之日起即为受理。④ 申请事项属于本部门职权范围,材料齐全、符合法定形式,或者申办人按要求提交全部补正材料,发给申办人《受理通知书》,《受理通知书》中的注明日期为受理日期。

(3) 药品监督管理机构自受理申请之日起30个工作日内,依据《管理办法》第五条规定对申报材料进行审查,做出是否同意筹建决定,并书面通知申办人。不同意筹建,应当说明理由,并告知申办人依法享有申请行政复议或者提起行政诉讼的权利。

(4) 申办人完成筹建后,向受理申请药品监督管理机构提出验收申请,并提交以下材料:① 药品经营许可证申请表;② 企业营业执照;③ 营业场所、仓库平面布置图及房屋产权或使用权证明;④ 依法经过资格认定的药学专业技术人员资格证书及聘书;⑤ 拟办企业质量管理文件及主要设施、设备目录。

(5) 受理申请药品监督管理机构在收到验收申请之日起15个工作日内,依据开办药品零售企业验收实施标准组织验收,做出是否发给《药品经营许可证》决定。不符合条件的,应当书面通知申办人并说明理由,同时,告知申办人享有依法申请行政复议或提起行政诉讼的权利。

(三) 许可证管理

1. 管理方式 省、自治区、直辖市药品监督管理部门负责本辖区内药品批发企业《药品经营许可证》发证、换证、变更和日常监督管理工作,并指导和监督下级药品监督管理机构开展《药品经营许可证》监督管理工作。

设区的市级药品监督管理机构或省、自治区、直辖市药品监督管理部门直接设置县级药品监督管理机构,负责本辖区内药品零售企业《药品经营许可证》发证、换证、变更和日常监督管理等工作。

《药品经营许可证》有效期为5年。有效期届满,需要继续经营药品,持证企业应在有效期届满前6个月内,向原发证机关申请换发《药品经营许可证》。原发证机关按《管理办法》规定的申办条件进行审查,符合条件的,收回原证,换发新证。不符合条件的,可限期3个月进行整改,整改后仍不符合条件,注销原《药品经营许可证》。

药品监督管理部门应当将已经颁发《药品经营许可证》有关信息予以公开,公众有权进行查阅。对公开信息后发现企业在申领《药品经营许可证》过程中,有提供虚假文件、数据或其他欺骗行为,应依法予以处理。《药品经营许可证》是企业从事药品经营活动法定凭证,任何单位和个人不得伪造、变造、买卖、出租和出借。

2. 经营范围的核定　药品经营企业经营范围包括麻醉药品、精神药品、医疗用毒性药品、生物制品、中药材、中药饮片、中成药、化学原料药及其制剂、抗生素原料药及其制剂、生化药品。

从事药品零售,应先核定经营类别,确定申办人经营处方药或非处方药、乙类非处方药资格,并在经营范围中予以明确,再核定具体经营范围。

麻醉药品、精神药品、医疗用毒性药品、放射性药品和预防性生物制品的核定,按照国家特殊药品管理和预防性生物制品管理有关规定执行。

3. 变更与换发　《药品经营许可证》变更分为许可事项变更和登记事项变更。许可事项变更是指经营方式、经营范围、注册地址、仓库地址(包括增减仓库)、企业法定代表人或负责人以及质量负责人变更。登记事项变更是指上述事项以外的其他事项变更。

药品经营企业变更《药品经营许可证》许可事项,应当在原许可事项发生变更30日前,向原发证机关申请变更登记。未经批准,不得变更许可事项。

企业分立、合并、改变经营方式、跨原管辖地迁移,按照《管理办法》规定重新办理《药品经营许可证》。企业法人、非法人分支机构变更《药品经营许可证》许可事项,必须出具上级法人签署意见的变更申请书。

药品经营企业变更《药品经营许可证》登记事项,应在工商行政管理部门核准变更后30日内,向原发证机关申请变更登记。原发证机关应当自收到企业变更申请和变更申请资料之日起15个工作日内为其办理变更手续。

4. 注销　有下列情形之一的,《药品经营许可证》由原发证机关注销:①《药品经营许可证》有效期届满未换证;② 药品经营企业终止经营药品或者关闭;③《药品经营许可证》被依法撤销、撤回、吊销、收回、缴销或者宣布无效;④ 不可抗力导致《药品经营许可证》许可事项无法实施;⑤ 法律法规规定的应当注销行政许可的其他情形。

药品监督管理部门(机构)注销《药品经营许可证》,应当自注销之日起5个工作日内通知有关工商行政管理部门。

5. 监督检查　药品监督管理部门(机构)应加强对《药品经营许可证》持证企业监督检查,可以采取书面检查、现场检查或者书面与现场检查相结合的方式。持证企业应当按规定接受监督检查。

监督检查的内容主要包括:企业名称、经营地址、仓库地址、企业法定代表人(企业负责人)、质量负责人、经营方式、经营范围、分支机构等重要事项执行和变动情况;企业经营设施设备及仓储条件变动情况;企业实施GSP情况及发证机关需要审查的其他有关事项。

第四节　医药企业的生产与经营

一、药品生产的规定

（一）药品生产遵循的依据和生产记录规定

生产新药或已有国家标准药品（没有实施批准文号管理的中药材和中药饮片除外），须经国务院药品监督管理部门批准，并取得药品批准文号。实施批准文号管理的中药材和中药饮片，其品种目录由国务院药品监督管理部门会同国务院中医药管理部门制定。

药品生产（中药饮片炮制除外）必须按照国家药品标准和国务院药品监督管理部门批准的生产工艺进行生产。药品生产企业改变影响药品质量的生产工艺，必须报原批准部门审核批准。

GMP规定，所有药品生产和包装均应当按照批准工艺规程和操作规程进行操作并有相关记录，以确保药品达到规定的质量标准，并符合药品生产许可和注册批准的要求。

生产药品必须有生产记录，生产记录要完整、准确。

（二）对原辅料的规定

"原料"是指生产药品所需原材料；"辅料"是指生产药品和调配处方时所用的赋形剂和附加剂。《药品管理法》规定：生产药品所用原料、辅料必须符合药用要求。

《药品管理法实施条例》对原料药做了详细要求："药品生产企业生产药品所使用的原料药，必须具有国务院药品监督管理部门核发药品批准文号或者进口药品注册证书、医药产品注册证书；但是未实施批准文号管理的中药材、中药饮片除外。"

GMP规定，药品生产所用的原辅料、与药品直接接触的包装材料应当符合相应的质量标准。

（三）关于药品生产检验的规定

药品生产检验是药品生产企业对其生产药品进行的检验，与药品监督检验性质不同，其目的是检测药品生产中不合格品，使之不流入下道工序，确保出厂药品达到国家药品标准。

《药品管理法》规定："药品生产企业必须对其生产的药品进行质量检验；不符合国家药品标准或者不按省、自治区、直辖市人民政府药品监督管理部门制定中药饮片规范炮制的不得出厂。"

（四）中药饮片生产的规定

中药饮片必须按照国家药品标准炮制；国家药品标准没有规定的，必须按照省、自治区、直辖市人民政府药品监督管理部门制定的炮制规范炮制。省、自治区、直辖市人民政府药品监督管理部门制定的炮制规范应当报国务院药品监督管理部门备案。

（五）委托生产药品的规定

委托生产药品是指拥有药品生产批准文号的企业，委托其他药品生产企业进行药品代加工，其批准文号不变。委托生产药品实行审批制度，批准部门为国家药品监督管理局及其授权省级药品监督管理局。《药品生产监督管理办法》有关规定如下。

（1）药品委托生产委托方应当是取得该药品批准文号的药品生产企业。

（2）药品委托生产受托方应当是持有与生产该药品生产条件相适应的GMP认证证书的药品生产企业。

（3）委托方负责委托生产药品的质量和销售。委托方应当对受托方的生产条件、生产技术水平和质量管理状况进行详细考查，应当向受托方提供委托生产药品的技术和质量文件，对生产全过程进行指导和监督。受托方应当按照GMP进行生产，并按照规定保存所有受托生产文件和记录。

（4）委托生产药品双方应当签署合同，内容应当包括双方的权利与义务，并具体规定双方在药品委托生产技术、质量控制等方面的权利与义务，且应当符合国家有关药品管理的法律法规。

（5）注射剂、生物制品（不含疫苗制品、血液制品）和跨省、自治区、直辖市药品委托生产申请，由国家药品监督管理局负责受理和审批。疫苗制品、血液制品以及国家药品监督管理局规定的其他药品不得委托生产。麻醉药品、精神药品、医疗用毒性药品、放射性药品和药品类易制毒化学品委托生产按照有关法律法规规定办理。

（6）其他药品委托生产申请，由委托生产双方所在地省、自治区、直辖市药品监督管理部门负责受理和审批。

（7）《药品委托生产批件》有效期不得超过2年，且不得超过该药品批准证明文件规定的有效期限。

（8）委托生产药品质量标准应当执行国家药品质量标准，其处方、生产工艺、包装规格、标签、使用说明书、批准文号等应当与原批准的内容相同。在委托生产药品包装、标签和说明书上，应当标明委托方企业名称和注册地址、受托方企业名称和生产地址。

（9）药品生产企业接受境外制药厂商委托在中国境内加工药品，应当在签署委托生产合同后30日内向所在地省、自治区、直辖市药品监督管理部门备案。所加工药品不得以任何形式在中国境内销售、使用。

二、药品生产监督检查

《药品生产监督管理办法》明确规定，省、自治区、直辖市药品监督管理部门负责本行政区域内药品生产企业监督检查工作，应当建立实施监督检查运行机制和管理制度，明确设区的市级药品监督管理机构和县级药品监督管理机构监督检查职责。

国家药品监督管理部门可以直接对药品生产企业进行监督检查，并对省、自治区、直辖市药品监督管理部门监督检查工作及其认证通过生产企业GMP实施及认证情况进行监督和抽查。

监督检查主要内容是药品生产企业执行有关法律法规及实施GMP情况，监督检查包括《药品生产许可证》换发现场检查、GMP跟踪检查、日常监督检查等。

三、药品流通监督管理

药品流通监督管理主要包括对药品生产与经营企业购销药品监督管理、医疗机构购进与储存药品监督管理等。为加强药品流通领域监督管理，规范药品流通秩序，国家药品监督管理局颁布了《药品流通监督管理办法》。

（一）药品流通监督管理部门及其职责

商务主管部门作为药品流通行业管理部门，负责研究制定药品流通行业发展规划、行业标准和有关政策，配合实施国家基本药物制度，提高行业组织化程度和现代化水平；药品监督管理部门负责对药品经营企业进行准入管理,制定药品经营质量管理规范并监督实施,监管药品质量安全;组织查处药品经营违法违规行为。

(二) 药品生产、经营企业购销药品的规定

(1) 药品购销行为由企业负责,承担法律责任。

(2) 加强药品销售人员管理:药品生产、经营企业应当对销售人员培训,建立培训档案;加强管理对其销售行为做出具体规定。违反者给予警告,并限期改正;逾期不改正,给予罚款。

(3) 关于购销药品场所、品种的规定。

1) 对药品生产企业的规定:药品生产企业不得在核准地址以外场所储存或者现货销售药品。只能销售本企业生产药品,不得销售本企业受委托生产或者他人生产药品;不得以展示会、博览会、交易会、订货会、产品宣传会等方式现货销售药品;不得为他人以本企业名义经营药品提供场所,或资质证明文件;禁止非法收购药品。

2) 对药品经营企业的规定:药品经营企业应当按照《药品经营许可证》许可经营范围经营药品,未经审核同意,不得改变经营方式。不得在核准地址以外场所储存或者现货销售药品;不得为他人以本企业名义经营药品提供场所,或者资质证明文件,或者票据等便利条件;不得以博览会等方式现货销售药品;不得购进和销售医疗机构配制制剂;禁止非法收购药品。

药品生产、经营企业违反上述规定的,按照《药品管理法》第七十三条无证生产、经营药品或第八十条、第八十二条违反许可证管理规定处罚。

(4) 资质证明文件和销售凭证:药品生产企业、药品批发企业销售药品时,应当提供下列资料:① 加盖本企业原印章《药品生产许可证》或《药品经营许可证》和营业执照复印件,所销售药品批准证明文件复印件;② 销售人员授权书复印件。授权书原件应当载明授权销售品种、地域、期限,注明销售人员身份证号码,并加盖本企业原印章和企业法定代表人印章(或者签名)。销售人员应当出示授权书原件及本人身份证原件,供药品采购方核实。

药品生产、经营企业(包括零售企业)销售药品时应当开具销售凭证(标明供货单位名称、药名、生产厂商、批号、数量、价格等)。采购药品时,应索要、查验、留存资质证明文件,索取留存销售凭证,必须保存至超过药品有效期1年,但不得少于3年。

违反上述规定的给予警告、罚款。

(5) 其他规定:① 药品生产、经营企业不得为从事无证生产、经营药品者提供药品。② 药品零售企业应当凭处方销售处方药;当执业药师或者其他依法认定药学技术人员不在岗时,停止销售处方药和甲类非处方药。③ 药品说明书要求低温、冷藏储存的药品应按规定运输、储存。④ 药品生产、经营企业不得向公众赠送处方药或者甲类非处方药。不得采用邮售、互联网交易等方式直接向公众销售处方药。

(三) 医疗机构购进、储存药品的规定

1. 购进、储存药品的规定 ① 医疗机构购进药品时,应当索取、查验、保存供货企业有关证件、资料、票据。② 医疗机构购进药品,必须建立并执行进货检查验收制度,并建有真实完整的药品购进记录。药品购进记录必须注明药品通用名称、生产厂商(中药材标明产地)、剂型、规格、批号、生产日期、有效期、批准文号、供货单位、数量、价格、购进日期。药品购进记录必须保存至超过药品有效期1年,但不得少于3年。③ 医疗机构储存药品,应当制订和执行有关药品保管、养护制度,并采取必要的冷藏、防冻、防潮、避光、通风、防火、防虫、防鼠等措施,保证药品质量。

2. 不得从事的行为 ① 医疗机构和计划生育技术服务机构不得未经诊疗直接向患者提供药品。② 医疗机构不得采用邮售、互联网交易等方式直接向公众销售处方药。

第五节　法律责任

有关医药企业违反《药品管理法》规定的主要法律责任如下。

（1）未取得《药品生产许可证》《药品经营许可证》或《医疗机构制剂许可证》生产、经营药品，依法予以取缔，没收违法生产、销售药品和违法所得，并处违法生产、销售药品（包括已售出的和未售出药品，下同）货值金额2倍以上5倍以下的罚款；构成犯罪的，依法追究刑事责任。

（2）生产、销售假药，没收违法生产、销售药品和违法所得，并处违法生产、销售药品货值金额2倍以上5倍以下的罚款；有药品批准证明文件予以撤销，并责令停产、停业整顿；情节严重的，吊销《药品生产许可证》《药品经营许可证》或者《医疗机构制剂许可证》；构成犯罪的，依法追究刑事责任。

（3）生产、销售劣药，没收违法生产、销售药品和违法所得，并处违法生产、销售药品货值金额1倍以上3倍以下的罚款；情节严重的，责令停产、停业整顿，或撤销药品批准证明文件、吊销《药品生产许可证》《药品经营许可证》或者《医疗机构制剂许可证》；构成犯罪的，依法追究刑事责任。

（4）从事生产、销售假药及生产、销售劣药情节严重的企业或者其他单位，其直接负责主管人员和其他直接责任人员10年内不得从事药品生产、经营活动。对生产者专门用于生产假药、劣药原辅材料、包装材料、生产设备，予以没收。

（5）知道或者应当知道属于假劣药品而为其提供运输、保管、仓储等便利条件，没收全部运输、保管、仓储收入，并处违法收入50%以上3倍以下的罚款；构成犯罪的，依法追究刑事责任。

（6）药品生产企业、经营企业、药物非临床安全性评价研究机构、药物临床试验机构未按照规定实施《药品生产质量管理规范》《药品经营质量管理规范》《药物非临床研究质量管理规范》《药物临床试验质量管理规范》，给予警告，责令限期改正；逾期不改正，责令停产、停业整顿，并处5 000元以上2万元以下的罚款；情节严重的，吊销《药品生产许可证》《药品经营许可证》和药物临床试验机构资格。

（7）未取得《药品生产许可证》《药品经营许可证》或者《医疗机构制剂许可证》生产、销售药品，责令关闭，没收违法生产、销售药品和违法所得，并处违法生产、销售药品货值金额15倍以上30倍以下的罚款；货值金额不足10万元，按10万元计算。生产、销售假药，没收违法生产、销售药品和违法所得，责令停产、停业整顿，吊销药品批准证明文件，并处违法生产、销售药品货值金额15倍以上30倍以下的罚款，货值金额不足10万元，按10万元计算；情节严重的，吊销《药品生产许可证》《药品经营许可证》或者《医疗机构制剂许可证》，10年内不受理其相应申请；药品上市许可持有人为境外企业，10年内禁止其药品进口。

（8）伪造、变造、买卖、出租、出借许可证或者药品批准证明文件，没收违法所得，并处违法所得1倍以上3倍以下的罚款；情节严重的，并处违法所得5倍以上15倍以下的罚款，吊销《药品生产许可证》《药品经营许可证》《医疗机构制剂许可证》或者药品批准证明文件，对法定代表人、主要负责人、直接负责主管人员和其他责任人员处2万元以上20万元以下的罚款，10年内禁止从事药品生产、经营活动,并可以由公安机关处 5 日以上 15 日以下的拘留;违法所得不足 10 万元,按 10 万元计算。

(9)违反本法规定,提供虚假证明、文件资料样品或者采取其他欺骗手段取得《药品生产许可证》《药品经营许可证》《医疗机构制剂许可证》或者药品批准证明文件,吊销《药品生产许可证》《药品经营许可证》《医疗机构制剂许可证》或者撤销药品批准证明文件,5 年内不受理其申请,并处 1 万元以上 3 万元以下的罚款。

(10)药品生产企业、经营企业、医疗机构违反本法规定,给药品使用者造成损害,依法承担赔偿责任。

第六章

执业医师管理法律制度

> **导学**
> 1. 掌握医师资格考试与注册；医师的考核与培训。
> 2. 熟悉医师的执业权利与义务。
> 3. 了解执业医师的法律责任。

执业医师，是指受过高等医学教育或长期从事医疗卫生工作的、依法取得医师资格，经国家医疗卫生部门审查合格注册，在医疗卫生机构中执业的高级医务卫生人员，包括执业医师和执业助理医师。

执业医师应当具备良好的职业道德和医疗执业水平，发扬人道主义精神，弘扬敬佑生命、救死扶伤、甘于奉献、大爱无疆的崇高职业精神，履行防病治病、保护人民健康的神圣职责。

执业医师管理法律制度是指在调整和加强医师队伍建设，提高医师职业道德和业务素质，保障医师的合法权益及保护人民健康活动中产生的各种社会关系的法律规范的总称。我国现行的执业医师管理法律制度主要按照《医师法》（自2021年8月20日第十三届全国人民代表大会常务委员会第三十次会议通过，2022年3月1日起施行）和《中华人民共和国执业医师法》（以下简称《执业医师法》，自1999年5月1日起施行，并于2009年8月27日第十一届全国人民代表大会常务委员会第十次会议通过修正）实施，以及根据《执业医师法》颁布的《医师资格考试暂行办法》《医师执业注册管理办法》《关于医师执业注册中执业范围的暂行规定》《乡村医生从业管理条例》《处方管理办法》《麻醉药品和精神药品管理条例》《医师外出会诊管理暂行规定》和1992年卫生部令第24号发布的《外国医师来华短期行医暂行管理办法》等配套规章。

第一节 医师资格考试与注册

一、医师资格考试制度

（一）医师资格考试制度概述

医师资格考试是评价申请医师资格者是否具备执业所必需的专业知识与技能的考试。医师资格考试制度，是国家以法律的形式规定，只有经过医师资格考试且成绩合格，取得医师资格的人员，才具备从事医师执业资格的制度。它是一种执业准入控制制度。

《医师法》明确规定，国家实行医师资格考试制度，医师资格考试分为执业医师资格考试和助理执业医师资格考试。卫生部于1999年7月颁布的《医师资格考试暂行办法》《传统医学师承和确有专长人员医师资格考核考试暂行办法》，与《医师法》配套实施，确立了我国的医师资格考试制度。

我国的医师资格考试实行国家统一考试，由省级以上人民政府卫生健康主管部门组织实施，每年举行一次。医师资格考试的类别和具体办法，由国务院卫生健康主管部门制定。考试类别分为临床、中医（包括中医、民族医、中西医结合）、口腔和公共卫生四类。考试办法分为实践技能考试和医学综合考试。实践技能考试合格者方可参加医学综合笔试。对考试成绩合格的人员，授予《医师资格证书》。

（二）医师资格考试的条件

1. 参加执业医师资格考试的条件 ① 具有高等学校医学专业本科以上学历，在执业医师指导下，在医疗卫生机构中参加医学专业工作实践满1年的；② 具有高等学校医学专科学历，取得执业助理医师执业证书后，在医疗卫生机构中执业满2年。

2. 参加助理执业医师资格考试的条件 具有高等学校相关医学专业专科以上学历，在执业医师指导下，在医疗卫生机构中参加医学专业工作实践满1年的，可以参加执业助理医师资格考试。

3. 其他参加中医医师资格考试的条件 以师承方式学习中医满3年，或者经多年实践，医术确有专长的，经县级以上人民政府卫生健康主管部门委托的中医药专业组织或者医疗卫生机构考核合格并推荐，可以参加中医医师资格考试；以师承方式学习中医或者经多年实践，医术确有专长的，由至少两名中医医师推荐，经省级人民政府中医药主管部门组织实践技能和效果考核合格后，即可取得中医医师资格及相应的资格证书。《医师法》施行后，一定期限内取得中等专业学校相关医学专业学历的人员，可以参加医师资格考试。具体办法由国务院卫生健康主管部门会同国务院教育、中医药等有关部门制定。境外人员参加医师资格考试、申请注册、执业或者从事临床示教、临床研究、临床学术交流等活动的具体管理办法，由国务院卫生健康主管部门制定。

二、医师执业注册制度

（一）医师执业注册制度概述

医师执业注册制度，是国家以法律的形式确定，取得医师资格且准备从事医师业务的人员，经过注册，取得医师执业证书即取得执业许可，为从事医师执业活动的法律制度。该制度是卫生行政部门对医师活动进行监督管理的一项重要制度。

《医师法》规定，国家实行医师执业注册制度。医师资格考试成绩合格，取得医师资格的人员，可以申请注册。医师经注册后，可以在医疗、预防、保健机构中按照注册的执业地点、执业类别、执业范围执业，从事相应的医疗、预防、保健业务。未注册取得医师执业证书者，不得从事医师执业活动。

医师执业注册分为初次注册、重新注册、变更注册。

（二）医师执业注册的程序

1. 注册申请的提出 根据《医师法》的规定，取得医师资格的人员可以向所在地县级以上人民政府卫生健康主管部门申请注册。一般情况下，申请医师执业注册需要提交以下材料：① 医师执业注册申请审核表；② 2寸免冠正面半身照片两张；③ 医师资格证书；④ 注册主管部门指定的医疗机构出具的申请人6个月以内的健康体检表；⑤ 申请人身份证明；⑥ 医疗、预防、保健机构拟聘用证明以及省级以上卫生健康主管部门规定的其他材料。若是重新注册的,除必须提交以上材料外,还应提交医师重新执业注册申请审核表和县级以上卫生健康主管部门指定的医疗、预防、保健机构或组织出具的业务水平考核结果证明。

2. 注册申请的审核　注册主管部门应当自受到注册申请之日起20个工作日内,对申请人提交的申请材料进行审核。对审核合格的,予以注册,并发给国家卫生健康主管部门统一印制的医师执业证书;受理申请的卫生健康主管部门对不予注册的,应当自受理申请之日起20个工作日内书面通知申请人和其所在医疗卫生机构,并说明理由。

有下列情形之一的,不予注册:① 无民事行为能力或者限制民事行为能力;② 受刑事处罚,刑罚执行完毕不满2年或者被依法禁止从事医师职业的期限未满;③ 被吊销医师执业证书不满2年;④ 因医师定期考核不合格被注销注册不满1年;⑤ 法律、行政法规规定不得从事医疗卫生服务的其他情形。

申请人对注册主管部门不予注册的决定有异议时,可以自收到通知之日起15日内,依法申请行政复议或者向人民法院提起行政诉讼。

(三) 注销注册的规定

医师注册后有下列情形之一的,卫生健康主管部门应当注销注册,收回医师执业证书:① 死亡;② 受刑事处罚;③ 被吊销医师执业证书;④ 医师定期考核不合格,暂停执业活动期满,再次考核仍不合格;⑤ 中止医师执业活动满2年;⑥ 法律、行政法规规定不得从事医疗卫生服务或者应当办理注销手续的其他情形。

有前款规定情形的,医师所在医疗卫生机构应当在30日内报告准予注册的卫生健康主管部门;卫生健康主管部门依职权发现医师有前款规定情形的,应当及时通报准予注册的卫生健康主管部门。准予注册的卫生健康主管部门应当及时注销注册,废止医师执业证书。

(四) 变更注册的规定

医师变更执业地点、执业类别、执业范围等注册事项的,应到准予注册的卫生健康主管部门办理变更注册手续。

注册的卫生健康主管部门应当自收到变更注册申请之日起20个工作日内办理变更注册手续。对因不符合变更注册条件而不予变更的,也应在20个工作日内书面通知申请人,并说明理由。申请人如有异议,可以依法申请行政复议或者向人民法院提起行政诉讼。

医师在办理变更注册手续过程中,如原医师执业证书注册事项已被变更,在未完成新的变更事项许可前,不得从事执业活动。

(五) 重新注册的规定

医师中止执业活动或者被不予注册后,只要符合法律规定的条件,仍然可以申请重新注册执业。

根据《医师法》的规定,执业医师中止执业活动2年,或者具备以下法定条件之一的,可以重新提出注册申请:① 原来不具有完全民事行为能力,现已具备的;② 受过刑事处罚,但自刑罚执行完毕之日起已满2年的;③ 受吊销医师执业证书行政处罚,自行政处罚决定之日起满2年的;④ 先有国务院卫生健康主管部门规定不宜从事医疗、预防、保健业务的其他情形,现该情形已消灭的。申请重新注册的人员必须接受培训,由县级以上卫生健康主管部门委托的机构或组织对其业务水平、工作成绩等进行考核,考核合格后,方可获得重新注册。重新申请的手续、内容与首次申请注册的手续、内容基本相同;但中止医师执业活动2年以上或者按规定不予注册的情形消失的医师申请注册时,还应当提交在省级以上卫生健康主管部门指定的机构接受连续6个月以上的培训,并经考核合格的证明。

(六)个体行医的规定

个体行医是指执业医师以个人名义从事医疗、预防、保健业务的行为。申请个体行医的执业医师须经注册后在医疗、预防、保健机构中执业满5年,并按照国家有关规定办理审批手续,获得医疗机构执业许可证,方可执业。未经批准,不得行医。

第二节 医师的执业权利与义务

一、医师的执业权利

医师的执业权利是指取得医师资格、依法注册的医师在执业活动中依法享有的权利,是医师能够做出或不做出一定行为,以及要求他人相应做出或不做出一定行为的资格,为法律所确认、设定和保护。医师的执业权利由法律法规规定,主要有以下权利。

1. **执业自主权** 医师在注册的执业范围内,按照有关规范进行医学诊查、疾病调查、医学处置、出具相应的医学证明文件,选择合理的医疗、预防、保健方案。

2. **执业条件保障权** 医师有权获得符合国家规定标准的执业基本条件和职业防护装备。

3. **专业研习权** 从事医学教育、研究、学术交流,参加专业培训,接受继续医学教育。

4. **获得尊重权** 医师依法执业,受法律保护。医师的人格尊严、人身安全不受侵犯。违反《医师法》规定,阻碍医师依法执业,干扰医师正常工作、生活,或者通过侮辱、诽谤、威胁、殴打等方式,侵犯医师人格尊严、人身安全,构成违反治安管理行为的,依法给予治安管理处罚。构成犯罪的,依法追究刑事责任;造成人身、财产损害的,依法承担民事责任。

5. **获取报酬权** 获取劳动报酬,享受国家规定的福利待遇,按照规定参加社会保险并享受相应待遇。

6. **参与民主管理权** 医师有权对所在医疗卫生机构和卫生健康主管部门的工作提出意见和建议,依法参与所在机构的民主管理。

二、医师的执业义务

医师的执业义务是指医师在执业过程中必须履行的责任。医师的执业义务和医师的执业活动密切相关,与医师的执业权利相对应。医师的执业义务由法律法规规定,主要有以下方面。

(1)树立敬业精神,恪守职业道德,履行医师职责,尽职尽责救治患者,执行疫情防控等公共卫生措施。坚持以人民健康为中心,弘扬"敬佑生命、救死扶伤、甘于奉献、大爱无疆"的新时代职业精神。

(2)遵循临床诊疗指南,遵守临床技术操作规范和医学伦理规范等。

(3)尊重、关心、爱护患者,依法保护患者隐私和个人信息。如果医师因泄露患者隐私而造成严重后果的,应承担一定的责任。

(4)努力钻研业务,更新知识,提高医学专业技术能力和水平,提升医疗卫生服务质量。

(5) 宣传推广与岗位相适应的健康科普知识，对患者及公众进行健康教育和健康指导。医师在执业活动中，不但要做出诊断、对症治疗，解除患者病痛，而且要向患者宣传卫生保健知识。医师应从医学科学角度向患者宣传知识，进行健康教育，这既是医师关心、爱护、尊重患者的表现，也是医师应尽的职责。

三、医师的执业规则

医师在执业活动中应遵守的执业规则主要有以下方面。

(1) 医师实施医疗、预防、保健措施，签署有关医学证明文件，必须亲自诊查、调查，并按照规定及时填写病历等医学文书，不得隐匿、伪造、篡改或者擅自销毁病历等医学文书及有关资料。医师不得出具虚假医学证明文件以及与自己执业范围无关或者与执业类别不相符的医学证明文件。

(2) 医师在诊疗活动中应当向患者说明病情、医疗措施和其他需要告知的事项。需要实施手术、特殊检查、特殊治疗的，医师应当及时向患者具体说明医疗风险、替代医疗方案等情况，并取得其明确同意；不能或者不宜向患者说明的，应当向患者的近亲属说明，并取得其明确同意。

(3) 对需要紧急救治的患者，医师应当采取紧急措施进行诊治，不得拒绝急救处置。因抢救生命垂危患者等紧急情况，不能取得患者或者其近亲属意见的，经医疗机构负责人或者授权的负责人批准，可以立即实施相应的医疗措施。

国家鼓励医师积极参与公共交通工具等公共场所急救服务；医师因自愿实施急救造成受助人损害的，不承担民事责任。

(4) 医师应当使用经依法批准或者备案的药品、消毒药剂、医疗器械，采用合法、合规、科学的诊疗方法。除按照规范用于诊断、治疗外，不得使用麻醉药品、医疗用毒性药品、精神药品、放射性药品等。

(5) 医师应当坚持安全有效、经济合理的用药原则，遵循药品临床应用指导原则、临床诊疗指南和药品说明书等合理用药。在尚无有效或者更好的治疗手段等特殊情况下，医师取得患者明确知情同意后，可以采用药品说明书中未明确但具有循证医学证据的药品用法实施治疗。

(6) 医师开展药物、医疗器械临床试验和其他医学临床研究应当符合国家有关规定，遵守医学伦理规范，依法通过伦理审查，取得书面知情同意。

(7) 执业医师按照国家有关规定，经所在医疗卫生机构同意，可以通过互联网等信息技术提供部分常见病、慢性病复诊等适宜的医疗卫生服务。国家支持医疗卫生机构之间利用互联网等信息技术开展远程医疗合作。

(8) 医师不得利用职务之便，索要、非法收受财物或者牟取其他不正当利益；不得对患者实施不必要的检查、治疗。

(9) 遇有自然灾害、事故灾难、公共卫生事件和社会安全事件等严重威胁人民生命健康的突发事件时，县级以上人民政府卫生健康主管部门根据需要组织医师参与卫生应急处置和医疗救治，医师应当服从调遣。

(10) 在执业活动中，发现传染病、突发不明原因疾病；发生医疗事故；发现可能与药品、医疗器械有关的不良事件；发现假药；发现患者涉嫌伤害事件等情形的，医师应当按照有关规定及时向所在医疗卫生机构或者有关部门、机构报告。

（11）执业助理医师应当在执业医师指导下，在医疗卫生机构中按照注册的执业类别、执业范围执业。在乡、民族乡、镇和村医疗卫生机构以及艰苦边远地区县级医疗卫生机构中执业的执业助理医师，可以根据医疗卫生服务情况和本人实践经验，独立从事一般的执业活动。

（12）参加临床教学实践的医学生和尚未取得医师执业证书、在医疗卫生机构中参加医学专业工作实践的医学毕业生，应当在执业医师监督、指导下参与临床诊疗活动。医疗卫生机构应当为有关医学生、医学毕业生参与临床诊疗活动提供必要的条件。

第三节　医师的考核与培训

医师的考核和培训制度，是指国家以法律的形式，对执业医师进行定期考核及多种形式的培训，并为医师的继续医学教育提供条件的一系列规章制度。

一、医师的考核制度

执业医师的考核是对医师进行管理的主要环节，是不断提高医师队伍的道德素质和业务水平、建设一支高素质的医师队伍的一项重要措施。

1. 考核的主体　为县级以上人民政府卫生健康主管部门或者其委托的医疗卫生机构、行业组织。机构是指医疗、预防、保健机构，主要对本机构的医师进行考核；组织是指医学专业组织和社会团体，主要是对个体行医的执业医师进行考核。县级以上人民政府卫生健康主管部门负责指导、检查和监督医师考核工作。

2. 考核的内容　即医师的执业标准，包括职业道德、业务水平、工作业绩三个方面。

3. 考核的形式　定期考核。

4. 考核的结果　考核合格的，允许继续执业；考核不合格的，县级以上人民政府卫生健康主管部门可以责令其暂停执业活动3~6个月，并接受相关专业培训。暂停执业活动期满后，再次考核后仍不合格的，将由县级以上人民政府卫生健康主管部门注销注册，收回医师执业证书；再次考核后合格的，允许其继续执业。

二、医师的培训制度

对医师进行培训和继续医学教育是以提高医师业务水平和业务素质为目的的培训、教育活动，它不仅是广大医师的权利，也是应尽的义务。执业医师培训的具体内容包括人民政府卫生健康主管部门对医师实施培训和继续医学教育职责以及医疗、预防、保健机构对医师实施培训和继续医学教育职责的规定。

（1）县级以上人民政府卫生健康主管部门应当制定医师培训计划，对医师进行各种形式的培训，为医师接受医学继续教育提供条件；应当采取有力措施，对在农村和少数民族地区从事医疗、预防、保健业务的医务人员实施培训。

（2）医疗、预防、保健机构应当按照规定和计划，保证本机构医师能够接受培训和继续医学教育，县级以上人民政府卫生健康主管部门委托的承担医师考核任务的医疗卫生机构应当为医师的培训、接受继续医学教育提供和创造条件。

三、外国医师来华短期行医的管理

1. **外国医师来华短期行医的概念**　所谓外国医师来华短期行医,是指在外国取得合法行医权的外籍医师,应邀、应聘或申请来华从事不超过1年期限的临床诊断、治疗业务活动。为保障医患双方合法权益,促进中外医学技术交流和发展,国家卫生健康主管部门制定了《外国医师来华短期行医暂行管理办法》,用以规范外国医师来华短期行医的行为。

2. **外国医师来华短期行医的理由与条件**　根据《外国医师来华短期行医暂行管理办法》规定,外国医师来华短期行医必须有一定的理由和条件。这些理由和条件是:① 外国医师来华短期行医,必须有在华医疗机构作为邀请或聘用单位,邀请或聘用单位可以是一个或多个;② 外国医师来华短期行医,根据《外国医师来华短期行医暂行管理办法》规定与聘用单位签订协议。有多个聘用单位,要分别签订协议。外国医师来华短期行医,与聘用方商定不签订协议,所涉及有关民事责任由邀请单位承担。

3. **外国医师来华短期行医的注册**　外国医师来华短期行医必须经过注册,取得《外国医师短期行医许可证》。申请注册必须提交下列文件:① 申请书;② 外国医师学位证书;③ 外国行医执照或行医权证明;④ 外国医师健康证明;⑤ 邀请或聘用单位证明以及协议书或承担有关民事责任声明。上述②、③项须经公证。

注册机关应当在受理申请后30日内进行审核,并将审核结果书面通知申请人或代理申请单位。注册部门审核的内容包括:① 有关文字材料真实性;② 申请项目的安全性和可靠性;③ 申请项目的先进性和必要性。对审核合格者予以注册,并发给《外国医师短期行医许可证》。

外国医师来华短期行医注册有效期不超过1年;注册期满需要延长,可以按规定重新办理注册。

外国医疗团体应邀或申请来华短期行医,由邀请或合作单位所在地省、自治区、直辖市卫生健康主管部门依照《外国医师来华短期行医暂行管理办法》的有关规定进行审核,报国家卫生健康主管部门审批。

中国香港、中国澳门、中国台湾的医师或医疗团体来短期行医,参照《外国医师来华短期行医暂行管理办法》执行。具有中国香港或澳门合法行医权,中国香港或澳门永久性居民在内地短期行医注册有效期不超过3年。注册期满需要延期,可以重新办理注册手续。

第四节　法　律　责　任

一、行政法律责任

(1) 在医师资格考试中有违反考试纪律等行为,情节严重的,1~3年内禁止参加医师资格考试。以不正当手段取得医师资格证书或者医师执业证书的,由发给该证书的卫生健康主管部门予以撤销,对负有直接责任的主管人员和其他直接责任人员,依法给予行政处分。伪造、变造、买卖、出租、出借医师执业证书的,由县级以上人民政府卫生健康主管部门责令改正,没收违法所得,并处违法所得2倍以上5倍以下的罚款,违法所得不足1万元的,按1万元计算;情节严重的,吊销医师执业证书。

(2) 医师在执业活动中,有下列行为之一的,由县级以上地方人民政府卫生健康主管部门责令改正,给予警告;情节严重的,责令暂停6个月以上1年以下执业活动直至吊销医师执业证书。

1) 在提供医疗卫生服务或者开展医学临床研究中,未按照规定履行告知义务或者取得知情同意的。

2) 对需要紧急救治的患者,拒绝急救处置,或者由于不负责任延误诊治的。

3) 遇有自然灾害、事故灾难、公共卫生事件和社会安全事件等严重威胁人民生命健康的突发事件时,不服从卫生健康主管部门调遣的。

4) 未按照规定报告有关情形的。

5) 违反法律、法规、规章或者执业规范,造成医疗事故或者其他严重后果的。

(3) 医师在执业活动中有下列行为之一的,由县级以上人民政府卫生健康主管部门责令改正,给予警告,没收违法所得,并处1万元以上3万元以下的罚款;情节严重的,责令暂停6个月以上1年以下执业活动直至吊销医师执业证书。

1) 泄露患者隐私或者个人信息的。

2) 出具虚假医学证明文件,或者未经亲自诊查、调查,签署诊断、治疗、流行病学等证明文件或者有关出生、死亡等证明文件的。

3) 隐匿、伪造、篡改或者擅自销毁病历等医学文书及有关资料的。

4) 未按照规定使用麻醉药品、医疗用毒性药品、精神药品、放射性药品等的。

5) 利用职务之便,索要、非法收受财物或者牟取其他不正当利益,或者违反诊疗规范,对患者实施不必要的检查、治疗造成不良后果。

6) 开展禁止类医疗技术临床应用的。

(4) 医师未按照注册的执业地点、执业类别、执业范围执业的,由县级以上人民政府卫生健康主管部门或者中医药主管部门责令改正,给予警告,没收违法所得,并处1万元以上3万元以下的罚款;情节严重的,责令暂停6个月以上1年以下执业活动直至吊销医师执业证书。

(5) 严重违反医师职业道德、医学伦理规范,造成恶劣社会影响的,由省级以上人民政府卫生健康主管部门吊销医师执业证书或者责令停止非法执业活动5年直至终身禁止从事医疗卫生服务或者医学临床研究。

(6) 非医师行医的,由县级以上人民政府卫生健康主管部门责令停止非法执业活动,没收违法所得和药品、医疗器械,并处违法所得2倍以上10倍以下的罚款,违法所得不足1万元的,按1万元计算。

(7) 阻碍医师依法执业,干扰医师正常工作、生活,或者通过侮辱、诽谤、威胁、殴打等方式,侵犯医师人格尊严、人身安全,构成违反治安管理行为的,依法给予治安管理处罚。

(8) 医疗卫生机构未履行报告职责,造成严重后果的,由县级以上人民政府卫生健康主管部门给予警告,对直接负责的主管人员和其他直接责任人员依法给予处分。

(9) 卫生健康主管部门和其他有关部门工作人员或者医疗卫生机构工作人员弄虚作假、滥用职权、玩忽职守、徇私舞弊的,依法给予处分。

二、民事法律责任

医师在医疗、预防、保健工作中造成事故的,依照法律或者国家有关规定处理。未经批准擅自开办医疗机构行医或者非医师行医,给患者造成损害的,依法承担民事赔偿责任。

三、刑事法律责任

《医师法》规定,违反本法,构成犯罪的,依法追究刑事责任。根据我国《刑法》的规定,执业医师构成的犯罪,就其职业特征而言,主要是构成危害公共卫生罪,即指行为人违反卫生管理法规,严重危及或损害公民生命、财产安全,依法应受刑罚处罚的行为。主要包括:妨害传染病防治罪;传染病菌种、毒种扩散罪;妨害国境卫生检疫罪;非法采集、供应血液和制作、供应血液制品事故罪;医疗事故罪;非法行医罪;非法进行节育手术罪。

第七章

执业药师管理法律制度

> **导学**
> 1. 掌握执业药师概述内容；执业药师职责与继续教育。
> 2. 熟悉执业药师职业资格考试与注册。
> 3. 了解执业药师的法律责任。

药品是关系人民群众生命健康的特殊商品，执业药师执业关系到药品质量和药学服务质量，对于保障人民群众用药安全、有效、经济、合理，保护人民群众身体健康，具有不可替代重要作用。《药品管理法》明确规定：有依法经过资格认定的药师或者其他药学技术人员，是从事药品生产、经营、使用活动应当必备的条件之一。执业药师管理法律制度是国家规范药师执业活动重要工具。

第一节 执业药师法概述

一、我国执业药师现状

（一）执业药师的含义和作用

1. 执业药师的含义 执业药师是指通过国家统一执业药师职业资格考试并取得执业药师职业资格证书后，经省级药品监督管理行政部门核准注册、登记，在药品生产、经营、使用单位中的执业药学专业技术人员。

执业药师从属于药学技术人员，一定是药学技术人员，但药学技术人员不一定是执业药师。根据我国的特殊国情，与世界其他国家只有执业（西）药师不同，我国的执业药师分为执业中药师和执业（西）药师两种类型，被国家认定允许执业范围包括药品生产、经营和使用领域。执业药师只能在一个注册机构注册，只能在一个单位执业，执业单位（地点）必须在其注册机构所在省、自治区、直辖市行政管辖范围内。

与执业药师定义不同，我国的"药师"属于职称概念，药学技术人员职称分为西药类和中药类两大类型。职称制度不同于职业准入制度，两者是两种根本不同的管理模式。职称只是一种专业技术资格，而职业不仅仅包括职业准入资格认证，还包括职业准入控制、登记注册管理以及执业药师业务、责任、权利、义务、行为规则规定和准入后执业行为监管、继续教育管理等。

2. 执业药师的作用 执业药师是关系到民众健康的特殊职业，负责对药品质量的监督和管理,参与制定、实施药品全面质量管理制度,并为患者提供对症药品和优质药学服务,以确保达到保障公众用药安全、有效的目标。

首先,执业药师必须对医师处方进行审核,然后正确调配、签字、销售;药师不能随意更改处方或给予代用药品。处方中如有配伍禁忌或超剂量,应拒绝调配销售,或与医生联系,或要求购买者请医生修改处方,才能调配、销售。其次,执业药师应对患者提供用药指导,特别是指导使用非处方药进行自我药疗的消费者。为了保障消费者用药安全,执业药师应完整地保存顾客用药记录,随时检查可能产生的药物不良反应,并向消费者详细说明用药知识及注意事项。此外,执业药师还应随时提供各种免费健康检测,如体温、血压检测等,并耐心倾听、细心解释,向消费者提供迅速、亲切的服务;执业药师还应细心调剂、提供最佳品质与疗效的产品,更要依照顾客的需要,主动提供专业建议与咨询,并为消费者提供有效用药与节约用药费用的方法,更客观、中立地推荐优质药品。

在人们日常生活中,执业药师扮演了"用药守护神"的作用。药师行业不是一种自由行业,它必须通过法律对执业药师的资格准入、注册、继续教育、执业行为进行严格的监管和控制。我国实施执业药师职业资格制度不仅可以严格规范药学专业技术人员的职业准入,而且有利于全面提高药学专业技术人员专业素质,客观、公正、科学地评价和选拔药学人才,建设一支精通药事管理和法规知识、专业水平高、工作能力强并能严格依法的执业药师队伍,确保药品质量,保障患者安全、有效、合理用药。

(二) 执业药师角色与定位

随着"医药分家"逐步实施,医疗流程发生了改变,当今执业药师被赋予了新的角色,一是药事照顾,二是疾病疗效管理。执业药师要追踪与管理患者服药顺从度,分析患者状况,为患者设定目标,并开展治疗策略研究、制定行动计划,追踪与控制患者用药情况。

从目前国际发展的趋势看,执业药师职责越来越倾向于对患者提供直接药学服务。药学服务概念最早由美国学者 Hepler 和 Strand 在 20 世纪 90 年代提出,是指围绕提高公众生活质量这一既定目标,直接为公众提供负责任、与药物治疗相关的服务。目前,这一概念已在世界范围内得到认同,并被专业药学组织作为服务标准,在不同的形式、在不同程度上实施。

在对药师定位上,有学者坦言:药师角色已从过去关注产品、关注知识阶段,发展到现在关注患者阶段,即向患者提供优良药学服务。美国药学实践联合委员会对药师角色新定义是:"药师将成为健康领域专业人员,负责提供患者关怀,保证最佳的药物治疗结果。"因此,执业药师提供的药学服务已由传统的"配制制剂、提供药品、保障药品质量"转变为"对患者用药结果负责",这直接反映了现代社会的人本主义和人道主义思想。由此,社会药房的功能也随着药师职能改变而得到逐步拓展。

2019年3月20日国家药品监督管理局发布《关于印发执业药师职业资格制度规定和执业药师职业资格考试实施办法的通知》第十九条规定:"执业药师在执业范围内负责对药品质量的监督和管理,参与制定、实施药品全面质量管理制度,参与单位对内部违反规定行为的处理工作。"第二十条规定:"执业药师负责处方的审核及调配,提供用药咨询与信息,指导合理用药,开展治疗药物监测及药品疗效评价等临床药学工作。"依照国际发展的趋势,我国可将执业药师主要定位为"优良药学服务的执行者、实施者"。

二、我国执业药师管理现状

1. 执业药师管理制度的起源 1994年3月,国家人力资源和社会保障部、国家医药管理局颁布了《执业药师职业资格制度暂行规定》。1995年7月,国家人事部、国家中医药管理局颁布了《执业中药师资格制度暂行规定》。从此我国开始实施执业药师职业资格制度,但这两部法规实施范围仅限于医药生产与流通领域。1995年10月28日和29日,我国举行了首次国家统一的执业药师职业资格考试,首批执业药师得到认定,这也标志着我国执业药师职业资格制度正式实施。2000年1月开始实施《处方药与非处方药流通管理暂行规定》,明确要求药店销售处方药和甲类非处方药必须配备执业药师。2002年9月实施《药品管理法实施条例》,将配备执业药师作为药品零售企业开业的条件之一。2008年国家药监局又颁布了《关于执业药师注册管理暂行办法的补充意见》,对执业药师注册管理工作做出更加明确的规定。

执业药师制度是我国医药事业为实现由"从计划经济体制向社会主义市场经济体制转变,经济增长方式从粗放型向集约型转变"("两个根本转变")、推行医药事业法制化和促进医药体制改革的必然产物,也是加强宏观管理及药品分类管理的必然产物。推行执业药师制度有利于加强医药事业制度人力资源科学化管理,促进药学专业技术人员整体素质提高,加强药师队伍建设;有利于提高全民健康水平,维护公民健康权益,规范医药市场管理,监管药品生产、经营和使用,保障患者安全、有效、合理用药;有利于促进中国医药事业发展,早日进入世界医药先进国家行列。

2. 有关执业药师管理的法律法规 在国家相关部委颁布《执业药师职业资格制度暂行规定》《执业中药师制度暂行规定》后,国家医药管理局陆续发布了《执业药师职业资格认定办法》《执业药师职业资格考试实施办法》《执业药师继续教育管理办法》《执业药师注册管理暂行办法》等一系列法规,其与国家已经颁布实施《药品管理法》及其《药品管理法实施条例》等法律法规共同形成了我国最初执业药师的法规体系。1999年人事部与国家药品监督管理局对原法规中的有关内容进行了调整,发布新修订的《执业药师职业资格制度暂行规定》《执业药师职业资格考试实施办法》。2019年3月5日国家药品监督管理局、人力资源和社会保障部印发了《执业药师职业资格制度规定》《执业药师职业资格考试实施办法》,明确执业药师、中药师统称为执业药师。对执业药师职业资格考试实行了五个统一的管理方式,即统一名称、统一政策、统一管理、统一考试、统一注册。为与国际接轨,文件明确规定了执业药师执业范围扩展到医疗机构,即药品使用单位,而不是过去仅限于药品生产与流通领域。

新修订的《药品经营质量管理规范》(good supply practice,GSP,简称"新版GSP")于2013年6月1日起正式实施,明确规定:"企业质量管理部门负责人应当具有执业药师职业资格和3年以上药品经营质量管理工作经历,能独立解决经营过程中的质量问题;企业法定代表人或者企业负责人应当具备执业药师职业资格。企业应当按照国家有关规定配备执业药师,负责处方审核,指导合理用药。"新版法规的发布和实施给医药行业内部带来巨大动力,全面提升、规范了药品经营管理活动中必须具备的条件和要求,特别是对于零售终端药店将面临一次新的调整。但目前国内高端药学人才绝大多数分布在药品研发单位、高校和药品生产企业,在药品使用环节执业药师数量严重不足,还不能满足我国普通百姓对药学服务的需求,且注册执业药师在指导患者安全合理用药方面的服务意识和服务质量也差强人意。

3. 执业药师管理机构及其职责 1998年,国务院进行机构改革,国家药品监督管理局成立,主管全国药品监督管理工作,负责消费环节药品安全,医疗器械和化妆品的全面监管;并负责实施执业药师职业资格制度，拟订并完善执业药师职业资格准入制度，指导监督执业药师注册工作。药品监督管理局分为国家级、省级、市级和县级四层级，实行垂直管理。其中，有执业药师职业资格认证中心，它主要承担执业药师职业资格考试、注册、继续教育等专业技术业务的组织工作；受国家药品监督管理局委托，起草执业药师业务规范，以及承办国家药品监督管理局交办的其他事项。

第二节　执业药师职业资格考试与注册

执业药师制度是我国对药学技术人员实行职业准入控制的产物。执业药师是药品质量把关者，是药学服务的专业力量，是合理用药的重要保障。实行执业药师职业资格制度，对药学技术人员职业准入控制，科学、公正、客观地评价和选拔人才，全面提高药学技术人员素质，建设一支既有专业知识和实际能力又有药事管理和法规知识、能严格依法的执业药师队伍，具有积极意义。

一、执业药师职业资格考试

执业药师是经过全国统一考试合格，取得执业药师职业资格证书并经注册、登记，在药品生产、经营、使用单位中执业。凡从事药品生产、经营和使用的单位均应配备相应的执业药师，并以此作为开办药品生产、经营及使用单位的必备条件之一。

执业药师职业资格认证是国际通行制度，我国执业药师职业资格考试属于职业准入考试。凡符合条件，经过执业药师职业资格考试并成绩合格者，国家发给执业药师职业资格证书，表明其具备执业药师学识、技术和能力，资格证书在全国范围内有效。

由于我国执业药师职业资格考试报考条件非常宽泛，在《执业药师职业资格制度暂行规定》中没有提到年龄限制，凡中华人民共和国公民和获准在我国境内就业的外籍人员，具备规定条件者，均可申请参加执业药师职业资格考试。在学历、所学专业和从事与药学和中药学相关工作的工龄方面有如下要求：① 取得药学类、中药学类专业大专学历，在药学或中药学岗位工作满 5 年；② 取得药学类、中药学类专业大学本科学历或学士学位，在药学或中药学岗位工作满 3 年；③ 取得药学类、中药学类专业第二学士学位、研究生班毕业或硕士学位，在药学或中药学岗位工作满 1 年；④ 取得药学类、中药学类专业博士学位；⑤ 取得药学类、中药学类相关专业相应学历或学位的人员，在药学或中药学岗位工作的年限相应增加 1 年。

此外，我国执业药师制度还在减免考试科目方面做了一些规定，如符合《执业药师职业资格制度规定》报考条件，按照国家有关规定取得药学或医学专业高级职称并在药学岗位工作的，可免试药学专业知识（Ⅰ）、药学专业知识（Ⅱ）科目，只参加药事管理与法规、药学综合知识与技能两个科目的考试；取得中药学或中医学专业高级职称并在中药学岗位工作的，可免试中药学专业知识（Ⅰ）、中药学专业知识（Ⅱ），只参加药事管理与法规、中药学综合知识与技能两个科目的考试。

执业西药师与执业中药师考试科目均为四科，见表 7-1。从事药学或中药学专业工作的人员，可根据所从事的专业，选择药学类或中药学类考试科目。

表7-1 执业西药师与执业中药师考试科目

药师类别	考试科目
执业西药师	药学专业知识Ⅰ 药学专业知识Ⅱ 药事管理与法规 药学综合知识与技能
执业中药师	药事管理与法规 中药学综合知识与技能 中药学专业知识Ⅰ 中药学专业知识Ⅱ

《执业药师职业资格制度暂行规定》规定，我国执业药师职业资格考试每年1次，每年10月份举行，考试分两天进行。改变了最初一年内四科须全部通过的规定，参加考试的人可以在连续2年内考试通过全部四门考试科目。同时，还规定获得免试资格考生须在考试当年通过除免试以外的全部科目考试。执业药师考试通过后，通过者将获得由所在省、自治区、直辖市人事部门颁发由国家人力资源和社会保障部统一印制的执业药师职业资格证书，该证书全国范围内通用。

国家执业药师职业资格考试实行全国统一大纲、统一命题、统一组织的考试制度。考试方法为笔试(闭卷)。试题类型全部为选择题，应考人员从固定答案中选择正确的、最佳的答案，填写在专门设计答题卡上，无需做解释和论述。

二、执业药师注册制度

注册是执业必备条件，与世界上许多国家一样，我国执业药师管理也实行执业药师职业资格注册制度。

为保证执业药师职业资格制度实施，加强执业药师注册管理工作，根据国家人力资源和社会保障部、国家药品监督管理局联合颁发《执业药师职业资格制度暂行规定》，执业药师实行注册制度。执业药师的执业地区为省、自治区、直辖市；执业类别为药学类、中药学类、药学与中药学类；执业范围为药品生产、经营和使用；执业单位为药品生产、经营、使用及其他需要提供药学服务的单位。执业药师只能在一个注册机构注册，在一个执业单位按照注册执业类别、执业范围执业。执业药师注册地可以不是其户口所在地，可以异地执业。

持有《执业药师职业资格证书》人员，经向注册机构申请注册并取得《执业药师注册证》后，方可按照注册的执业类别、执业范围从事相应的执业活动。未经注册者，不得以执业药师身份执业。

1. 注册管理机构 国家药品监督管理局负责执业药师注册的政策制定和组织实施，指导全国执业药师注册管理工作。各省、自治区、直辖市药品监督管理部门负责本行政区域内的执业药师注册管理工作。注册管理规定注册共分为首次注册、再注册、变更注册以及注销注册四种。

2. 首次注册 第一次到执业药师注册机构办理注册手续为首次注册。执业药师职业资格考试成绩合格,获得《执业药师职业资格证书》后,要想到某地执业,首先到执业目的地药品监督管理行政部门进行申请注册。

申请执业药师注册者,必须同时具备下列条件:① 取得《执业药师职业资格证书》;② 遵纪守法,遵守执业药师职业道德,无不良信息记录;③ 身体健康,能坚持在执业药师岗位工作;④ 经所在单位考核同意。

有下列情况之一者,不予注册:① 不具有完全民事行为能力的;② 因受刑事处罚,自刑罚执行完毕之日到申请注册之日不满 2 年的;③ 受过取消执业药师执业资格处分不满 2 年的;④ 国家规定不宜从事执业药师业务其他情形的。

3. 再注册　指注册执业药师继续在同一执业单位(地点)执业,没有变更执业单位,且申请第二、第三次注册的行为。申请再次注册者,须填写执业药师再次注册申请表,并提交以下材料:①《执业药师职业资格证书》和《执业药师注册证》;② 执业单位考核材料;③ 执业药师继续教育登记证书;④ 县级(含)以上医院出具的本人 6 个月内健康体检表。

4. 注册有效期　执业药师注册有效期为 5 年。需要延续的,应当在有效期届满 30 日前,向所在地注册管理机构提出延续注册申请。超过期限,不办理再次注册手续人员,其执业药师注册证自动失效,并不能再以执业药师身份执业。

5. 变更注册　执业药师只能在一个省、自治区、直辖市注册,变更执业地区、执业类别、执业范围、执业单位的,应及时办理变更注册手续。

6. 注销注册　执业药师有下列情形之一的,由所在单位向注册机构办理注销注册手续:① 死亡或被宣告失踪的;② 受刑事处罚的;③ 受取消执业资格处分的;④ 因健康或其他原因不能或不宜从事执业药师业务的。凡注销注册,由所在省(区、市)注册机构向国家药品监督管理局备案,并由国家药品监督管理局定期公告。

注册机构必须把首次注册、再次注册、变更注册、注销注册许可决定在执业药师注册服务平台或办公场所以及电子政务网上公告。执业药师注册管理是执业许可管理。

执业药师注册管理的目的是:① 对获得执业药师职业资格人员在执业活动前必须经过的准入控制,注册机构通过对申请注册者的资格审核,符合条件才予以注册,同意准入;② 对执业药师进行行政管理,加强监督调控的一种手段;③ 通过注册制度对药品生产、经营、使用单位的用人实行依法监督管理。

第三节　执业药师职责与继续教育

一、执业药师的职责

目前我国规定执业药师职责主要是对药品质量负责,保证人们用药安全有效,负责对药品质量监督和管理,负责处方审核及监督调配,提供用药信息,指导合理用药,开展治疗药物监测及药品疗效评价等临床药学工作。

执业药师所履行职责包含两个层面:一是法律法规中规定的;二是为了维护患者相应的权利所需要履行的义务,即职责和责任。具体来说,主要体现在以下四个方面。

1. 遵守法律、法规、规章　执业药师在执业过程中,应当严格按照《药品管理法》《医疗机构管理条例》《麻醉药品和精神药品管理条例》等有关法律法规,遵守合法性原则。这一原则包含了执业药师在执业过程中应当遵守具体规范和应当履行义务,如为保障患者能够及时用药,执业药师无正当理由不得拒配处方;遵照医嘱;在调配处方过程中严格对处方适宜性进行审查;向公众宣传合理用药知识等。

执业药师应当遵守执业标准和业务规范,在执业范围内负责对药品质量的监督和管理,参与制定和实施药品全面质量管理制度。对违反《药品管理法》及有关法规、规章的行为或决定,有责任提出劝告、制止、拒绝执行,并向当地药品监督管理部门报告。

2. 审核调配处方 这是药师在日常工作中的一项重要职责。药师在调配处方时,首先应当进行处方审核,然后进行调配和药品发放。药师在调配处方过程中,如果发现医师处方严重不适宜时,有拒绝调配的权利,并要求医师在处方上签字确认无误或重新开具处方后方可调配。当然,为构建和谐医患关系,避免患者因来回奔波而不满或引起纠纷,可以考虑在药房窗口附近请一位高年资医师担任坐堂医师,以便对问题处方及时进行处理。

3. 指导患者合理用药 ① 进行用药指导:根据医师处方医嘱,在发药同时,应当告诉患者药品用法用量以及药品储存条件、用药时间和特殊剂型药品使用的注意事项等。同时,还需要将这些用药信息全部打印出来,防止患者遗忘。② 提供药物咨询:医院药房和药店的工作量往往较大,药师在发药过程中进行用药指导不可能做到面面俱到,尤其是药品禁忌证、不良反应及某些注意事项可能会有遗漏。因此,有必要在医院药房和药店另外设立一个药物咨询窗口,以便为患者提供更为详尽的用药咨询服务,确保患者用药安全、合理、有效,这也是药师的一项重要工作和义务。

4. 保护患者的隐私 药师有义务、有责任保护患者隐私权,主要包括以下方面。

(1) 处方:处方具有法律效力,上面记载着患者的、姓名、年龄、用药等基本信息。药师应当根据《处方管理办法》规定,对患者处方妥善保管,除日常工作、科研需要外,不得将患者任何相关信息外泄。

(2) 药师与患者交流:在窗口进行处方审核、调配及发放过程中,要尤为注意对患者隐私权进行保护。特别是一些计划生育科、妇产科、泌尿科、皮肤及性病科和传染科患者。

(3) 特殊情况:是家属知道病情而患者本人并不知情,如一些肿瘤患者。如何帮助患者家属做好保密工作,帮助患者能够有一个良好心理状态应对疾病,使患者可以有一个更好的生活质量和更长的生存期,也是执业药师的责任和义务。

二、执业药师的继续教育

从我国开始了执业药师准入制度以来,执业药师继续教育也几乎同时展开。继续教育培训可使执业药师及时学习各种新知识、新技能、新的法律法规;学习与药学服务的相关知识如临床药学知识、医学心理学和药事管理学等方面知识,从而可以提高执业药师队伍业务水平和工作能力,提高队伍整体素质,逐步缩小与世界先进水平差距。

1. 执业药师继续教育的内容和学习方式 《执业药师职业资格制度暂行规定》(1994年人职发3号)要求执业药师要努力钻研业务,不断学习新知识、新技能,掌握最新医药科技信息,保持较高的专业技能水平。

《执业药师继续教育管理暂行办法》规定:接受继续教育是执业药师的权利和义务。国家药品监督管理局负责制定执业药师继续教育管理办法,组织拟定、审批继续教育内容。省级药品监督管理局负责本地区执业药师继续教育实施工作。国家药品监督管理局指定中国执业药师协会管理执业药师继续教育工作,中国执业药师协会负责拟订国家执业药师继续教育大纲,组织专家依据大纲要求评估执业药师继续教育培训教材,编写继续教育培训教材,同时遴选、确认和公布执业药师继续教育年度必修内容和面向全国选修内容,并向国家药监局报送年度执业药师继续教育工作。

继续教育学习方式多种多样,有面授、函授、网上学习等,内容包括药学、医学等专业知识,如疾病发病特点规律、疾病新的治疗方法、新药介绍等;还有药事管理方面的内容;与"药"相关的各种法律法规;以及执业药师职业道德教育。

2. 继续教育采取学分制 我国执业药师继续教育与许多国家一样采用的是学分制,每名执业药师不管是否注册,每年修满15学分,在每个注册周期3年内修满45学分,才能达标。

执业药师接受继续教育经考核合格后,由省级药品监督管理局培训部门在执业药师继续教育登记证书上盖章,并且以此作为再注册的必备证件。

第四节 法律责任

执业药师法律责任有行政责任、刑事责任和民事责任三种。这三者性质不同,但可以并行不悖。也就是说,执业药师因一种违法行为,有时仅发生一种法律责任,有时同时发生两种或三种法律责任,但是对于同一违法行为不得以同一事实给予两次以上同一种类行政处罚。

一、行政责任

执业药师行政责任是指在执业过程中因违反执业药师管理法律制度,而承担能直接产生法律效果的某种行政行为。

鉴于我国目前尚无《执业药师法》和专门的行政法规,在《药品管理法》及有关法律法规中,调整执业药师执业行为的法律规定,构成执业药师管理法律制度,执业药师必须严格遵守。同时,目前主要依据《执业药师职业资格制度暂行规定》《执业药师职业资格考试实施办法》,对执业药师行为进行管理。在《执业药师职业资格制度暂行规定》中参照第五章对执业药师的行政责任做出相应规定。

(1)建立执业药师个人诚信记录,对其执业活动实行信用管理。执业药师违法违规行为、接受表彰奖励及处分等,作为个人诚信信息由药品监督管理行政部门及时记入全国执业药师注册管理信息系统;执业药师继续教育学分,由继续教育管理机构及时记入全国执业药师注册管理信息系统。

(2)对未按规定配备执业药师的单位,由所在地县级以上药品监督管理行政部门责令限期配备,并按照相关法律法规给予处罚。

(3)对以不正当手段取得《执业药师职业资格证书》,按照国家专业技术人员资格考试违纪违规行为处理规定处理;构成犯罪的,依法追究刑事责任。

(4)以欺骗、贿赂等不正当手段取得《执业药师注册证》,由发证部门撤销《执业药师注册证》,3年内不予执业药师注册;构成犯罪的,依法追究刑事责任。严禁《执业药师注册证》挂靠,持证人注册单位与实际工作单位不符,由发证部门撤销《执业药师注册证》,并作为个人不良信息由药品监督管理行政部门记入全国执业药师注册管理信息系统。买卖、租借《执业药师注册证》单位,按照相关法律法规给予处罚。

(5) 执业药师在执业期间违反《药品管理法》及其他法律法规构成犯罪的,由司法机关依法追究责任。

二、民事责任

执业药师因职务上侵权行为,导致民事上损害赔偿责任。执业药师在执业时如果因故意或过失,致使公民、法人合法权益遭受损害,依照民法规定,应负相应的赔偿责任。对于此类损害赔偿案,应该从保护消费者权益的角度出发,首先由法人给受害人赔偿后,再由法人向致害人求偿。执业药师承担损害赔偿责任必须是危害后果由其故意或过失所致。如果不是故意或过失所致,则有关公民、法人无求偿权。

三、刑事责任

《中华人民共和国刑法》第一百四十一条、第一百四十二条、第一百四十五条对于生产销售假药、劣药以及不符合保障人体健康的国家标准、行业标准医疗器械、医用卫生材料等违法行为;第三百四十七条、三百五十五条对依法从事生产、运输、管理、使用国家管制麻醉药品、精神药品人员分别向走私贩毒或吸毒分子提供毒品,都规定了相应的刑事法律责任。

第八章
执业护士管理法律制度

导学

1. 掌握护士执业资格考试与注册;护士工作执业规则与职责。
2. 熟悉护士执业权利与义务。
3. 了解医疗卫生机构违反《护士条例》规定职责的法律责任,护士违反《护士条例》规定执业规则的法律责任。

护理工作是医疗卫生工作的重要组成部分,是适应人类的健康需要而产生的。经执业注册取得护士执业证书,依照规定从事护理活动,履行保护生命、减轻患者痛苦、增进健康职责的卫生技术人员,统称为护士。2008年1月31日国务院颁布的《护士条例》明确规定,国家发展护理事业,促进护理学科发展。护士劳动受全社会尊重,护士执业权利受法律保护,任何单位和个人不得侵犯。这体现了国家从政策上、法律上规范、加强护士管理,提高护理质量,保障医疗和护理安全,维护护士合法权益的决心和措施。

第一节 护士执业考试与注册

一、护士执业资格考试

我国实行护士执业资格考试制度,这是评价申请护士执业者是否具备护士执业所必需专业知识和技能的执业准入制度。

2010年卫生部、人事部、劳动部联合发布《护士执业资格考试办法》规定:具有护理、助产专业中专和大专学历的人员,参加护士执业资格考试并成绩合格,可以取得护理初级(士)专业技术资格证书;护理初级(师)专业技术资格证书按照有关规定通过全国卫生专业技术资格考试取得。具有护理、助产专业本科以上学历的人员,参加护士执业资格考试并成绩合格,可以取得护理初级(士)专业技术资格证书;在达到《卫生技术人员职务试行条例》规定的护师专业技术职务任职资格年限后,可直接聘任护师专业技术职务。

1. 考试原则和科目 护士执业资格考试每年举行1次,实行全国统一组织、统一大纲、统一试题、统一合格标准。《护士执业资格考试办法》规定,护士执业资格考试遵守公平、公开、公正的原则。

护士执业资格考试科目为专业实务和实践能力两个科目,考试内容包括基础护理学、内科护理学、外科护理学、妇产科护理学和儿科护理学五小科目。考试采用标准化考试模式,护士资格考试科目全国统一。为加强对考生实践能力的考核,原则上采用"人机对话"考试方式进行。考试由国家医学考试中心具体组织实施,地、市以上卫生行政主管部门的医政部门承担本地区的考试实施工作。一次考试通过两个科目为考试成绩合格。

2. 考试申请　护士执业资格考试参加人员的申请报名应当在公告规定的期限内,并提交以下材料:① 护士执业资格考试申请表;② 本人身份证明;③ 近6个月2寸免冠正面半身照片3张;④ 本人毕业证书;⑤ 报考所需其他材料。

属于在校应届毕业生的申请人,应当持有学校出具的应届毕业生毕业证明,到学校所在地的考点报名。学校可以为本校应届毕业生办理集体报名手续。属于非应届毕业生的申请人,可以选择到人事档案所在地报名。

符合《内地与香港关于建立更紧密经贸关系的安排》《内地与澳门关于建立更紧密经贸关系的安排》条件,或者内地有关主管部门规定的中国香港特别行政区、中国澳门特别行政区和中国台湾地区居民,可以申请参加护士执业资格考试。

二、护士执业注册

《护士条例》规定,护士执业应当经执业注册取得护士执业证书。根据卫生行政主管部门2008年发布《护士执业注册管理办法》规定,护士经执业注册取得护士执业证书后,方可按照注册执业地点从事护理工作;未经执业注册取得护士执业证书者,不得从事诊疗技术规范规定的护理活动。

1. 护士执业注册条件　凡具备下列条件的,可以申请护士执业注册:① 具有完全民事行为能力;② 在中等职业学校、高等学校完成国务院教育主管部门和国务院卫生行政主管部门规定的普通全日制3年以上的护理、助产专业课程学习,包括在教学、综合医院完成8个月以上护理临床实习,并取得相应学历证书;③ 通过国务院卫生行政主管部门组织的护士执业资格考试;④ 符合国务院卫生行政主管部门规定的健康标准。

护士执业注册申请,应当自通过护士执业资格考试之日起3年内提出;逾期提出申请的,除应当具备前款第一项、第二项和第四项规定条件外,还应当在符合国务院卫生行政主管部门规定条件的医疗卫生机构接受3个月临床护理培训并考核合格。

2. 护士执业注册的健康标准　凡符合下列健康标准的,可以申请护士执业注册:① 无精神病史;② 无色盲、色弱、双耳听力障碍;③ 无影响履行护理职责的疾病、残疾或者功能障碍。

3. 护士执业注册提交材料　申请护士执业注册,应当提交下列材料:① 护士执业注册申请审核表;② 申请人身份证明;③ 申请人学历证书及专业学习中的临床实习证明;④ 护士执业资格考试成绩合格证明;⑤ 省、自治区、直辖市人民政府卫生行政主管部门指定的医疗机构出具的申请人6个月内健康体检证明。

4. 护士执业注册办法　申请护士执业注册的,应当向批准设立拟执业医疗机构或者为该医疗机构备案的卫生行政主管部门提出申请。收到申请的卫生行政主管部门应当自收到申请之日起20个工作日内做出决定,对具备《护士条例》规定条件的,准予注册,并发给护士执业证书;对不具备《护士条例》规定条件的,不予注册,并书面说明理由。

护士执业注册有效期为5年。护士在其执业注册有效期内变更执业地点的,应当向批准设立拟执业医疗机构或者为该医疗机构备案的卫生行政主管部门报告。收到报告的卫生行政主管部门应当自收到报告之日起7个工作日内为其办理变更手续。护士跨省、自治区、直辖市变更执业地点的,收到报告的卫生行政主管部门应当向其原注册部门通报。

护士执业注册有效期届满需要继续执业的,应当在期满前30日向批准设立执业医疗机构或者为该医疗机构备案的卫生行政主管部门申请延续注册。收到申请的卫生行政主管部门对具备《护士条例》规定条件的,准予延续,延续执业注册有效期为5年;对不具备《护士条例》规定条件的,不予延续,并书面说明理由。

护士执业注册有下列情形之一的,拟在医疗卫生机构执业时,应当重新申请注册:① 注册有效期届满未延续注册的;② 受吊销《护士执业证书》处罚,自吊销之日起满2年的。

护士执业注册后有下列情形之一的,原注册部门应当依照行政许可法规定注销其执业注册:① 注册有效期届满未延续注册;② 受吊销《护士执业证书》处罚;③ 护士死亡或者丧失民事行为能力。县级以上地方人民政府卫生行政主管部门应当建立本行政区域护士执业良好记录和不良记录,并在护士执业信息系统记录。护士执业良好记录包括护士受到的表彰、奖励以及完成政府指令性任务的情况等内容,护士执业不良记录包括护士因违反《护士条例》以及其他卫生管理法律、法规、规章或者诊疗技术规范的规定受到行政处罚、处分的情况等内容。

第二节 护士执业权利与义务

一、护士的执业权利

《护士条例》明确规定,护士的执业权利受法律保护,护士的劳动受全社会的尊重,护士依法履行职责的权利受法律保护,任何单位和个人不得侵犯。护士在执业过程中享有的执业权利有以下方面。

1. 获得报酬权 护士执业,工资报酬、享受福利待遇、参加社会保险的权利,应当按照国家有关规定获取。任何单位或者个人不得克扣护士工资,降低或者取消护士福利等待遇。医疗卫生机构应当执行国家有关工资、福利待遇等规定,对本机构从事护理工作的护士足额缴纳社会保险费用,按照国家有关规定,保障护士应该享受的合法权益。国家适当提高护士工资标准,在国家机关、事业单位各级各类医疗卫生机构从事护理工作的护士现行的各级工资标准(基础工资,职务工资之和)均提高10%。

2. 获得保护权 护士执业,按照国家有关规定享有与其所从事护理工作相适应的卫生防护、医疗保健服务的权利。护士的卫生防护用品、有效的卫生防护措施和医疗保健措施,应当由医疗卫生机构提供。从事直接接触有毒有害物质、有感染传染病危险工作的护士,依照有关法律、行政法规规定享有职业健康监护的权利;依照有关法律、行政法规规定享有患职业病赔偿的权利。

3. 专业研习权 按照国家有关规定获得专业研究和学习权利,包括:护士本人的业务能力和学术水平相应的专业技术职务、职称权利;参加专业培训、从事学术研究和交流、参加行业协会和专业学术团体的权利;根据临床专科护理发展和专科护理岗位的需要,开展对护士专科护理培训。接受进修学习、继续医学教育,既是护士的权利,也是护士的义务。

4. 获取执业信息权 获取执业的相关信息,是护士开展护理工作的前提,也是护士更好为患者服务的必要条件。因此,护士有获得疾病诊疗、护理相关信息的权利和其他与履行护理职责相关信息的权利。

5. 参与民主管理权 相关部门应该积极采取措施,提供渠道,听取护士对各级卫生行政主管部门工作的意见和建议,保证实现护士的民主管理权。为此,护士在执业过程中,可以对医疗卫生机构和卫生行政主管部门的工作提出意见和建议,参与相关部门的管理。

二、护士的执业义务

护士在执业过程中,应当积极履行以下义务。

1. 依法执业义务　护士应该遵守法律、法规、规章和诊疗技术规范规定,认真落实各项规章制度,正确执行临床护理实践和护理技术规范;遵守医院值班制度,严格执行无菌和消毒隔离技术;严格按照技术要求准确、完整、规范书写病历文书,认真管理病历,不伪造、隐匿或者违规涂改、销毁病历,切实保持医疗护理文件真实性。

2. 积极救治义务　护士应该仔细观察患者身心状态,对患者进行科学的护理,发现患者病情危急,应当立即通知医师并配合抢救;在紧急情况下为抢救垂危患者生命,应当先行实施必要的紧急救护。

3. 严格执行医嘱义务　护士应该正确处理和严格执行医嘱,发现医嘱违反法律、法规、规章或者诊疗技术规范规定的,应当及时向开具医嘱医师提出;必要时,应当向该医师所在科室负责人或者医疗卫生机构负责医疗服务管理人员报告。

4. 保护患者隐私义务　护士应当就患者病史、症状、体重、家庭史、个人的习惯、嗜好及患者病情、治疗方案等隐私和秘密给予保护;应当注重与患者有效沟通,尊重、关心、爱护患者,以体现人文关怀,并提供给患者安全优质的护理服务。

5. 服从调遣义务　护士应当参与公共卫生和疾病预防控制工作。发生自然灾害、公共卫生事件等严重威胁公众生命健康的突发事件,护士要服从县级以上人民政府卫生行政主管部门或所在医疗卫生机构的安排,投入医疗救护。

第三节　护士工作执业规则与职责

一、医疗卫生管理机构职责

《护士条例》规定,国务院卫生行政主管部门负责全国的护士监督管理工作,县级以上卫生行政主管部门负责本行政区域护士监督管理工作。医疗卫生机构在规范护理行为、保障护士合法权益等方面负有管理、监督职责。

《护士条例》规定,医疗卫生机构配备护士数量不得低于国务院卫生行政主管部门规定的护士配备标准。

医疗卫生机构应当设置专门机构或者配备专(兼)职人员负责护理管理工作,对不履行职责或者违反职业道德的护士进行调查处理。

医疗卫生机构在本机构从事诊疗技术规范规定的下列人员不得允许护理活动:① 未取得护士执业证书的人员;② 未依照规定办理执业地点变更手续的护士;③ 护士执业注册有效期届满未延续执业注册的护士;④ 在教学、综合医院护理临床实习的人员开展有关工作要在护士指导下进行。

护士的各项合法权益,医疗卫生机构应给予维护:① 为护士提供卫生防护用品,并采取有效的卫生防护措施和医疗保健措施。② 执行国家有关工资、福利待遇等规定,按照国家有关规定为从事护理工作护士足额缴纳社会保险费用；对在艰苦边远地区工作，或者从事直接接触有毒有害物质、有感染传染病危险工作的护士，应当按照国家有关规定给予津贴。③ 制定、实施护士在职培训计划，并保证护士接受培训。护士培训应当注重新知识、新技术的应用；根据临床专科护理发展和专科护理岗位的需要，开展对护士专科护理培训。④ 按照国务院卫生行政主管部门规定，设置专门机构或者配备专（兼）职人员负责护理管理工作。⑤ 建立护士岗位责任制并进行监督检查。

护士因不履行职责或者违反职业道德受到投诉，由其所在医疗卫生机构进行调查。经查证属实者，将对护士做出处理，告知投诉人调查处理情况。

二、护士执业规则与职责

护理工作具有专业性、服务性特点，涉及维护和促进人体的健康，是医药卫生工作的一个重要部分。护士在医疗、预防、保健、康复等领域中，作为医药卫生技术人员承担着重要职责，发挥着重要作用。

（一）护士执业规则

1. 强化"以患者为中心"的护理服务理念，科学有效护理患者　护士应当以现代护理观为指导，以护理科学知识为基础，坚持和发扬救死扶伤的人道主义精神，对患者进行身心整体护理。护理工作中的服务绝不仅仅是微笑和柔声细语，更重要的是严谨的工作态度和对患者病情的细心体察，掌握个性化沟通、人性化服务本领，才能真正得到患者认可。所以，在护理工作中，要求护理人员有机地将躯体护理与心理护理结合起来，除对患者生理要求，如饮食、营养、睡眠等，提供一个适宜、整洁、安静的环境。还应掌握患者的心理要求，针对性地进行疏导说服和安慰，并采取一系列良好的心理措施，去改变患者心理状态和行为，促进患者康复。另外，护理人员接触患者比医师更为密切和直接，护士常常能最早发现患者的细微症状和体征，最先掌握病情变化的各项资料。护士对病情的观察，了解到的变化，提供的信息，可作为医师确定、修正和补充诊疗方案参考依据。所以，护理人员要深入病房巡视，观察患者病情，密切留心病情变化，善于发现问题、提出问题，提供具有价值的病情变化资料，及时报告，及时处理，应当在仔细周到的基础上，养成"手勤、脚勤、眼勤、脑勤"的习惯。

2. 遵守职业道德和医疗护理工作规章制度及技术操作规范，依法执业　医学照顾、病情观察、协助诊疗、心理支持等是护士全面履行的护理职责。护士应该严格遵守技术操作规程，努力工作，为患者提供安全优质的护理服务。在护理工作中，是否严格遵守各种技术操作规程，认真做好各种查对工作，直接关系到护理质量好坏、患者生命安危。例如，用药时不认真贯彻"三查七对"制度，是常见药源性医疗差错和医疗事故发生的重要根源。打针、给氧、插管、引流、灌肠、输血、导尿等，不按操作规程办事，执行医嘱不严，轻则降低治疗效果，重则造成患者伤残甚至死亡。卫生部颁布的《医院工作人员职责》规定，各级各类医务人员均要认真执行各项规章制度和技术操作规程，违反者由卫生行政主管部门视情节予以警告、责令改正、中止注册直至取消其注册。《护士条例》还做出相应规定，这一切都是为了保障护士的合法权益，保护患者的身心健康，致力于加强护理队伍建设，提高护士护理道德水准和执业工作能力。

3. 承担预防保健、防病治病知识的宣传，为患者提供健康康复、教育和卫生咨询　预防疾病、促进健康是护士重要职责。影响人类健康因素很多，其中生活环境、公共卫生以及吸烟、酗酒等不良习惯对人体健康伤害，已引起社会广泛关注。许多人疾病的发生，往往是由于缺乏卫生保健知识,以及不卫生的生活方式造成。护士在开展整体护理和社区护理工作中,应当树立"大卫生"观念,在患者及其家属人群中开展健康教育活动,普及医学卫生知识教育,引导其养成良好卫生习惯,倡导文明健康的生活方式,提高健康意识和自我保健知识。因此,护士应当承担宣传卫生保健知识,对患者进行健康教育的重要工作。

4. 增强法律意识,培养法律思维,保护患者权益 临床护理过程中,护患纠纷时有发生,护士应该"讲法律""讲证据""讲程序""讲法理",养成从法律角度思考、处理问题的习惯和取向。例如,在执行医嘱中,护理人员应主动、及时、准确地执行医嘱,维护患者利益。以任何借口拖延执行医嘱或随意更改医嘱,或弄虚作假地执行医嘱都会延误患者的医治,是违法行为。对于不当医嘱不能盲目执行,护理人员应当及时向医师提出修改医嘱意见,使医嘱更有利于患者利益。但是,在未得到医师同意之前,不可随意更改医嘱。又如,护理人员在接诊创伤患者时,要运用法律意识保护患者利益。需要查看患者身体创伤是自伤还是他伤,分析损伤性质、状况和损伤程度,如枪伤可能为被追捕逃犯;舌头、生殖器被咬伤,可能为强奸犯罪嫌疑人;有新旧合并全身多处软组织挫伤、划伤、烫伤患者,可能存在家庭暴力或者虐待等。也要判断患者与陪同人员的陈述是否一致,若发现违法犯罪,医护人员在正常接待患者进行诊疗和记录的同时,应立即向单位安保部门或公安机关报告。

5. 依法履行职责的权利受法律保护,任何单位和个人不得侵犯 护士依法执业受到非法阻挠和护士人身权利受到侵犯,由护士所在单位提请公安机关予以治安行政处罚;情节严重,触犯刑律的,提交司法机关依法追究刑事责任。

中华人民共和国公民人格尊严不受侵犯。我国《宪法》第三十八条规定:人身权利是公民的一项基本权益。禁止用任何方法对公民进行侮辱、诽谤和诬告陷害。护士在执业活动中,难免发生护患矛盾,有些患者或其家会侮辱、诽谤、谩骂甚至殴打护士,影响极为恶劣,严重干扰护士正常的执业活动,侵犯护士的人格尊严和人身安全。一切扰乱医疗秩序、谩骂或殴打医护人员的行为都是违法行为,应当受到社会舆论谴责和法律制裁。护士人格尊严受到侵犯、人身安全遭到损害,应当依法追究法律责任。

(二)护士执业职责

1. 门诊护士职责 ① 在门诊护士长领导下进行工作;② 协助医师的工作,按医嘱给患者进行各项治疗和处理;③ 经常观察患者病情变化,如发现异常及时通知医生;④ 做好消毒隔离工作,防止交叉感染;⑤ 认真执行各项规章制度和操作规程,严格查对制度,做好交接班,严防差错事故发生;⑥ 负责诊疗室整洁、安静,做好宣教工作;⑦ 按期分工,负责领取,保管药品器械和其他卫生物品。

2. 急诊科护士工作职责 ① 在急诊科护士长领导下进行工作;② 做好急诊患者的检诊工作,按病情决定优先就诊,有困难时请示医师决定;③ 急症患者来诊,应立即通知值班医师,在医师未到以前,遇特殊危急患者,可行必要的急救处置,并向医师报告;④ 准备各项急救所需用品、器材、敷料,在急救过程中,应迅速而准确地协助医师进行抢救工作;⑤ 经常巡视,观察患者,了解患者病情及思想、生活、饮食情况,及时完成治疗及护理工作,严密观察与记录留观患者的情况变化,发现异常及时报告;⑥ 认真执行各项规章制度和技术操作常规,做好查对和交接班工作,努力学习业务技术,不断提高护士分诊的业务能力及抢救工作质量,严防差错事故;⑦ 护送危重患者及手术患者到病房或手术室前。

3. 输液室护士职责 ① 输液准备间应严格限制人员进出;② 严格执行消毒隔离制度、查对制度及药品管理制度,急救器材和药品专人管理,定期检查;③ 严格执行无菌操作,注意药物配伍禁忌;④ 安排患者就座(或躺),并在位置上输液,合理安排输液次序;⑤ 每 30~50 名患者至少有一名护士巡视,随时观察病情、输液滴速和注射部位有无异常,遇有输液反应及时报告医生、处理并记录;⑥ 接触患者后输液用品一律不能带入治疗室,按消毒隔离制度要求处理;⑦ 抗生素药物做到现配现用。

4. 注射室护士职责　① 接待患者,安排患者等候,注射时用屏风遮挡;② 严格执行查对制度、消毒隔离制度;③ 严格按医嘱执行,对过敏药物必须询问过敏史,按规定做好注射前过敏试验;④ 每天检查抢救设备和药品。

5. 病房护士工作职责　① 在护士长领导和上级护理人员指导下进行工作。② 认真执行各项规章制度和护理技术操作规程,正确执行医嘱,准确、及时地完成各项护理工作,严格执行交接班和查对制度、消毒隔离制度,防止差错事故发生。③ 做好基础护理和患者情志护理工作,经常巡视病房,了解患者病情及思想、生活、饮食情况,对危重患者及手术患者要随时做好护理记录。④ 认真做好危重患者抢救工作及各种抢救物品、药品准备、保管工作。⑤ 协助医师进行各种治疗工作,负责采集各种检验标本,接送患者进行检查、治疗等工作。⑥ 参加院及科室业务学习、护理教学和科研,不断提高护理知识,做好护理工作。⑦ 指导实习护士、护理员、配膳员、卫生员工作。⑧ 组织患者学习、宣传卫生知识和住院规则,宣传、普及防病知识,经常征求患者意见。有条件者,根据患者情况,适当安排、辅导患者进行康复活动。为出院患者做好健康教育指导。⑨ 办理出院、入院、转科、转院手续及有关登记工作。⑩ 认真书写住院患者护理计划及各种护理记录。⑪ 做好患者管理、消毒隔离、物资保管工作。

6. 手术室护士职责　① 在护士长领导下担任器械或巡回护士等工作,并负责手术前准备和手术后整理工作;② 认真执行各项规章制度和技术操作规程,督促、检查参加手术人员的无菌操作,注意患者安全,严防差错事故;③ 参加卫生清扫,保持手术室整洁、肃静,调节空气和保持室内适宜温度;④ 负责手术后患者包扎、保暖、护送和手术标本保管和送检;⑤ 按分工进行器械、敷料打包消毒和药品保管,做好登记统计工作;⑥ 指导进修、实习护士和卫生员的工作。

第四节　法 律 责 任

一、医疗卫生机构违反《护士条例》规定职责的法律责任

1. 违反国家有关配备和使用护士要求的责任　有下列情形之一的,由县级以上地方人民政府卫生行政主管部门依据职责分工责令限期改正,给予警告;逾期不改正的,根据国务院卫生行政主管部门规定对其护士配备标准和在医疗卫生机构合法执业护士数量核查及核减其诊疗科目,或者暂停其 6 个月以上 1 年以下执业活动;国家举办的医疗卫生机构有下列情形之一、情节严重的,还应当对负有责任主管人员和其他直接责任人员依法给予处分:① 护士配备数量低于国务院卫生行政主管部门规定的护士配备标准的;② 允许未取得护士执业证书人员或者允许未依照本条例规定办理执业地点变更手续、延续执业注册有效期的护士在本机构从事诊疗技术规范规定的护理活动的。

2. 违反国家有关护士工作条件和生活待遇要求的责任　有下列情形之一的,依照有关法律、行政法规规定给予处罚;国家举办的医疗卫生机构有下列情形之一、情节严重的,还应当对

负有责任主管人员和其他直接责任人员依法给予处分:① 未执行国家有关工资、福利待遇等规定的;② 对在本机构从事护理工作护士,未按照国家有关规定足额缴纳社会保险费用的;③ 未为护士提供卫生防护用品,或者未采取有效的卫生防护措施、医疗保健措施的;④ 对在艰苦边远地区工作,或者从事直接接触有毒有害物质、有感染传染病危险工作的护士,未按照国家有关规定给予津贴的。

3. 违反国家有关护士业务培训和管理职责的责任 有下列情形之一的,由县级以上地方人民政府卫生行政主管部门依据职责分工责令限期改正,给予警告:① 未制定、实施本机构护士在职培训计划或者未保证护士接受培训的;② 未依照本条例规定履行护士管理职责的。

二、护士违反《护士条例》规定执业规则的法律责任

护士在执业活动中有下列情形之一,由县级以上地方人民政府卫生行政主管部门依据职责分工责令改正,给予警告;情节严重的,暂停其6个月以上1年以下执业活动,直至由原发证部门吊销其护士执业证书:① 发现患者病情危急未立即通知医师的;② 发现医嘱违反法律、法规、规章或者诊疗技术规范的规定,未依照《护士条例》规定提出或者报告的;③ 泄露患者隐私的;④ 发生自然灾害、公共卫生事件等严重威胁公众生命健康的突发事件,不服从安排参加医疗救护的。

护士在执业活动中造成医疗事故,依照医疗事故处理的有关规定承担法律责任。护士被吊销执业证书,自执业证书被吊销之日起2年内不得申请执业注册。

扰乱医疗秩序,阻碍护士依法开展执业活动,侮辱、威胁、殴打护士,或者有其他侵犯护士合法权益行为,由公安机关依照《中华人民共和国治安管理处罚法》规定给予处罚;构成犯罪的,依法追究刑事责任。

第九章
医疗损害责任法律制度

导学

1. 掌握医疗损害概述内容；医疗损害行政处理与监督；医疗损害法律责任。
2. 熟悉医疗损害责任；医疗损害预防与处置。
3. 了解医疗损害鉴定与医疗事故技术鉴定。

医疗损害，一般既包括有过错的诊疗行为引起的患者损害，也包括有缺陷的产品和不合格血液引起的患者损害。医疗损害责任是指医疗机构及其医务人员在医疗过程中造成患者人身损害或者其他损害，应当承担以损害赔偿为主要方式的侵权责任。医疗损害责任法律制度对依法平衡和协调医疗机构、受害患者与广大患者利益关系以及完善整个侵权责任法律制度，具有重大理论意义和实践价值。对维护当事人合法权益，推动构建和谐医患关系，具有重要作用。

第一节 医疗损害责任法概述

一、医疗损害的概念

医疗损害，是指医疗机构及其医务人员在诊疗活动中有过错行为或者因药品、消毒产品、医疗器械的缺陷或输入不合格的血液造成患者损害的总称。

过错，是指患者在诊疗活动中受到损害，医疗机构及其医务人员有过错行为的主观心理状态，在民法上是指因故意或过失而损害他人的违法行为的心理状态。故意，是指医疗机构及其医务人员在诊疗活动中明知其行为将侵害他人的权益而有意为之或听任损害发生的心理状态。过失，是指医疗机构及其医务人员在诊疗活动中能注意、应注意而未注意的心理状态。

缺陷，在产品质量法上，是指产品存在危及人身、他人财产安全的不合理危险；在产品有保障人体健康和人身、财产安全的国家标准、行业标准上，指脱离了该标准。

二、医疗损害与医疗事故的关系

《医疗事故处理条例》在2002年2月20日国务院第55次常务会议通过，自2002年9月1日起施行。其指出，所谓医疗事故，是指医疗机构及其医务人员在医疗活动中，违反医疗卫生管理法律、行政法规、部门规章和医疗护理规范、常规，过失造成患者人身损害的事故。

医疗事故构成要件有以下方面。① 主体：主体是指行为实施者、责任承担者，医疗事故主体是医疗机构及其医务人员。② 合法性：《医疗事故处理条例》规定，医疗事故发生在医疗活动中，即依法取得执业许可或者执业资格的医疗机构及其医务人员在合法医疗活动中发生事故。③ 违法性：行为违反了医疗卫生管理法律、行政法规、部门规章和诊疗护理规范、常规。④ 过失性：医疗机构及其医务人员主观上具有过失。⑤ 人身损害；造成了患者人身损害，明确非精神损害。⑥ 因果关系：医疗机构及其医务人员不当行为与患者遭受损害之间具有因果关系。

应该说，医疗损害与医疗事故既有相同之处也有明显区别，两者互相联系又互相独立。在一定的条件下角色相互替换，共同相处于医疗领域中的统一体。具体表现如下。

1. 医疗损害与医疗事故互相联系　首先，医疗损害与医疗事故都发生在合法诊疗活动中。其次，都给患者造成了损害。再次，责任人行为与损害后果之间存在因果关系。这是它们的共同之处。

2. 医疗损害与医疗事故相互区别　① 责任主体不同：医疗事故责任人只能是医疗机构及其医务人员，而医疗损害责任人除了是医疗机构及其医务人员外，还可以是药品、消毒药剂、医疗器械生产者或者血液提供机构等。② 损害后果有异：医疗事故造成的是人身损害，而医疗损害造成的除人身损害外，还包括其他损害。③ 过错形式不同：医疗事故只有过失一种形式，而医疗损害不但包括故意和过失两种形式外，还包括无过错，这明显有别。

3. 医疗损害与医疗事故互为条件，共存于医疗活动之中　医疗伤害发生，其结果必然引发医疗事故。反之，被定性为医疗事故的医疗，肯定是医疗损害造成。因此，它们是互相对立又互相统一的辩证关系，共存于医疗活动之中。

三、医疗损害责任立法

1987年国务院颁布了《医疗事故处理办法》，该办法将医疗事故分为责任事故和技术事故。责任事故是指医务人员因违反规章制度、诊疗护理常规等失职行为所致事故，技术事故是指医务人员因技术过失所致事故。该办法根据给患者直接造成损害的程度，将医疗事故分为3级；并规定，由县级以上地方政府按行政区划成立医疗事故技术鉴定委员会，负责对医疗事故争议的技术鉴定，对确定的医疗事故由医疗机构给予一次性经济补偿（现已失效）。

为适应新的形势和要求，2002年国务院对《医疗事故处理办法》从名称到内容进行了大幅度修订，出台了新的《医疗事故处理条例》。与1987年版相比，该条例取消了医疗事故的分类，并将医疗事故由3级增加为4级；将医疗事故技术鉴定由政府组织调整为由医学会组织，并对确定的医疗事故由补偿改为赔偿。同时，该条例首次较系统地规定了患者权利，如患者有权复印或者复制病历资料等，并对患者及其家属实质性参与医疗事故争议处理做了制度性和机制性安排。该条例对妥善解决医疗事故争议发挥了重要作用，但由于效力等级的局限性，它并没能从根本上解决法律适用上的二元化现象。

2003年最高人民法院《关于参照〈医疗事故处理条例〉审理医疗纠纷民事案件的通知》规定，《医疗事故处理条例》施行后发生的医疗事故、医疗赔偿纠纷，诉到法院，参照条例有关规定办理；因医疗事故以外的原因其他医疗赔偿纠纷，适用民法通则规定。同年，最高人民法院《关于审理人身损害赔偿案件适用法律若干问题的解释》规定的人身损害赔偿项目和计算方法，与《医疗事故处理条例》规定的医疗事故赔偿项目和计算标准也不一致。这种医疗事故争议处理中存在法律适用上的二元化现象，损害了我国法制统一性和严肃性，影响司法公正，加剧了医患矛盾。根据各方面意见,2008年12月提请第十一届全国人大常委会第六次会议审议《中华人民共和国侵权责任法(草案)》新增加"医疗损害责任"一章。2009年12月26日,第十一届全国人大常委会第十二次会议通过了《中华人民共和国侵权责任法》(以下简称《侵权责任法》),自2010年7月1日起施行。其中第七章是"医疗损害责任",共11条。2020年5月28日第十三届全国人民代表大会第三次会议通过的《民法典》在第六章对医疗损害责任予以专章规定,《侵权责任法》随之失效。根据法律效力高于行政法规、地方性法规、规章,以及新法优于旧法的法律原则。据此,《医疗事故处理条例》规定与《民法典》不一致,应以《民法典》为准。

为正确审理医疗损害责任纠纷案件,依法维护当事人合法权益,推动构建和谐医患关系,促进卫生健康事业发展,2017年3月27日,最高人民法院审判委员会第1713次会议通过《关于审理医疗损害责任纠纷案件适用法律若干问题的解释》,自2017年12月14日起施行,2022年12月23日修正。该解释适用范围是:① 患者以在诊疗活动中受到人身或者财产损害为由请求医疗机构、医疗产品的生产者、销售者或者血液提供机构承担侵权责任的案件;② 患者以在美容医疗机构或者开设医疗美容科室医疗机构实施医疗美容活动中受到人身或者财产损害为由提起侵权纠纷的案件;③ 患者死亡后,其近亲属请求医疗损害赔偿的;④ 支付患者医疗费、丧葬费等合理费用的人请求赔偿该费用的。

第二节 医疗损害责任

一、医疗损害责任主体

由于导致医疗损害的原因多种多样,因此,相应的承担医疗损害赔偿责任主体也各有不同。

患者在诊疗活动中受到损害,医疗机构及其医务人员有过错的,医疗损害责任主体是医疗机构及其医务人员;需要赔偿,由医疗机构承担赔偿责任。《民法典》规定,医务人员在诊疗活动中应当向患者说明病情和医疗措施。需要实施手术、特殊检查、特殊治疗的,医务人员应当及时向患者说明医疗风险、替代医疗方案等情况,并取得其明确的同意;不能或者不宜向患者说明,应当向患者近亲属说明,并取得其书面同意。如果医务人员未尽到告知义务,造成患者损害,医疗机构应当承担赔偿责任。最高人民法院《关于审理医疗损害责任纠纷案件适用法律若干问题的解释》规定,患者依据《民法典》第一千二百一十九条规定主张医疗机构承担赔偿责任,应当提交到该医疗机构就诊、受到损害证据。医疗机构提交患者或者患者近亲属明确同意证据的,可以认定医疗机构尽到说明义务,但患者有相反证据足以反驳除外。

《民法典》规定,因抢救生命垂危患者等紧急情况且不能取得患者意见时,医务人员经医疗机构负责人或者授权负责人批准,可以立即实施相应的医疗措施。根据最高人民法院《关于审理医疗损害责任纠纷案件适用法律若干问题的解释》,因抢救生命垂危患者等紧急情况且不能取得患者意见时,下列情形可以认定为《民法典》第一千二百二十条规定的不能取得患者近亲属意见:① 近亲属不明的;② 不能及时联系到近亲属的;③ 近亲属拒绝发表意见的;④ 近亲属达不成一致意见的;⑤ 法律法规规定的其他情形。上述情形,医务人员经医疗机构负责人或者授权的负责人批准,立即实施相应医疗措施,患者因此请求医疗机构承担赔偿责任的,不予支持;医疗机构及其医务人员怠于实施相应医疗措施造成损害,患者请求医疗机构承担赔偿责任的,应予支持。

《民法典》还规定,医疗机构及其医务人员应当对患者的个人信息保密。泄露患者的隐私和个人信息,或者未经患者同意公开其病历资料,应当承担侵权责任。

因药品、消毒药剂、医疗器械缺陷,或者输入不合格血液造成患者损害的,医疗损害责任主体是该缺陷药品、消毒药剂、医疗器械持有人、生产者和该不合格血液的提供机构。为了保护患者利益,方便索赔,《民法典》规定,患者可以向药品上市许可持有人、生产者和血液提供机构请求赔偿,也可以向医疗机构请求赔偿。患者向医疗机构请求赔偿,医疗机构赔偿后,有权向负有责任的药品上市许可持有人、生产者和血液提供机构追偿。

二、推定医疗机构有过错的情形

所谓过错推定,是指行为人的行为致人损害就推定其主观上有过错,除非其能证明自己没有过错,否则应承担民事责任。

《民法典》规定,患者在诊疗活动中受到损害,有下列情形之一的,推定医疗机构有过错:① 违反法律、行政法规、规章以及其他有关诊疗规范规定;② 隐匿或者拒绝提供与纠纷有关病历资料;③ 伪造篡改或者销毁病历资料。《关于审理医疗损害责任纠纷案件适用法律若干问题的解释》规定,患者依法向人民法院申请医疗机构提交保管与纠纷有关病历资料等,医疗机构未在人民法院指定期限内提交,人民法院可以依照《民法典》第一千二百二十二条第二项规定推定医疗机构有过错,但是因不可抗力等客观原因无法提交者除外。

三、医疗机构及其医务人员过错认定因素

《关于审理医疗损害责任纠纷案件适用法律若干问题的解释》规定,对医疗机构及其医务人员的过错,应当依据法律、行政法规、规章以及其他有关诊疗规范进行认定,可以综合考虑患者病情的紧急程度、患者个体差异、当地的医疗水平、医疗机构与医务人员资质等因素。

四、医疗机构不承担赔偿责任的情形

现代医学还远没有发展到包治百病阶段。在已知晓并命名的7 000多种疾病中,能彻底治愈只有少数疾病。对大多数疾病来说,医学更多的是帮助患者缓解症状。这不是医疗机构或者医生的问题,而是医学发展的局限性。人类在与疾病顽强斗争中,需要研究的领域还很宽广,需要探索的道路还很漫长。

《医疗事故处理条例》规定了6种情形不属于医疗事故:① 在紧急情况下为抢救垂危患者生命而采取紧急医学措施造成不良后果的;② 在医疗活动中由于患者病情异常或者患者体质特殊而发生医疗意外的;③ 在现有医学科学技术条件下,发生无法预料或者不能防范的不良后果的;④ 无过错输血感染造成不良后果的;⑤ 因患方原因延误诊疗导致不良后果的;⑥ 因不可抗力造成不良后果的。

《民法典》规定了3种医疗机构不承担赔偿责任的情形:① 患者或者其近亲属不配合医疗机构进行符合诊疗规范的诊疗;② 医务人员在抢救生命垂危患者等紧急情况下已经尽到合理诊疗的义务;③ 限于当时医疗水平难以诊疗。

根据《关于审理医疗损害责任纠纷案件适用法律若干问题的解释》,医务人员违反《民法

典》规定的说明义务和患者知情同意权，但未造成患者人身损害，患者主张医疗机构承担损害赔偿责任，不予支持。

第三节　医疗损害预防与处置

一、医疗损害预防

医疗机构及其医务人员应当按照《医疗纠纷预防与处理条例》《医疗事故处理条例》相关规定，做好医疗事故等医疗损害预防工作。

1. **依法执业**　医疗机构及其医务人员在医疗活动中，必须严格遵守医疗卫生管理法律、行政法规、部门规章和诊疗护理规范、常规，恪守医疗服务职业道德。

2. **加强培训**　医疗机构应当经常对其医务人员进行医疗卫生管理法律、行政法规、部门规章和诊疗护理规范常规培训及医疗服务职业道德教育。

3. **严格质量控制**　医疗机构应当设置医疗服务质量监控设备或者配备专（兼）职人员，具体负责监督本医疗机构医务人员医疗服务工作，检查医务人员执业情况，接受患者对医疗服务投诉，向其提供咨询服务。

4. **制定预案**　医疗机构应当制定防范、处理医疗事故等医疗损害预案，预防医疗事故等医疗损害发生，减轻医疗事故等医疗损害结果。

5. **保障患者权利**　在医疗活动中，医疗机构及其医务人员应当将病情、医疗措施、医疗风险等如实告知患者，及时解答其咨询。但是，应当避免对患者产生不利后果。

二、医疗过错行为报告

医务人员在医疗活动中有下列情形之一的，应当立即向所在科室负责人报告：① 发生或者发现医疗事故等医疗损害；② 可能引起医疗事故等医疗损害的医疗过错行为；③ 发生医疗事故等医疗损害争议。

科室负责人接到报告后，应当及时向本医疗机构负责医疗服务质量监控部门或者专（兼）职人员报告。负责医疗服务质量监控部门或者专（兼）职人员接到报告后，应当立即进行调查、核实，将相关情况如实向本医疗机构负责人报告，并向患者通报、解释。

发生医疗事故等医疗损害医疗机构，应当按照规定向所在地卫生行政主管部门报告。发生下列重大医疗过错行为，医疗机构应当在12小时内向所在地卫生行政主管部门报告：① 导致患者死亡或者造成患者中度以上残疾、器官组织损伤导致严重功能障碍医疗事故等医疗损害；② 导致患者人身其他损害后果；③ 国务院卫生行政主管部门和省、自治区、直辖市人民政府卫生行政主管部门规定的其他情形。

发生或者发现医疗过错行为，医疗机构及其医务人员应当立即采取有效措施，避免或者减轻对患者身体健康的损害，防止损害扩大。

三、病历资料填写与保管

病历资料分客观性病历资料和主观性病历资料。客观性病历资料包括门诊病历、住院志、体温单、医嘱单、化验单（检验报告）、医学影像检查资料、特殊检查同意书、手术同意书、手术及麻醉记录单、病理资料、护理记录,以及国务院卫生行政主管部门规定的其他病历资料。主观性病历资料包括死亡讨论记录、疑难讨论记录、上级医师查房记录、会诊意见、病程记录等。

《民法典》规定,医疗机构及其医务人员应当按照规定填写并妥善保管住院志、医嘱单、检验报告、手术及麻醉记录、病理资料、护理记录、医疗费用等病历资料。

《医疗事故处理条例》规定,因抢救急危患者,未能及时书写病历的,有关医务人员应当在抢救结束后6小时内据实补记,并加以注明。任何单位和个人都不得涂改、伪造、隐匿、销毁或者抢夺病历资料。

四、病历资料复印

患者有权查阅、复制其病历的全部资料。患者要求复制病历资料的,医疗机构应当提供复制服务,并在复制的病历资料上加盖证明印记。复制病历资料时,应当有患者或者其近亲属在场。医疗机构应患者的要求为其复制病历资料,可以收取工本费,具体收费标准由省、自治区、直辖市人民政府价格主管部门会同同级卫生行政主管部门规定,收费标准应当公开。

五、病历资料和现场实物封存

发生医疗事故等医疗损害争议时,主观性病历资料应当在医患双方在场的情况下封存和启封。封存病历资料可以是复印件,由医疗机构保管。

疑似输液、输血、注射、药物等不良后果,医患双方应当共同对现场实物进行封存和启封,封存现场实物由医疗机构保管;需要检验,应当由双方共同指定的、依法具有检验资格的检验机构进行检验;双方无法共同指定时,由卫生行政主管部门指定。疑似输血不良后果,需要对血液进行封存保留,医疗机构应当通知提供该血液采供血机构派员到场。

六、尸检

患者死亡,医患双方当事人不能确定死因或者对死因有异议,应当进行尸检。尸检要在患者死亡后48小时内进行,但具备尸体冻存条件可以延长至7日。尸检应当经死者近亲属同意并签字,由按照国家有关规定取得相应资格机构和病理解剖专业技术人员进行,承担尸检任务机构和病理解剖专业技术人员有进行尸检义务。医疗事故等医疗损害争议双方当事人可以请法医病理学人员参加尸检,也可以委派代表观察尸检过程。拒绝或者拖延尸检,超过规定时间,影响对死因判定,由拒绝或者拖延一方承担责任。

第四节 医疗损害鉴定与医疗事故技术鉴定

一、医疗损害鉴定

《民法典》没有规定医疗损害鉴定问题。目前,与医疗损害鉴定有关规定主要是全国人民代表大会常务委员会《关于司法鉴定管理问题的决定》、国务院《医疗事故处理条例》和最高人民法院《关于审理医疗损害责任纠纷案件适用法律若干问题的解释》。

司法鉴定是指在诉讼活动中鉴定人运用科学技术或者专门知识,对诉讼涉及专门性问题进行鉴别和判断并提供鉴定意见的活动。而医疗事故技术鉴定是医学会组织专家鉴定组依照医疗卫生管理法律、行政法规、部门规章和诊疗护理规范、常规,运用医学科学原理和专业知识,独立进行医疗事故技术鉴定,对医疗事故进行鉴别和判断,为处理医疗事故争议提供医学依据。

《关于司法鉴定管理问题的决定》规定,国家对从事法医类鉴定的鉴定人和鉴定机构实行登记管理制度。医疗事故技术鉴定组织方式与一般的法医类鉴定有很大区别,医疗事故技术鉴定的内容也不都属于法医类鉴定。但医疗事故技术鉴定中涉及有关问题,如尸检、伤残鉴定等,属于法医类鉴定。对此类鉴定事项,在进行医疗事故技术鉴定时,由已列入鉴定人名册的法医参加鉴定为宜。

医疗损害争议解决的途径比较多,从诉讼角度说,可以分为诉讼解决和非诉讼解决。诉讼解决是最终途径,但现在大多数医疗损害争议是由非诉讼解决的。换句话说,大多数医疗损害鉴定是非司法鉴定。

现在从事医疗损害鉴定的机构主要是三类:① 医学会;② 司法鉴定机构;③ 依法具有检验资格的检验机构。医学会主要进行诊疗行为医疗损害争议鉴定,司法鉴定机构根据司法行政授予业务范围进行司法鉴定,检验机构进行缺陷产品或者不合格血液质量鉴定。

医疗损害鉴定内容主要分为两部分:一是诊疗行为医疗损害;二是缺陷产品或者不合格血液医疗损害。诊疗行为医疗损害又分为故意行为医疗损害和过失行为医疗损害。故意行为医疗损害,涉嫌刑事犯罪的,由公安部门负责侦查,医学会并不介入。而缺陷产品或者不合格血液医疗损害,依法需要由具有检验资格的检验机构进行质量检验,医学会并不具有相应资质,故医学会也不介入。医学会开展医疗损害鉴定内容只能是过失行为医疗损害,实质上也就是医疗事故部分。

最高人民法院《关于审理医疗损害责任纠纷案件适用法律若干问题的解释》对人民法院审理医疗损害责任纠纷案件中医疗损害鉴定做出了以下具体规定。

(一)申请鉴定和委托鉴定

1. 申请鉴定　当事人依法申请对医疗损害责任纠纷中的专门性问题进行鉴定,人民法院应予准许。患者无法提交医疗机构及其医务人员有过错、诊疗行为与损害之间具有因果关系证据,依法提出医疗损害鉴定申请,人民法院应予准许。当事人申请医疗损害鉴定,由双方当事人协商确定鉴定人。当事人就鉴定人无法达成一致意见,人民法院提出确定鉴定人的方法,当事人同意,按照该方法确定;当事人不同意,由人民法院指定。

2. 委托鉴定　当事人未申请鉴定,人民法院对规定的专门性问题认为需要鉴定的,应当依职权委托鉴定。委托医疗损害鉴定,当事人应当按照要求提交真实、完整、充分的鉴定材料。提交鉴定材料不符合要求,人民法院应当通知当事人更换或者补充相应材料。

(二)委托鉴定书

委托鉴定书应当有明确的鉴定事项和鉴定要求,鉴定人应当按照委托鉴定事项和要求进行鉴定。下列专门性问题可以作为申请医疗损害鉴定事项:① 实施诊疗行为有无过错;② 诊疗行为与损害后果之间是否存在因果关系以及原因力的大小;③ 医疗机构是否尽到了说明义务,取得患者或者患者近亲属书面同意的义务;④ 医疗产品是否有缺陷,该缺陷与损害后果之间是否存在因果关系以及原因力的大小;⑤ 患者损伤残疾程度;⑥ 患者护理期、休息期、营养期;⑦ 其他专门性问题。鉴定要求包括鉴定人的资质、鉴定人的组成、鉴定程序、鉴定意见、鉴定期限等。

(三) 鉴定意见

可以按照导致患者损害全部原因、主要原因、同等原因、次要原因、轻微原因或者与患者损害无因果关系,表述诊疗行为或者医疗产品等造成患者损害的原因力大小。鉴定意见应当经当事人质证。

二、医疗事故技术鉴定

(一) 鉴定组织

医疗事故技术鉴定由医学会组织专家鉴定组进行。设区的市级地方医学会和省、自治区、直辖市直接管辖的县(市)地方医学会负责组织首次医疗事故技术鉴定工作,省、自治区、直辖市地方医学会负责组织再次鉴定工作。必要时,中华医学会可以组织疑难、复杂并在全国有重大影响的医疗事故争议技术鉴定工作。

(二) 鉴定的提起

卫生行政主管部门接到医疗机构关于重大医疗过失行为报告或者医疗事故争议当事人要求处理医疗事故争议申请后,对需要进行医疗事故技术鉴定的,交由负责医疗事故技术鉴定工作的医学会组织鉴定;医患双方协商解决医疗事故争议,需要进行医疗事故技术鉴定的,由双方当事人共同委托负责医疗事故技术鉴定工作的医学会组织鉴定。当事人对首次医疗事故技术鉴定结论不服,可以自收到首次鉴定结论之日起15日内向医疗机构所在地卫生行政主管部门提出再次鉴定申请。

(三) 专家库建立

负责组织医疗事故技术鉴定工作的医学会应当建立专家库。专家库由具备下列条件的医疗卫生专业技术人员组成:① 有良好业务素质和执业品德;② 受聘于医疗卫生机构或者医学教学、科研机构并担任相应专业高级技术职务3年以上。有良好业务素质和执业品德,并具备高级技术任职资格的法医可以受聘进入专家库。医学会依照规定聘请医疗卫生专业技术人员和法医进入专家库,可以不受行政区域限制。符合规定条件的医疗卫生专业技术人员和法医有义务进入专家库,并承担医疗事故技术鉴定工作。

(四) 鉴定程序和方法

1. 双方当事人提交进行医疗事故技术鉴定所需材料　医学会应当自受理医疗事故技术鉴定之日起5日内通知医疗事故争议双方当事人提交进行医疗事故技术鉴定所需材料,当事人应当自收到医学会通知之日起10日内提交有关医疗事故技术鉴定材料、书面陈述及答辩。医疗机构提交有关医疗事故技术鉴定材料应当包括下列内容:① 住院患者病程记录、死亡病例讨论记录、疑难病例讨论记录、会诊意见、上级医师查房记录等病历资料原件;② 住院患者住院志、体温单、医嘱单、化验单(检验报告)、医学影像检查资料、特殊检同意书、手术同意书、手术及麻醉记录单、病理资料、护理记录等病历资料原件;③ 抢救急危患者,在规定时间内补记病历资料原件;④ 封存保留输液、注射用物品和血液、药物等实物,或者依法具有检验资格的检验机构对这些实物做出的检验报告;⑤ 与医疗事故技术鉴定有关的其他材料。在医疗机构建有病历档案的门诊、急诊患者,其病历资料由医疗机构提供;没有在医疗机构建立病历档案的,由患者提供。医疗机构无正当理由未履行职责如实提供相关材料,导致医疗事故技术鉴定不能进行的,应当承担责任。

2. 抽取参加医疗事故技术鉴定相关专业的专家　医患双方应当在医学会主持下从专家库

中随机抽取参加医疗事故技术鉴定相关专业的专家。在特殊情况下,医学会根据医疗事故技术鉴定工作的需要,可以组织医患双方在其他医学会建立的专家库中随机抽取相关专业的专家参加鉴定或者函件咨询。专家鉴定组人数为单数,涉及主要学科的专家一般不得少于鉴定组成员的二分之一;涉及死因、伤残等级鉴定的,应当从专家库中随机抽取法医参加专家鉴定组。专家鉴定组成员有下列情形之一的,应当回避,当事人也可以以口头或者书面方式申请其回避:① 是医疗事故争议当事人或者当事人近亲属;② 与医疗事故争议有利害关系;③ 与医疗事故争议当事人有其他关系,可能影响公正鉴定。

3. 调查取证、听取陈述及答辩并进行核实　医学会应当自接到当事人提交有关医疗事故技术鉴定材料、书面陈述及答辩之日起45日内组织鉴定并出具医疗事故技术鉴定书。专家鉴定组进行医疗事故技术鉴定,实行合议制。专家鉴定组应当认真审查双方当事人提交的材料,听取双方当事人的陈述及答辩并进行核实。双方当事人应当按照规定如实提交进行医疗事故技术鉴定所需要的材料,并积极配合调查。必要时,医学会可以向双方当事人调查取证。当事人任何一方不予配合,影响医疗事故技术鉴定,由不予配合一方承担责任。

专家鉴定组独立进行医疗事故技术鉴定。任何单位或者个人不得干扰医疗事故技术鉴定工作,不得威胁、利诱、辱骂、殴打专家鉴定组成员。

(五) 鉴定结论

医疗事故技术鉴定结论是卫生行政主管部门处理医疗纠纷、案例争议的依据,也是人民法院审理医疗事故、争议案件的重要依据。因此,专家鉴定组应当在事实清楚、证据确凿的基础上,综合分析患者病情和个体差异,实事求是地做出鉴定结论,并制作医疗事故技术鉴定书。鉴定结论以专家鉴定组成员过半数通过,鉴定过程应当如实记载。医疗事故技术鉴定书应当包括下列主要内容:① 双方当事人的基本情况及要求;② 当事人提交材料和负责组织医疗事故技术鉴定工作的医学会调查材料;③ 对鉴定过程说明;④ 医疗行为是否违反医疗卫生管理法律、行政法规、部门规章和诊疗护理规范、常规;⑤ 医疗过失行为与人身损害后果之间是否存在因果关系;⑥ 医疗过失行为在医疗事故损害后果中的责任程度;⑦ 医疗事故等级;⑧ 对医疗事故患者医疗护理医学建议。

(六) 鉴定费用

医疗事故技术鉴定可以收取鉴定费用。经鉴定,属于医疗事故,鉴定费用由医疗机构支付;不属于医疗事故,鉴定费用由提出医疗事故处理申请一方支付。鉴定费用标准由省、自治区、直辖市人民政府价格主管部门会同同级财政主管部门、卫生行政主管部门规定。

第五节　医疗损害行政处理与监督

一、医疗损害争议行政处理

卫生行政主管部门接到医疗机构关于重大医疗过错行为报告后,除责令医疗机构及时采取必要的医疗救治措施、防止损害后果扩大外,应当组织调查,判定是否属于医疗事故等医疗损害。对不能判定是否属于医疗事故等医疗损害,应当依照有关规定交由医学会组织鉴定。发生医疗事故等医疗损害争议,当事人申请卫生行政主管部门处理的,应当提书面申请。申请书应当载明申请人基本情况、有关事实、具体请求及理由等。申请应当自当事人知道或者应当知道其身体健康受到损害之日起1年内提出。当事人申请卫生行政主管部门处理的,由医疗机构所在地县级人民政府卫生行政主管部门受理。医疗机构所在地是直辖市,由医疗机构所在地的区、县人民政府卫生行政主管部门受理。

有下列情形之一的,县级人民政府卫生行政主管部门应当自接到医疗机构报告或者当事人提出医疗事故等医疗损害争议处理申请之日起,7日内移送上一级人民政府卫生行政主管部门处理:① 患者死亡;② 可能为二级以上的医疗事故;③ 国务院卫生行政主管部门和省、自治区、直辖市人民政府卫生行政主管部门规定的其他情形。

卫生行政主管部门应当自收到申请之日起10日内进行审查,做出是否受理的决定。对符合规定的受理,需要进行技术鉴定,应当自做出受理决定之日起5日内将有关材料交由医学会组织鉴定并书面通知申请人;对不符合规定的,不予受理,应当书面通知申请人并说明理由。当事人对首次技术鉴定结论有异议,申请再次鉴定,卫生行政主管部门应当自收到申请之日起7日内交由省、自治区、直辖市地方医学会组织再次鉴定。

当事人既向卫生行政主管部门提出处理申请,又向人民法院提起诉讼,卫生行政主管部门不予受理;卫生行政主管部门已经受理的,应当终止处理。

二、医疗损害鉴定监督

卫生行政部门收到医学会出具的技术鉴定书后,应当对参加鉴定人员资格和专业类别、鉴定程序进行审核。必要时,可以组织调查,听取医疗事故等医疗损害争议双方当事人的意见。卫生行政部门经审核,对符合规定做出的技术鉴定结论,应当作为对发生医疗事故等医疗损害的医疗机构和医务人员做出行政处理以及进行赔偿的依据;经审核,发现技术鉴定不符合规定的,应当要求重新鉴定。

医疗事故等医疗损害争议由双方当事人自行协商解决的,医疗机构应当自协商解决之日起1日内向所在地卫生行政主管部门做出书面报告,并附具协议书。医疗事故等医疗损害争议经人民法院调解或者判决解决的,医疗机构应当自收到生效调解书或者判决书之日起7日内向所在地卫生行政主管部门做出书面报告,并附具调解书或者判决书。卫生行政主管部门应当依据有关规定,对发生医疗事故等医疗损害的医疗机构及其医务人员做出行政处理。县级以上地方人民政府卫生行政主管部门应当按照规定逐级将当地发生医疗事故等医疗损害,以及依法对发生医疗事故等医疗损害的医疗机构及其医务人员做出行政处理情况,上报国务院卫生行政主管部门。

第六节 法律责任

一、医疗损害

(一) 医疗损害赔偿项目

最高人民法院《关于审理人身损害赔偿案件适用法律若干问题的解释》规定,侵害他人造成人身损害,应当赔偿医疗费、住院费、护理费、交通费、住院伙食补助费、营养费等为治疗和康复支出的合理费用,以及因误工造成的误工费;造成残疾,还应当赔偿残疾生活辅助器具费和残疾赔偿金;造成死亡,还应当赔偿丧葬费和死亡赔偿金。

侵害他人人身权益,造成他人严重精神损害,被侵权人可以请求精神损害赔偿。

(二) 医疗损害赔偿途径

1. 协商解决　发生医疗事故等医疗损害赔偿争议,医患双方可以协商解决。医患双方协商解决争议,体现了医患双方依法处分民事权利、确认民事义务的自主权。医患双方经协商达成一致意见,应当制作协议书。协议书应当载明双方当事人的基本情况和医疗事故等医疗损害的原因、双方当事人共同认定医疗事故等医疗损害程度以及协商确定的赔偿数额等,并由双方当事人在协议上签名。

2. 调解解决　发生医疗事故等医疗损害赔偿争议,医患双方不愿意协商或者协商不成时,可以向卫生行政主管部门或者其他第三方如医疗纠纷人民调解委员会提出申请。调解时,应当遵循医患双方自愿原则进行。经调解,医患双方就争议事实、赔偿数额达成协议,制作调解书,当事人应当自觉履行。

3. 诉讼解决　发生医疗事故等医疗损害赔偿争议,医患双方不愿意协商、调解或者协商、调解不成,可以直接向人民法院提起民事诉讼。诉讼是解决医疗事故等医疗损害赔偿争议的最终途径。

二、法律责任

1. 卫生行政主管部门法律责任　《医疗事故处理条例》规定,卫生行政主管部门有下列情形之一的,由上级卫生行政主管部门给予警告并责令限期改正;情节严重的,对负有责任的主管人员和其他直接责任人员依法给予行政处分:① 接到医疗机构关于重大医疗过失行为报告后,未及时组织调查的;② 接到医疗事故争议处理申请后,未按规定时间审查或者移送上一级人民政府卫生行政主管部门处理的;③ 未将应当进行医疗事故技术鉴定重大医疗过失行为或者医疗事故争议移交医学会组织鉴定的;④ 未按照规定逐级将当地发生医疗事故和依法对发生医疗事故医疗机构及其医务人员处理情况上报的;⑤ 未按照规定审核医疗事故技术鉴定书的。

2. 卫生行政主管部门工作人员法律责任　《医疗事故处理条例》规定,卫生行政主管部门的工作人员在处理医疗事故过程中,利用职务便利收受他人财物或者其他利益,滥用职权,玩忽职守,或者发现违法行为不予查处,造成严重后果的,依照《刑法》关于受贿罪、滥用职权罪、玩忽职守罪或者其他有关罪规定,依法追究刑事责任;尚不够刑事处罚的,依法给予降级或者撤职行政处分。

3. 医疗机构法律责任　《医疗事故处理条例》规定,医疗机构有下列情形之一的,由卫生行政主管部门责令改正;情节严重的,对负有责任的主管人员和其他直接责任人员依法给予行政处分或者纪律处分:① 未如实告知患者病情、医疗措施和医疗风险的;② 没有正当理由,拒绝为患者提供复印或者复制病历资料服务的;③ 未按照国务院卫生行政主管部门规定的要求书写和妥善保管病历资料服务的;④ 未在规定时间内补记抢救工作病历内容的;⑤ 未按照规定封存、保管和启封病历资料及实物的;⑥ 未设置医疗服务质量监控部门或者配备专(兼)职人员的;⑦ 未制定有关医疗事故防范和处理预案的;⑧ 未在规定时间内向卫生行政主管部门报告重大医疗过失行为的;⑨ 未按照规定向卫生行政主管部门报告医疗事故的;⑩ 未按照规定进行尸检和保存、处理尸体的。

4. 发生医疗事故的医疗机构及其医务人员法律责任　《医疗事故处理条例》规定,医疗机构发生医疗事故,由卫生行政主管部门根据医疗事故等级和情节,给予警告;情节严重的,责令限期整顿直至由原发证部门吊销执业许可证,对负有刑事责任的医务人员依照《刑法》关于医疗事故罪规定,依法追究刑事责任;尚不够刑事处罚的,依法给予行政处分或者纪律处分。

对发生医疗事故有关医务人员,除依照上述规定处罚外,卫生行政主管部门并可以责令暂停6个月以上1年以下执业活动;情节严重的,吊销其执业许可证。

5. 医疗事故技术鉴定人员法律责任 《医疗事故处理条例》规定,参加医疗事故技术鉴定工作的人员接受申请鉴定双方或者一方当事人财物或者其他利益,出具虚假医疗事故技术鉴定书,造成严重后果的,依照《刑法》关于受贿罪规定,依法追究刑事责任;尚不够刑事处罚的,由原发证部门吊销其执业证书或者资格证书。

6. 有关机构法律责任 《医疗事故处理条例》规定,医疗机构或者其他有关机构有下列情形之一的,由卫生行政主管部门责令改正,给予警告;对负有责任的主管人员和其他直接责任人员依法给予行政处分或者纪律处分;情节严重的,由原发证部门吊销其执业证书或者资格证书:① 承担尸检任务机构没有正当理由,拒绝进行尸检;② 涂改、伪造、隐匿、销毁病历资料。

7. 扰乱医疗秩序和医疗事故技术鉴定工作的法律责任 《民法典》规定,医疗机构及其医务人员合法权益受法律保护。干扰医疗秩序,妨害医务人员工作、生活,侵害医务人员合法权益的,应当依法承担法律责任。

《医疗事故处理条例》规定,以医疗事故为由,寻衅滋事、抢夺病历资料,扰乱医疗机构正常医疗秩序和医疗事故技术鉴定工作,依法追究刑事责任;尚不够刑事处罚的,依法给予治安管理处罚。

第十章
卫生防疫法律制度

导学

1. 掌握艾滋病监测和预防的法律规定;传染性非典型肺炎防治管理办法。
2. 熟悉传染病防治的法律规定;突发公共卫生事件应急条例;新型冠状病毒肺炎防控管理方案。

卫生防疫法律制度是为了有效地预防、控制对人群健康影响较大的疾病和事件发生而制定的法律规定,在我国重点是依法规范管理和控制对于人民群众生命和健康危害最大的传染病及突发公共卫生事件。

第一节 传染病防治的法律规定

传染病,是由传染性的致病性微生物引起的,能在人与人、动物与动物或人与动物之间相互传播的一类疾病。法定传染病和突发原因不明的传染病,防疫部门应及时掌握其发病情况,采取对策,发现后应及时向当地防疫部门报告。

传染病具有传染性、反复性和流行性的特点,人类历史上辉煌的古罗马文明、玛雅文明、印加文明都是因为传染病暴发、流行而消亡的。可以说,一部人类的历史也是与传染病做斗争的奋战史。

一、传染病防治方针与原则

为了预防、控制和消除传染病的发生和流行,1989年2月,第七届全国人民代表大会常务委员会第六次会议通过《传染病防治法》;2004年8月第十届全国人民代表大会常务委员会第十一次会议和2013年6月第十二届全国人民代表大会常务委员会第三次会议分别对《传染病防治法》修订;2020年1月,国家卫生健康委员会发布公告,将新型冠状病毒肺炎纳入传染病防治法规定的乙类传染病并按照甲类传染病管理,并纳入《国境卫生检疫法》规定的检疫传染病管理。这两部法律以保障人民的生命健康为宗旨,总结了中华人民共和国成立以来传染病防治工作的经验,指导了我国传染病的防控工作,特别是在2003年的非典型肺炎和2020年以来的新型冠状病毒肺炎疫情期间发挥了重要的法律作用。

对传染病防治工作,我国实施预防为主的总方针,贯彻防治结合、分类管理、依靠科学、依靠群众的总原则。预防为主是指在传染病防治工作中要把预防工作放在首位,从预防传染病发生入手,通过采取各种防治措施,使传染病不发生、不流行。防治结合要求在贯彻预防为主的方针前提下,实行预防措施和治疗措施相结合,共同应对传染病。分类管理要求对不同类型的传染病采取适当的预防、控制、监测、报告及救治措施,做到原则性与灵活性相结合。依靠科学是要求在传染病防治工作中,发扬科学精神,坚持科学决策,普及科学知识,做好科学防治。依靠群众是要求必须发动群众参与并积极配合传染病防治工作。

二、法定传染病的分类

根据现有法律规定,我国根据传染病危害程度和全国实际情况,将发病率较高、流行面积较大、危害较为严重的40种急慢性传染病定为法定管理的传染病,并根据其传播方式和速度的不同,分为甲、乙、丙三类,分类管理。

1. 甲类传染病(2种) 鼠疫、霍乱。

2. 乙类传染病(27种) 新型冠状病毒肺炎、传染性非典型肺炎、人感染高致病性禽流感和甲型H1N1流感、艾滋病、病毒性肝炎、脊髓灰质炎、麻疹、流行性出血热、狂犬病、流行性乙型脑炎、登革热、炭疽、细菌性和阿米巴性痢疾、肺结核、伤寒和副伤寒、流行性脑脊髓膜炎、百日咳、白喉、新生儿破伤风、猩红热、布鲁氏菌病、淋病、A梅毒、钩端螺旋体病、血吸虫病、疟疾。

对乙类传染病中的新型冠状病毒肺炎、传染性非典型肺炎、炭疽中的肺炭疽和人感染高致病性禽流感、甲型H1N1流感,实行"乙类甲管",采取甲类传染病的预防、控制措施。其他乙类传染病和突发原因不明的传染病需要采取甲类传染病的预防、控制措施的,由国务院卫生行政主管部门及时报经国务院批准后予以公布、实施。

3. 丙类传染病(11种) 流行性和地方性斑疹伤寒、黑热病、丝虫病、包虫病、麻风病、流行性感冒、流行性腮腺炎、风疹、急性出血性结膜炎,以及除霍乱、细菌性和阿米巴性痢疾、伤寒和副伤寒以外的感染性腹泻病、手-足-口病。

除上述规定外的传染病,根据其暴发、流行情况和危害程度,需要列入乙类、丙类传染病的,由国务院卫生行政主管部门决定并予以公布。省、自治区、直辖市人民政府对本行政区域内常见、多发的其他地方性传染病,可以根据情况决定按照乙类或者丙类传染病管理并予以公布,报国务院卫生行政主管部门备案。

三、建立健全传染病防治体系

对传染病的防治管理涵盖了各级人民政府、卫生行政主管部门,各级疾病预防控制机构、各类医疗保健机构、居民委员会,以及军队、铁路、交通、民航、厂矿等各行各业。

(1) 各级人民政府领导传染病防治工作。县级以上人民政府制定传染病防治规划并组织实施,建立健全传染病防治的疾病预防控制、医疗救治和监督管理体系。

(2) 国务院卫生行政主管部门负责全国传染病防治及其监督管理工作。县级以上地方人民政府卫生行政主管部门负责本行政区域内的传染病防治及其监督管理工作。县级以上人民政府其他部门在各自的职责范围内负责传染病防治工作。

我国为改革、完善疾病预防控制体系,2021年5月13日挂牌成立国家疾病预防控制局,这是国家卫生健康委员会管理的国家局,为副部级单位。其主要职责包括组织拟订传染病预防控制及公共卫生监督的法律法规草案、政策、规划、标准,负责疾病预防控制网络和工作体系建设,领导地方各级疾病预防控制机构业务工作等。

（3）各级疾病预防控制机构承担传染病监测预测、流行病学调查、疫情报告，以及其他预防、控制工作。

（4）医疗机构承担与医疗救治有关的传染病防治工作和责任区域内的传染病预防工作。城市社区和农村基层医疗机构在疾病预防控制机构的指导下，承担城市社区、农村基层相应的传染病防治工作。

（5）居民委员会、村民委员会应当组织居民、村民参与社区、农村的传染病预防与控制活动。

（6）军队的传染病防治工作，依照《传染病防治法》和国家有关规定办理，由中国人民解放军卫生行政主管部门实施监督管理。

四、传染病的预防

传染病预防是传染病管理工作中一项极其重要的措施，控制传染源、切断传播途径、保护易感人群是预防传染病的三大环节，是贯彻国家对传染病实行"预防为主"总方针的集中体现。做好传染病的预防工作，防患于未然，从而减少、控制和消灭传染病的发生和流行，必须做好下列各项工作。

（一）建立统一的传染病防治监督管理机构

《传染病防治法》规定，各级政府卫生行政主管部门对传染病防治工作实施统一监督管理。对传染病的防治管理涵盖了各级政府卫生行政主管部门、各级各类医疗保健机构，以及军队、铁路、交通、民航、厂矿等各行各业。

（1）受国务院卫生行政主管部门委托的其他有关部门卫生主管机构，在本系统内行使《传染病防治法》第三十二条第一款所列职权，即在自然疫源地或者可能是自然疫源地内施工的建设单位，应当设立预防保健组织负责施工期间的卫生防疫工作。

（2）军队的传染病防治工作，依照《传染病防治法》以及国家其他有关规定，由中国人民解放军卫生行政主管部门实施监督管理。

（3）各级各类卫生防疫机构按照专业分工承担传染病监测管理的责任和范围，由省级政府卫生行政主管部门确定。

（4）铁路、交通、民航、厂（场）矿的卫生防疫机构，承担本系统传染病监测管理工作，并接受本系统上级卫生防疫机构和省级政府卫生行政主管部门指定的卫生防疫机构的业务指导。

（5）各级各类医疗保健机构承担传染病防治管理的责任和范围，由当地政府卫生行政主管部门确定。

（二）开展卫生宣传教育，普及传染病防治知识

开展健康宣传教育，普及传染病防治知识，使群众掌握预防传染病和识别传染病的知识，养成良好的卫生习惯，是减少和预防传染病发生、及早发现传染病的重要环节。《传染病防治法》将其作为一项法定的义务予以确认，要求各级政府应当分工协作，承担具体的实施工作，全体公民有接受卫生健康教育的义务。

新闻媒体应当无偿开展传染病防治和公共卫生教育的公益宣传，各级各类学校应对学生进行健康知识和传染病预防知识的教育。医学院校应当加强预防医学教育和科学研究，对在校学生以及其他与传染病防治相关人员进行预防医学教育和培训，为传染病防治工作提供技术支持。疾病预防控制机构、医疗机构应当定期对其工作人员进行传染病防治知识、技能的

培训。

（三）消除各种传染病的传播媒介

在我国法定传染病中有许多属于病媒生物性传染病，如鼠疫、流行性出血热、疟疾等；而一些消化道传染病则通过病媒生物的机械性传播在人群中扩散，如痢疾、伤寒等。因此，预防、控制传染病的传播与流行，消除传染病的传播媒介是一项重要的基础性工作。各相关部门应协调配合，发动群众开展爱国卫生运动，共同做好消除鼠害和蚊、蝇等病媒生物的工作。

（四）加强公共卫生的管理和改善

加强公共卫生管理是预防传染病发生的重要措施。地方各级政府应有计划地建设和改造公共卫生设施，对污水、污物、粪便等进行无害化处理，改善饮用水卫生条件。

（五）实行有计划的预防接种

国家对儿童实行预防接种制度，国家免疫规划项目内免费接种。医疗机构、疾病预防控制机构与儿童的监护人应当相互配合，保证儿童及时接受预防接种。儿童出生后1个月内，其监护人应当到儿童居住地承担预防接种工作的接种单位为其办理预防接种证。接种单位对儿童实施接种时，应当查验预防接种证，并做好记录。儿童入托、入学时，托幼机构、学校应当查验预防接种证，发现未依照国家免疫规划项目接种的儿童，应当向所在地的县级疾病预防控制机构或者儿童居住地承担预防接种工作的接种单位报告，并配合疾病预防控制机构或者接种单位督促其监护人在儿童入托、入学后及时到接种单位补种。

（六）严格遵守各项卫生制度

1. **健康检查制度**　从事易使传染病扩散职业如饮水、饮食、美容、保育等行业的从业人员，必须按照国家有关规定取得健康合格证后方可上岗。

2. **医疗机构防止传染病的制度**　医疗机构必须严格执行国务院卫生行政主管部门规定的管理制度、操作规范，防止传染病的医源性感染和院内感染。

3. **建立传染病菌种、毒种库制度**　加强传染病菌种、毒种和传染病监测样本的管理，防止其扩散和实验室感染，保证生物安全是传染病防治工作的重要组成部分。

4. **传染病病原体的实验室防范制度**　应严防传染病病原体的实验室感染和病原微生物的扩散。《传染病防治法》规定，疾病预防控制机构、医疗机构的实验室和从事病原微生物实验的单位，应当符合国家规定的条件和技术标准，建立严格的监督管理制度，对传染病病原体样本实行严格监督管理。

5. **血液制品管理制度**　采供血机构、生物制品生产单位必须严格执行国家《血液制品管理条例》等有关规定，保证血液、血液制品的质量；疾病预防控制机构、医疗机构使用血液和血液制品，必须遵守国家有关规定，防止因输入血液、使用血液制品引起经血液传播疾病的发生。

6. **艾滋病防治制度**　各级人民政府应当加强艾滋病的防治工作，贯彻落实《艾滋病防治条例》，预防、控制艾滋病的发生与流行，保障人体健康和公共卫生。

7. **人畜共患传染病预防制度**　县级以上人民政府农业、林业行政部门以及其他有关部门，依据各自的职责负责与人畜共患传染病有关的动物传染病的防治管理工作。

全面禁止以食用为目的猎捕、交易、运输在野外环境自然生长繁殖的陆生野生动物。

8. **生活饮用水与产品管理制度**　集中式供水必须符合国家《生活饮用水卫生标准》。用于传染病防治的消毒产品、饮用水供水单位供应的饮用水和涉及饮用水卫生安全的产品，应当符合国家卫生标准和卫生规范。

生产用于传染病防治的消毒产品的单位和生产用于传染病防治的消毒产品,应当经省级以上人民政府卫生行政主管部门审批。

五、传染病监测和预警制度

1. **传染病监测制度**　建立传染病监测制度对于早发现、早控制传染病非常重要,《传染病防治法》规定,国务院卫生行政主管部门制定国家传染病监测规划和方案;省、自治区、直辖市人民政府卫生行政主管部门根据国家传染病监测规划和方案,制定本行政区域的传染病监测计划和工作方案。

各级疾病预防控制机构对传染病发生、流行以及影响其发生、流行的因素,进行监测;对国外发生、国内尚未发生的传染病或者国内新发生的传染病,进行监测。

2. **传染病预警制度**　建立传染病预警制度是世界卫生组织大力提倡的工作。根据规定,国务院卫生行政主管部门根据对传染病监测情况,负责对全国或某个地区发出预警;省、自治区、直辖市人民政府根据国务院卫生行政主管部门的预警及本地区的实际监测情况,负责对本地区发出预警。县级以上地方人民政府应当制定传染病预防、控制预案,报上一级人民政府备案。

地方人民政府和疾病预防控制机构接到国务院卫生行政主管部门或者省、自治区、直辖市人民政府发出的传染病预警后,应当按照传染病预防、控制预案,采取相应的预防、控制措施。

六、疫情报告制度

(一)疫情报告管理原则

疫情报告应遵循属地管理原则。疾病预防控制机构、医疗机构和采供血机构及执行职务的人员发现传染病疫情或者发现其他传染病暴发、流行及突发原因不明的传染病时,应当根据属地管理原则,按照国务院或国务院卫生行政主管部门规定的内容、程序、方式和时限报告。军队医疗机构向社会公众提供医疗服务,发现前款规定的传染病疫情时,应当按照国务院卫生行政主管部门的规定报告。

(二)疫情报告人

疫情报告人分为责任报告人和义务报告人。疾病预防控制机构、医疗机构和采供血机构及其执行职务的人员为责任报告人,责任报告人是疫情报告的主体,应当履行法定传染病的疫情报告责任,发现传染病疫情或者发现其他传染病暴发、流行及突发原因不明的传染病时,要按照国务院规定或国务院卫生行政主管部门的规定及时报告。义务报告人是指任何单位和个人,在其发现传染病患者或者疑似传染病患者时,有义务及时向附近的疾病预防控制机构和医疗机构报告。

(三)疫情报告的程序与方式

1. 报告程序

(1)任何单位和个人发现传染病患者或者疑似传染病患者时,应当及时向附近的疾病预防控制机构或者医疗机构报告。

(2)港口、机场、铁路疾病预防控制机构以及国境卫生检疫机关发现甲类传染病患者、病原体携带者、疑似传染病患者时,应当按照国家有关规定立即向国境口岸所在地的疾病预防控制机构或者所在地县级以上地方人民政府卫生行政主管部门报告并互相通报。

（3）疾病预防控制机构应当主动收集、分析、调查、核实传染病疫情信息。接到甲类、乙类传染病疫情报告或者发现传染病暴发、流行时，应当立即报告当地卫生行政主管部门，由当地卫生行政主管部门立即报告当地人民政府，同时报告上级卫生行政主管部门和国务院卫生行政主管部门。

2. **报告方式** 传染病报告卡由首诊医生或其他执行职务的人员负责填写。现场调查时发现的传染病病例，由属地疾病预防控制机构的现场调查人员填写报告卡；采供血机构发现艾滋病病毒（HIV）两次初筛阳性检测结果也应填写报告卡。

传染病疫情信息实行网络直报，没有条件实行网络直报的医疗机构，在规定的时限内将传染病报告卡报告属地县级疾病预防控制机构。

（四）疫情报告的时限

根据《传染病信息报告管理规范》，责任报告单位责任疫情报告人发现甲类传染病和乙类传染病中的新型冠状病毒肺炎、肺炭疽、传染性非典型肺炎、脊髓灰质炎、人感染高致病性禽流感的患者或者疑似患者时，或发现其他传染病和不明原因疾病暴发时，应于2小时内将传染病报告卡通过网络报告；未实行网络直报的责任报告单位应于2小时内以最快的通讯方式向当地县级疾病预防控制机构报告，并于2小时内寄送出传染病报告卡。

对其他乙、丙类传染病患者、疑似患者和规定报告的传染病病原体携带者在诊断后，实行网络直报的责任报告单位应于24小时内进行网络报告；未实行网络直报的责任报告单位应于24小时内寄出传染病报告卡。

县级疾病预防控制机构收到无网络直报条件责任报告单位报送的传染病报告卡后，应于2小时内通过网络直报。

其他符合突发公共卫生事件报告标准的传染病暴发疫情，按《突发公共卫生事件信息报告管理规范》要求报告。

七、传染病疫情的通报

国务院卫生行政主管部门应当及时向国务院其他有关部门和省、自治区、直辖市人民政府卫生行政主管部门通报全国传染病疫情以及监测、预警的相关信息。毗邻的以及相关的地方人民政府卫生行政主管部门，应当及时互相通报本行政区域的传染病疫情以及监测、预警的相关信息。县级以上人民政府有关部门发现传染病疫情时，应当及时向同级人民政府卫生行政主管部门通报。

县级以上地方人民政府卫生行政主管部门应当及时向本行政区域内的疾病预防控制机构和医疗机构通报传染病疫情以及监测、预警的相关信息。接到通报的疾病预防控制机构和医疗机构应当及时告知本单位的有关人员。

八、传染病疫情信息的公布

《传染病防治法》规定，国家建立传染病疫情信息公布制度。国务院卫生行政主管部门定期公布全国传染病疫情信息，省、自治区、直辖市人民政府卫生行政主管部门定期公布本行政区域的传染病疫情信息。传染病疫情信息的公布应当遵循及时、准确的原则。

传染病暴发、流行时，国务院卫生行政主管部门负责向社会公布传染病疫情信息，并可以授权省、自治区、直辖市人民政府卫生行政主管部门向社会公布本行政区域的传染病疫情信息。

九、传染病疫情控制

1. <u>医疗机构采取的措施</u>　医疗机构发现甲类传染病时,应当及时采取下列措施:① 对患者、病原体携带者,予以隔离治疗,隔离期限根据医学检查的结果确定;② 对疑似患者,确诊前在指定场所单独隔离治疗;③ 对医疗机构内的患者、病原体携带者、疑似患者的密切接触者,在指定场所进行医学观察和采取其他必要的预防措施。

对于拒绝隔离治疗或者隔离期限未满擅自脱离隔离治疗的,可以由公安机关协助医疗机构采取强制隔离治疗措施。

医疗机构发现乙类或者丙类传染病患者,应当根据病情采取必要的治疗和控制传播措施。医疗机构对本单位内被传染病病原体污染的场所、物品以及医疗废物,必须依照法律法规的规定实施消毒和无害化处置。

2. <u>疾病预防控制机构采取的措施</u>　疾病预防控制机构发现传染病疫情或者接到传染病疫情报告时,应当及时采取下列措施。

(1) 对传染病疫区进行流行病学调查,根据调查情况提出划定疫点、疫区的建议;对被污染的场所进行卫生处理;对密切接触者,在指定场所进行医学观察和采取其他必要的预防措施;并向卫生行政主管部门提出疫情控制方案。

(2) 传染病暴发、流行时,对疫点、疫区进行卫生处理,向卫生行政主管部门提出疫情控制方案,并按照卫生行政主管部门的要求采取措施。

(3) 指导下级疾病预防控制机构实施传染病预防、控制措施,组织、指导有关单位对传染病疫情的处理。

已经发生甲类传染病病例的场所或者该场所内的特定区域的人员,所在地的县级以上地方人民政府可以实施隔离措施,并同时向上一级人民政府报告。在隔离期间,实施隔离措施的人民政府应当对被隔离人员提供生活保障;被隔离人员有工作单位的,所在单位不得停止支付其隔离期间的工作报酬。

接到报告的上级人民政府应当即时做出是否批准的决定。上级人民政府做出不予批准决定的,实施隔离措施的人民政府应当立即解除隔离措施。隔离措施的解除,由原决定机关决定并宣布。

3. <u>紧急措施</u>　当传染病暴发、流行时,县级以上地方人民政府应立即组织力量,按照预防、控制预案进行防治,切断传染病的传播途径。必要时,报经上一级人民政府决定,可以采取下列紧急措施并予以公告。

(1) 限制或停止集市、影剧院演出或者其他人群聚集的活动。

(2) 停工、停业、停课。

(3) 封闭或者封存被传染病病原体污染的公共饮用水源、食品及相关物品。

(4) 控制或者捕杀染疫野生动物、家畜家禽。

(5) 封闭可能造成传染病扩散的场所。

上级人民政府接到下级人民政府关于采取上述紧急措施的报告时,应当立即做出决定。当疫情得到控制,需要解除紧急措施的,由原决定机关决定并宣布。

4. <u>疫区封锁</u>　甲类、乙类传染病暴发、流行时,县级以上地方人民政府报经上一级人民政府决定,可以宣布本行政区域部分或者全部为疫区;国务院可以决定并宣布跨省、自治区、直辖市的疫区。县级以上地方人民政府可以在疫区内采取相应的紧急措施,并可以对出入疫区的人员、物资和交通工具实施卫生检疫。

省、自治区、直辖市人民政府可以决定对本行政区域内的甲类传染病疫区实施封锁,但封锁大、中城市的疫区或者封锁跨省、自治区、直辖市的疫区,以及封锁疫区导致中断干线交通或者封锁国境的,由国务院决定。疫区封锁的解除,由原决定机关决定并宣布。

5. **紧急调集人员、物资**　传染病暴发、流行时,根据传染病疫情控制的需要,国务院有权在全国范围或者跨省、自治区、直辖市范围内,县级以上地方人民政府有权在本行政区域内,紧急调集人员或者调用储备物资,临时征用房屋、交通工具以及相关设施、设备。

紧急调集人员的,应当按照规定给予合理报酬。临时征用房屋、交通工具以及相关设施、设备的,应当依法给予补偿;能返还的,应当及时返还。

6. **尸体卫生处理**　患甲类传染病、炭疽死亡的,应当将尸体立即进行卫生处理,就近火化。患其他传染病死亡的,必要时,应当将尸体进行卫生处理后火化或者按照规定深埋。

十、传染病的医疗救治

对传染病患者施行医疗救治是传染病防治工作不可或缺的组成部分,在传染病暴发、流行时,显得尤其重要。

(一)医疗救治的方式

医疗救治的方式分为医疗救护、现场救援、接诊治疗。

1. **医疗救护**　急救机构根据当时、当地条件和病情,对传染病或者疑似传染病患者施行一般性紧急医疗处理后,将患者送至指定的医疗机构或者其他具备相应救治能力的医疗机构救治。

2. **现场救援**　在具备相应救治能力的医疗机构以外的地点,如学校、居民区建筑工地、交通工具等,对不宜转送或者不便立即转送的传染病或者疑似传染病患者采取就地隔离、就地治疗措施。

3. **接诊治疗**　具备相应救治能力的医疗机构应当对传染病或者疑似传染病患者提供医疗救护、现场救援和接诊治疗,书写病历记录以及其他有关资料,并妥善保管。医疗机构应当实行传染病预检、分诊制度;对传染病或者疑似传染病患者,应当引导至相对隔离的分诊点进行初诊。不具备相应救治能力的医疗机构应当将患者及其病历记录复印件一并转至具备相应救治能力的医疗机构。

(二)实行传染病预检、分诊制度

医疗机构应安排有一定临床经验的、经过传染病尤其是甲类传染病和经国务院批准采取甲类传染病控制措施的其他传染病知识培训的高年资内科医师,在相对隔离的诊室对传染病或者疑似传染病患者进行初诊,根据检查结果,引导其至相应的诊室做进一步诊断的就医程序。传染病预检、分诊制度可以减少传染病或者疑似传染病患者与其他患者的接触机会,也可以减少传染病或者疑似传染病患者之间的接触机会。

(三)转院

实行首诊负责制。当传染病暴发、流行时,转院的发生频率会很高,并直接影响到对传染病的控制效果。转院时,转出的医疗机构应当将患者的病历复印件随同患者一并交付转入的

医疗机构,认真办理交接手续。

十一、法律责任

(一)地方各级人民政府及其有关部门的法律责任

(1)地方各级人民政府未依照规定履行报告职责,或者隐瞒、谎报、缓报传染病疫情的,或者在传染病暴发、流行时,未及时组织救治、采取控制措施的,由上级人民政府责令改正,通报批评;造成传染病传播、流行或者其他严重后果的,对负有责任的主管人员,依法给予行政处分;构成犯罪的,依法追究刑事责任。

(2)县级以上人民政府卫生行政主管部门违反规定,未依法履行传染病疫情通报、报告或者公布职责,或者隐瞒、谎报、缓报传染病疫情的;发生或者可能发生传染病传播时未及时采取预防、控制措施的;未依法履行监督检查职责,或者发现违法行为不及时查处的;未及时调查、处理单位和个人对下级卫生行政主管部门不履行传染病防治职责举报的;其他失职、渎职行为,由本级人民政府、上级人民政府卫生行政主管部门责令改正,通报批评;造成传染病传播、流行或者其他严重后果的,对负有责任的主管人员和其他直接责任人员,依法给予行政处分;构成犯罪的,依法追究刑事责任。

(3)县级以上人民政府有关部门未依照规定履行传染病防治和保障职责的,由本级人民政府或者上级人民政府有关部门责令改正,通报批评;造成传染病传播、流行或者其他严重后果的,对负有责任的主管人员和其他直接责任人员,依法给予行政处分;构成犯罪的,依法追究刑事责任。

(二)疾病预防控制机构的法律责任

疾病预防控制机构违反规定,有下列情形之一的,由县级以上人民政府卫生行政主管部门责令限期改正,通报批评,给予警告;对负有责任的主管人员和其他直接责任人员,依法给予降级、撤职、开除的处分,并可以依法吊销有关责任人员的执业证书;构成犯罪的,依法追究刑事责任:① 未依法履行传染病监测职责的;② 未依法履行传染病疫情报告、通报职责,或者隐瞒、谎报、缓报传染病疫情的;③ 未主动收集传染病疫情信息,或者对传染病疫情信息和疫情报告未及时进行分析、调查、核实的;④ 发现传染病疫情时,未依据职责及时采取法律规定措施的;⑤ 故意泄露传染病患者、病原体携带者、疑似传染病患者、密切接触者涉及个人隐私的有关信息、资料的。

(三)医疗机构的法律责任

医疗机构违反规定,有下列情形之一的,由县级以上人民政府卫生行政主管部门责令改正,通报批评,给予警告;造成传染病传播、流行或者其他严重后果的,对负有责任的主管人员和其他直接责任人员,依法给予降级、撤职、开除的处分,并可以依法吊销有关责任人员的执业证书;构成犯罪的,依法追究刑事责任:① 未按照规定承担本单位的传染病预防与控制工作、医院感染控制任务和责任区域内的传染病预防工作的;② 未按照规定报告传染病疫情,或者隐瞒、谎报、缓报传染病疫情的;③ 发现传染病疫情时,未按照规定对传染病患者、疑似传染病患者提供医疗救护、现场救援、接诊、转诊的,或者拒绝接受转诊的;④ 未按照规定对本单位内被传染病病原体污染的场所、物品以及医疗废物实施消毒或者无害化处置的;⑤ 未按照规定对医疗器械进行消毒,或者对按照规定一次使用的医疗器具未予销毁、再次使用的;⑥ 在医疗救治过程中未按照规定保管医学记录资料的;⑦ 故意泄露传染病患者、病原体携带者、疑似传染病患者、密切接触者涉及个人隐私的有关信息、资料的。

（四）其他相关部门的法律责任

1. 采供血机构　采供血机构未按照规定报告传染病疫情，或者隐瞒、谎报、缓报传染病疫情，或者未执行国家有关规定，导致因输入血液引起经血液传播性疾病发生的，由县级以上人民政府卫生行政主管部门责令改正，通报批评，给予警告；造成传染病传播、流行或者其他严重后果的，对负有责任的主管人员和其他直接责任人员，依法给予降级、撤职、开除的处分，并可以依法吊销采供血机构的执业许可证；构成犯罪的，依法追究刑事责任。

非法采集血液或者组织他人出卖血液的，由县级以上人民政府卫生行政主管部门予以取缔，没收违法所得，可以并处10万元以下的罚款；构成犯罪的，依法追究刑事责任。

2. 检疫机关　国境卫生检疫机关、动物防疫机构未依法履行传染病疫情通报职责的，由有关部门在各自职责范围内责令改正，通报批评；造成传染病传播、流行或者其他严重后果的，对负有责任的主管人员和其他直接责任人员，依法给予降级、撤职、开除的处分；构成犯罪的，依法追究刑事责任。

3. 交通部门　铁路、交通、民用航空经营单位未依照规定优先运送处理传染病疫情的人员以及防治传染病的药品和医疗器械的，由有关部门责令限期改正，给予警告；造成严重后果的，对负有责任的主管人员和其他直接责任人员，依法给予降级、撤职、开除的处分。

第二节　艾滋病监测和预防的法律规定

艾滋病，是指人类免疫缺陷病毒（艾滋病病毒）引起的获得性免疫缺陷综合征。我国政府高度重视和关心艾滋病防治工作，1998年经国务院批准，由卫生部、国家计划委员会、科技部、财政部联合颁布《中国预防与控制艾滋病中长期规划（1998—2010年）》。1999年，卫生部颁布《关于艾滋病病毒感染者和艾滋病病人的管理意见》。2006年，国务院颁布施行《艾滋病防治条例》。2012年2月29日，国务院办公厅印发《中国遏制与防治艾滋病"十二五"行动计划》，指出要加大艾滋病防治力度。2017年1月19日，国务院办公厅印发《中国遏制与防治艾滋病"十三五"行动计划》，要求进一步推进艾滋病防治工作，切实维护广大人民群众身体健康。2019年3月2日，国务院颁布并实施第709号国务院令，修改《艾滋病防治条例》，增加脐带血等造血干细胞应用价值。

一、我国艾滋病防治现状

由于各地区、各部门认真贯彻党中央、国务院决策部署，落实各项工作措施，我国艾滋病防治取得了显著进展。艾滋病检测力度持续加大，经注射吸毒传播、输血传播和母婴传播得到有效控制。据有关报道，截至2021年10月底，全国报告现存艾滋病感染者114万例，艾滋病疫情总体控制在低流行水平。但疫情流行形势依然严峻，防治工作任务还很艰巨，需要认真贯彻党和国家的方针和政策，继续做好艾滋病防治各项工作。

二、艾滋病防治的总体要求

1. 指导思想　坚持新时代卫生与健康工作方针，全面落实法定防治职责，巩固当前防治成果,充分利用新技术、新方法,进一步提高防治成效,不断降低艾滋病疫情流行水平,保障人民群众身体健康,奋力推进健康中国建设。

2. 工作原则　坚持政府组织领导、部门各负其责、全社会共同参与;坚持预防为主、防治结合、依法防治、科学防治;坚持综合治理、突出重点、分类指导;加强宣传教育,采取行为干预和关怀救助相结合等措施。

3. 工作目标　地方各级人民政府和政府有关部门应当组织开展艾滋病防治、关怀的宣传教育,提倡健康文明的生活方式,营造良好的社会防艾环境。最大限度发现感染者和患者,有效控制性传播,持续减少注射吸毒传播、输血传播和母婴传播,进一步降低病死率,逐步提高感染者和患者生存质量,不断减少社会歧视,将我国艾滋病疫情继续控制在低流行水平。

三、艾滋病防治的重要措施

1. 加强宣传教育力度　根据不同人群特点,开发适宜的宣传材料,提高针对性和可接受性信息。充分发挥社会公众人物影响和互联网、微博、微信等新媒体作用,开展艾滋病疫情信息交流与警示、感染风险评估、在线咨询等活动,增强宣传效果。

2. 提高干预实效　加强易感染艾滋病危险行为人群的警示教育和法制宣传、强调疫情及危害严重性、强化防治措施等,促使避免和减少易感染艾滋病的危险行为。公安部门要依法严厉打击卖淫嫖娼、聚众淫乱、吸毒贩毒等违法犯罪活动,加大城乡结合部、农村等薄弱地区打击力度,依法从重处罚容留与艾滋病传播危险行为相关活动的场所和人员。

3. 最大限度发现感染者和减少传播者　医疗卫生机构要严格依法及时报告艾滋病疫情。卫生行政主管部门要根据艾滋病疫情和危险因素情况,及时调整、优化监测点设置,加强数据收集,提高监测数据质量。质检部门要对出入境人员开展艾滋病监测,及时向卫生计生部门通报疫情。卫生计生部门要强化艾滋病疫情和耐药监测、信息分析和利用,及时向有关部门提供相关信息,为科学决策提供依据,做好疫情和政务信息公开,回应社会关切。

4. 全面落实核酸检测和预防母婴传播工作　卫生行政、发展和改革委员会、财政等部门要完善血站服务体系,合理规划设置血站核酸检测实验室,供应临床的血液全部按规定经过艾滋病病毒、乙肝病毒、丙肝病毒核酸检测。卫生计生部门要以妇幼健康服务网络为平台,将预防艾滋病、梅毒和乙肝母婴传播工作与妇幼健康服务工作有机结合,重点提高经济发展落后、偏远、少数民族地区开展预防母婴传播服务的能力,促进孕产妇及时接受孕期检查和住院分娩,在预防母婴传播工作全面覆盖的基础上提高服务质量。

5. 全面落实救治救助政策　民政、卫生行政、红十字会、工商联等部门及单位要加强对生活困难感染者和患者的生活救助,将政府救助与社会关爱相结合,加强对感染者和患者的爱心帮扶、情感支持、临终关怀等工作。扶贫、卫生行政等主管部门要将艾滋病防治与扶贫开发相结合,按照精准扶贫要求,对艾滋病疫情严重的贫困地区加大扶贫开发力度,支持符合扶贫条件、有劳动能力的感染者和患者开展力所能及的生产活动,共享经济和社会发展成果。公安、司法行政、卫生行政、民政等部门要做好违法犯罪感染者和患者回归社会后的治疗、救助等衔接工作。

6. 全面落实培育引导措施　卫生行政、财政、民政等主管部门要通过多渠道筹资,扩大社会组织参与艾滋病防治基金规模并完善管理。通过择优竞争方式,支持具备条件、信誉良好的社会组织开展工作,发挥社会组织孵化基地的作用,培育并支持社区社会组织参与艾滋病防治工作。

四、艾滋病的监控制度

1. 行政机关　国务院卫生行政主管部门制定国家艾滋病监测规划和方案。省、自治区、直辖市人民政府卫生行政主管部门根据国家艾滋病监测规划和方案,制定本行政区域的艾滋病监测计划和工作方案,组织开展艾滋病监测和专题调查,掌握艾滋病疫情变化情况和流行趋势。

国家建立健全艾滋病监测网络,实行艾滋病自愿咨询和自愿检测制度。县级以上地方人民政府和政府有关部门应当依照规定,根据本行政区域艾滋病的流行情况,制定措施,鼓励和支持居民委员会、村民委员会以及其他有关组织和个人推广预防艾滋病的行为干预措施,帮助有易感染艾滋病病毒危险行为的人群改变行为。

县级以上人民政府应当建立艾滋病防治工作与禁毒工作的协调机制,组织有关部门落实针对吸毒人群的艾滋病防治措施。省、自治区、直辖市人民政府卫生、公安和药品监督管理部门应当互相配合,根据本行政区域艾滋病流行和吸毒者的情况,积极、稳妥地开展对吸毒成瘾者的药物维持治疗工作,并有计划地实施其他干预措施。

2. 医疗卫生机构　疾病预防控制机构应当按照属地管理的原则,对病毒感染者和患者进行医学随访。医疗卫生机构和出入境检验检疫机构应当按照国务院卫生行政主管部门的规定,遵守标准防护原则,严格执行操作规程和消毒管理制度,防止发生艾滋病医院感染和医源性感染。

3. 血站　血站、单采血浆站应当对采集的人体血液、血浆进行艾滋病检测;不得向医疗机构和血液制品生产单位供应未经艾滋病检测或者艾滋病检测阳性的人体血液、血浆。医疗机构应当对因急用血而临时采集的血液进行艾滋病检测,对临床用血的艾滋病检测结果进行核查;对未经艾滋病检测、核查或者艾滋病检测阳性的血液,不得采集或者使用。

五、艾滋病的治疗和救助

1. 治疗　医疗机构应当为感染者和患者提供艾滋病防治咨询、诊断和治疗服务,医疗机构不得推诿或者拒绝对其他疾病进行治疗。

对确诊的病毒感染者和患者,医疗卫生机构的工作人员应当将其感染或者发病的事实告知本人;本人为无行为能力人或者限制行为能力人的,应当告知其监护人。

医疗卫生机构应当按照国务院卫生行政主管部门制定的预防艾滋病母婴传播技术指导方案的规定,对孕产妇提供艾滋病防治咨询和检测,对感染艾滋病病毒的孕产妇及其婴儿,提供预防艾滋病母婴传播的咨询、产前指导、阻断、治疗、产后访视、婴儿随访和检测等服务。

2. 救助　县级以上人民政府应当采取下列艾滋病防治关怀、救助措施:① 向农村和城镇经济困难的艾滋病患者免费提供抗艾滋病病毒治疗药品;② 对农村和城镇经济困难的艾滋病病毒感染者、艾滋病患者适当减免抗机会性感染治疗药品的费用;③ 向接受艾滋病咨询、检测的人员免费提供咨询和初筛检测;④ 向感染艾滋病病毒的孕产妇免费提供预防艾滋病母婴传播的治疗和咨询。生活困难的艾滋病患者遗留的孤儿和感染艾滋病病毒的未成年人接受义务教育的,应当免收杂费、书本费;接受学前教育和高中阶段教育的,应当减免学费等相关费用。县级以上地方人民政府应当对生活困难并符合社会救助条件的艾滋病病毒感染者、艾滋病患者及其家属给予生活救助。

六、艾滋病病毒感染者、艾滋病患者的权利和义务

1. **权利** 任何单位和个人不得歧视感染者和患者及其家属,他们享有的婚姻、就业、就医、入学等合法权益受法律保护。未经本人或者其监护人同意,任何单位和个人不得公开艾滋病病毒感染者和患者及其家属的姓名、住址、工作单位、肖像、病史资料以及其他可能推断出其具体身份的信息。

2. **义务** 病毒感染者和患者应当履行下列义务:① 接受疾病预防控制机构或者出入境检验检疫机构的流行病学调查和指导;② 将感染或者发病的事实及时告知与其有性关系者;③ 就医时,将感染或者发病的事实如实告知接诊医生;④ 采取必要的防护措施,防止感染他人。病毒感染者和患者不得以任何方式故意传播艾滋病。

第三节 突发公共卫生事件应急条例

突发公共卫生事件,是指突然发生的,造成或可能造成社会公众健康严重损害的重大传染病疫情、群体性不明原因疾病、重大食物和职业中毒,以及其他严重影响公众健康和生命安全的事件。各类突发公共卫生事件按照其性质、严重程度、可控性和影响范围,一般分为四级:Ⅰ级(特别重大)、Ⅱ级(重大)、Ⅲ级(较大)、Ⅳ级(一般)。

为了有效预防、及时控制和消除突发公共卫生事件的危害,保障公众身体健康与生命安全,维护正常的社会秩序,针对2003年在防治传染性非典型肺炎过程中暴露出的突出问题,国务院于2003年5月9日颁布了国务院第376号令,公布《突发公共卫生事件应急条例》,并于公布之日正式施行。突发事件应急工作,应当遵循预防为主、常备不懈的方针,贯彻统一领导、分级负责、反应及时、措施果断、依靠科学、加强合作的原则。

一、突发公共卫生事件应急处理体制

突发公共卫生事件发生后,国务院设立全国突发公共卫生事件应急处理指挥部,由国务院有关部门和军队有关部门组成;国务院主管领导人担任总指挥,负责对全国突发公共卫生事件应急处理的统一领导、统一指挥。国务院卫生行政主管部门和其他有关部门,在各自的职责范围内做好突发公共卫生事件应急处理的有关工作。省、自治区、直辖市人民政府成立地方突发公共卫生事件应急处理指挥部;省、自治区、直辖市人民政府主要领导人担任总指挥,负责领导、指挥本行政区域内突发公共卫生事件的应急处理工作。县级以上地方人民政府卫生行政主管部门具体负责组织突发公共卫生事件的调查、控制和医疗救治工作。县级以上地方人民政府有关部门,在各自的职责范围内做好突发公共卫生事件应急处理的有关工作。国务院有关部门和县级以上地方人民政府及其有关部门,应当建立严格的突发公共卫生事件防范和应急处理责任制,切实履行各自的职责,保证突发公共卫生事件应急处理工作的正常进行。

二、制定突发公共卫生事件应急预案

国务院卫生行政主管部门按照分类指导、快速反应的要求,制定全国突发公共卫生事件应

急预案,报请国务院批准。省、自治区、直辖市人民政府根据全国突发公共卫生事件应急预案,结合本地实际情况,制定本行政区域的突发公共卫生事件应急预案。

全国突发公共卫生事件应急预案应当包括以下主要内容:① 突发公共卫生事件应急处理指挥部的组成和相关部门的职责;② 突发公共卫生事件的监测与预警;③ 突发公共卫生事件信息的收集、分析、报告、通报制度;④ 突发公共卫生事件应急处理技术和监测机构及其任务;⑤ 突发公共卫生事件的分级和应急处理工作方案;⑥ 突发公共卫生事件预防、现场控制,应急设施、设备、救治药品和医疗器械,以及其他物资和技术的储备与调度;⑦ 突发公共卫生事件应急处理专业队伍的建设和培训。突发公共卫生事件应急预案应当根据突发公共卫生事件的变化和实施中发现的问题及时进行修订、补充。

三、建立突发公共卫生事件预防控制体系

县级以上地方人民政府应当建立和完善突发公共卫生事件监测与预警系统。县级以上各级人民政府卫生行政主管部门,应当指定机构负责开展突发公共卫生事件的日常监测,并确保监测与预警系统的正常运行。监测与预警工作应当根据突发公共卫生事件的类别,制定监测计划,科学分析、综合评价监测数据。对早期发现的潜在隐患以及可能发生的突发公共卫生事件,应当依照规定的报告程序和时限及时报告。

四、报告与信息发布的法律规定

1. 突发公共卫生事件应急报告制度 国家建立突发公共卫生事件应急报告制度。国务院卫生行政主管部门制定突发公共卫生事件应急报告规范,建立重大、紧急疫情信息报告系统。有下列情形之一的,省、自治区、直辖市人民政府应当在接到报告1小时内,向国务院卫生行政主管部门报告:① 发生或者可能发生传染病暴发、流行的;② 发生或者发现不明原因的群体性疾病的;③ 发生传染病菌种、毒种丢失的;④ 发生或者可能发生重大食物和职业中毒事件的。国务院卫生行政主管部门对可能造成重大社会影响的突发公共卫生事件,应当立即向国务院报告。

突发公共卫生事件监测机构、医疗卫生机构和有关单位发现有《突发公共卫生事件应急条例》第十九条规定情形之一的,应当在2小时内向所在地县级人民政府卫生行政主管部门报告;接到报告的卫生行政主管部门应当在2小时内向本级人民政府报告,并同时向上级人民政府卫生行政主管部门和国务院卫生行政主管部门报告。

县级人民政府应当在接到报告后2小时内向设区的市级人民政府或者上一级人民政府报告;设区的市级人民政府应当在接到报告后2小时内向省、自治区、直辖市人民政府报告。任何单位和个人对突发公共卫生事件,不得隐瞒、缓报、谎报或者授意他人隐瞒、缓报、谎报。接到报告的地方人民政府、卫生行政主管部门依照本条例规定报告的同时,应当立即组织力量对报告事项调查核实、确证,采取必要的控制措施,并及时报告调查情况。

2. 突发公共卫生事件应急通报制度 国务院卫生行政主管部门应当根据发生突发公共卫生事件的情况,及时向国务院有关部门和各省、自治区、直辖市人民政府卫生行政主管部门以及军队有关部门通报。突发公共卫生事件发生地的省、自治区、直辖市人民政府卫生行政主管部门,应当及时向毗邻省、自治区、直辖市人民政府卫生行政主管部门通报。接到通报的省、自治区、直辖市人民政府卫生行政主管部门,必要时应当及时通知本行政区域内的医疗卫生机

构。县级以上地方人民政府有关部门,已经发生或者发现可能引起突发公共卫生事件的情形时,应当及时向同级人民政府卫生行政主管部门通报。

3. 突发公共卫生事件信息发布制度　国家建立突发公共卫生事件的信息发布制度。国务院卫生行政主管部门负责向社会发布突发公共卫生事件的信息。必要时,可以授权省、自治区、直辖市人民政府卫生行政主管部门向社会发布本行政区域内突发公共卫生事件的信息。

五、突发公共卫生事件的应急处理

突发公共卫生事件发生后,卫生行政主管部门应当组织专家对突发公共卫生事件进行综合评估,初步判断突发公共卫生事件的类型,提出是否启动突发公共卫生事件应急预案的建议。全国范围内或者跨省、自治区、直辖市范围内启动全国突发公共卫生事件应急预案,由国务院卫生行政主管部门报国务院批准后实施。省、自治区、直辖市启动突发公共卫生事件应急预案,由省、自治区、直辖市人民政府决定,并向国务院报告。全国突发公共卫生事件应急处理指挥部对突发公共卫生事件应急处理工作进行督察和指导,地方各级人民政府及其有关部门应当予以配合。省、自治区、直辖市突发公共卫生事件应急处理指挥部对本行政区域内突发公共卫生事件应急处理工作进行督察和指导。省级以上人民政府卫生行政主管部门或者其他有关部门指定的突发公共卫生事件应急处理专业技术机构,负责突发公共卫生事件的技术调查、确证、处置、控制和评价工作。

国务院卫生行政主管部门对新发现的突发传染病,根据危害程度、流行强度,依照《传染病防治法》的规定及时宣布为法定传染病;宣布为甲类传染病的,由国务院决定。应急预案启动前,县级以上各级人民政府有关部门应当根据突发公共卫生事件的实际情况,做好应急处理准备,采取必要的应急措施。应急预案启动后,突发公共卫生事件发生地的人民政府有关部门,应当根据预案规定的职责要求,服从突发公共卫生事件应急处理指挥部的统一指挥,立即到达规定岗位,采取有关的控制措施。医疗卫生机构、监测机构和科学研究机构,应当服从突发公共卫生事件应急处理指挥部的统一指挥,相互配合、协作,集中力量开展相关的科学研究工作。

突发公共卫生事件发生后,国务院有关部门和县级以上地方人民政府及其有关部门,应当保证突发公共卫生事件应急处理所需的医疗救护设备、救治药品、医疗器械等物资的生产、供应;铁路、交通、民用航空行政主管部门应当保证及时运送。根据突发公共卫生事件应急处理的需要,突发公共卫生事件应急处理指挥部有权紧急调集人员、储备的物资、交通工具以及相关设施、设备;必要时,对人员进行疏散或者隔离,并可以依法对传染病疫区实行封锁。突发公共卫生事件应急处理指挥部根据突发公共卫生事件应急处理的需要,可以对食物和水源采取控制措施。县级以上地方人民政府卫生行政主管部门应当对突发公共卫生事件现场等采取控制措施,宣传突发公共卫生事件防治知识,及时对易受感染的人群和其他易受损害的人群采取应急接种、预防性投药、群体防护等措施。参加突发公共卫生事件应急处理的工作人员,应当按照预案的规定,采取卫生防护措施,并在专业人员的指导下进行工作。国务院卫生行政主管部门或者其他有关部门指定的专业技术机构,有权进入突发公共卫生事件现场进行调查、采样、技术分析和检验,对地方突发公共卫生事件的应急处理工作进行技术指导,有关单位和个人应当予以配合;任何单位和个人不得以任何理由予以拒绝。对新发现的突发传染病、不明原因的群体性疾病、重大食物和职业中毒事件,国务院卫生行政主管部门应当尽快组织力量制定相关的技术标准、规范和控制措施。

交通工具上发现根据国务院卫生行政主管部门的规定需要采取应急控制措施的传染病患者、疑似传染病患者,其负责人应当以最快的方式通知前方停靠点,并向交通工具的营运单位报告。交通工具的前方停靠点和营运单位应当立即向交通工具营运单位行政主管部门和县级以上地方人民政府卫生行政主管部门报告。卫生行政主管部门接到报告后,应当立即组织有关人员采取相应的医学处置措施。交通工具上的传染病患者密切接触者,由交通工具停靠点的县级以上各级人民政府卫生行政主管部门或者铁路、交通、民用航空行政主管部门,根据各自的职责,依照传染病防治法律、行政法规的规定,采取控制措施。涉及国境口岸和入出境的人员、交通工具、货物、集装箱、行李、邮包等需要采取传染病应急控制措施的,依照国境卫生检疫法律、行政法规的规定办理。

六、突发公共卫生事件的医疗救护

1. 医疗卫生机构应为突发公共卫生事件提供医疗和现场救援 医疗卫生机构应当对因突发公共卫生事件致病的人员提供医疗救护和现场救援,对就诊患者必须接诊治疗,并书写详细、完整的病历记录;对需要转送的患者,应当按照规定将患者及其病历记录的复印件转送至接诊的或者指定的医疗机构。医疗卫生机构内应当采取卫生防护措施,防止交叉感染和污染。医疗卫生机构应当对传染病患者密切接触者采取医学观察措施,传染病患者密切接触者应当予以配合。医疗机构收治传染病患者、疑似传染病患者,应当依法报告所在地的疾病预防控制机构。接到报告的疾病预防控制机构应当立即对可能受到危害的人员进行调查,根据需要采取必要的控制措施。

2. 街道、乡镇、居及村委会应为突发公共卫生事件组织力量参与救治 传染病暴发、流行时,街道、乡镇以及居民委员会、村民委员会应当组织力量,团结协作,群防群治,协助卫生行政主管部门和其他有关部门、医疗卫生机构做好疫情信息的收集和报告、人员的分散隔离、公共卫生措施的落实工作,向居民、村民宣传传染病防治的相关知识。对传染病暴发、流行区域内流动人口,突发公共卫生事件发生地的县级以上地方人民政府应当做好预防工作,落实有关卫生控制措施;对传染病患者和疑似传染病患者,应当采取就地隔离、就地观察、就地治疗的措施。对需要治疗和转诊的,应当依照条例规定执行。

3. 有关部门、医疗卫生机构应为突发公共卫生事件提供必要资金予以救治 有关部门、医疗卫生机构应当对传染病做到早发现、早报告、早隔离、早治疗,切断传播途径,防止扩散。县级以上各级人民政府应当提供必要资金,保障因突发公共卫生事件致病、致残的人员得到及时、有效的救治。

4. 卫生行政主管部门或有关机构应为突发公共卫生事件互相配合,采取措施救治 在突发公共卫生事件中需要接受隔离治疗、医学观察措施的患者、疑似患者和传染病患者密切接触者在卫生行政主管部门或者有关机构采取医学措施时应当予以配合;拒绝配合的,由公安机关依法协助强制执行。

七、法律责任

1. 县级以上地方人民政府及其有关部门违法的法律责任 县级以上地方人民政府及其卫生行政主管部门未依照规定履行报告职责,对突发公共卫生事件隐瞒、缓报、谎报或者授意他人隐瞒、缓报、谎报的,对政府主要领导人及其卫生行政主管部门主要负责人,依法给予降级或者撤职的行政处分;造成传染病传播、流行或者对社会公众健康造成其他严重危害后果的,依法给予开除的行政处分;构成犯罪的,依法追究刑事责任。

国务院有关部门、县级以上地方人民政府及其有关部门未依照规定,完成突发公共卫生事件应急处理所需要的设施、设备、药品和医疗器械等物资的生产、供应、运输、储备的,对政府主要领导人和政府部门主要负责人依法给予降级或者撤职的行政处分;造成传染病传播、流行或者对社会公众健康造成其他严重危害后果的,依法给予开除的行政处分;构成犯罪的,依法追究刑事责任。

突发公共卫生事件发生后,县级以上地方人民政府及其有关部门对上级人民政府有关部门的调查不予配合,或者采取其他方式阻碍、干涉调查的,对政府主要领导人和政府部门主要负责人依法给予降级或者撤职的行政处分;构成犯罪的,依法追究刑事责任。

县级以上各级人民政府卫生行政主管部门和其他有关部门在突发公共卫生事件调查、控制、医疗救治工作中玩忽职守、失职、渎职的,由本级人民政府或者上级人民政府有关部门责令改正、通报批评、给予警告;对主要负责人、负有责任的主管人员和其他责任人员依法给予降级、撤职的行政处分;造成传染病传播、流行或者对社会公众健康造成其他严重危害后果的,依法给予开除的行政处分;构成犯罪的,依法追究刑事责任。

县级以上各级人民政府有关部门拒不履行应急处理职责的,由同级人民政府或者上级人民政府有关部门责令改正、通报批评、给予警告;对主要负责人、负有责任的主管人员和其他责任人员依法给予降级、撤职的行政处分;造成传染病传播、流行或者对社会公众健康造成其他严重危害后果的,依法给予开除的行政处分;构成犯罪的,依法追究刑事责任。

2. 医疗机构违法的法律责任　医疗卫生机构有下列行为之一的,由卫生行政主管部门责令改正、通报批评、给予警告;情节严重的,吊销《医疗机构执业许可证》;对主要负责人、负有责任的主管人员和其他直接责任人员依法给予降级或者撤职的纪律处分;造成传染病传播、流行或者对社会公众健康造成其他严重危害后果,构成犯罪的,依法追究刑事责任:① 未依照《突发公共卫生事件应急条例》的规定履行报告职责,隐瞒、缓报或者谎报的;② 未及时采取控制措施的;③ 未履行突发公共卫生事件监测职责的;④ 拒绝接诊患者的;⑤ 拒不服从突发公共卫生事件应急处理指挥部调度的。

3. 有关单位和个人违法的法律责任　在突发公共卫生事件应急处理工作中,有关单位和个人未依照《突发公共卫生事件应急条例》的规定履行报告职责,隐瞒、缓报或者谎报,阻碍突发公共卫生事件应急处理工作人员执行职务,拒绝国务院卫生行政主管部门或者其他有关部门指定的专业技术机构进入突发公共卫生事件现场,或者不配合调查、采样、技术分析和检验的,对有关责任人员依法给予行政处分或者纪律处分;触犯《中华人民共和国治安管理处罚条例》,构成违反治安管理行为的,由公安机关依法予以处罚;构成犯罪的,依法追究刑事责任。在突发公共卫生事件发生期间,散布谣言、哄抬物价、欺骗消费者,扰乱社会秩序、市场秩序的,由公安机关或者工商行政管理部门依法给予行政处罚;构成犯罪的,依法追究刑事责任。

第四节　传染性非典型肺炎防治管理办法

传染性非典型肺炎又称严重急性呼吸综合征,为呼吸道传染性疾病。为了有效预防和控制传染性非典型肺炎的发生与流行，保障公众的身体健康和生命安全，2003年5月卫生部根据《传染病防治法》《突发公共卫生事件应急条例》发布了《传染性非典型肺炎防治管理办法》，此办法为传染性非典型肺炎的防治提供了具体指导。传染性非典型肺炎防治工作应坚持预防为主、防治结合、分级负责、依靠科学、依法管理的原则。

一、防治管理的对象

传染性非典型肺炎患者或者疑似传染性非典型肺炎患者都是防治管理对象。任何单位和个人，必须接受疾病预防控制机构、医疗机构、卫生监督机构有关传染性非典型肺炎的查询、检验、调查取证、监督检查以及预防控制措施，并有权检举、控告违反《传染性非典型肺炎防治管理办法》的行为。

二、预防和控制

任何单位和个人发现患者或者疑似患者时，都应当及时向当地疾病预防控制机构报告。任何单位和个人对传染性非典型肺炎疫情，不得隐瞒、缓报、谎报或者授意他人隐瞒、缓报、谎报。

医疗机构及其医务人员、疾病预防控制机构的工作人员发现患者或者疑似患者，必须立即向当地疾病预防控制机构报告，并及时采取控制措施。疾病预防控制机构发现疫情或者接到疫情报告，应当立即报告上级疾病预防控制机构和当地卫生行政主管部门。卫生行政主管部门接到报告后应当立即报告本级人民政府，同时报告上级卫生行政主管部门和国务院卫生行政主管部门。

三、医疗救治措施

1. **完善救治机构建设**　　县级以上地方卫生行政主管部门应当指定专门的医疗机构负责收治患者或者疑似患者；实行首诊负责制。

收治患者或者疑似患者的医疗机构应当符合卫生行政主管部门规定的隔离、消毒条件，配备必要的救治设备；对患者或者疑似患者应当分开隔离治疗；采取有效措施，避免交叉感染。

2. **履行救治工作职责**　　各级各类医疗机构应当设立预防保健组织或者人员，承担本单位和责任地段的传染病预防、控制和疫情管理工作。医疗机构应当执行国家卫生行政主管部门关于医院感染管理规范、医院消毒卫生标准等有关规定，采取严格的防护措施，使用有效防护用品，防止医务人员感染。医务人员应当增强传染病防治的法律意识，接受专门的业务培训，遵守操作常规，按照有关规定做好个人防护。

3. **施行医疗救助办法**

（1）对流动人口中的患者或者疑似患者应当按照就地隔离、就地观察、就地治疗的原则，及时送当地指定的专门收治患者或者疑似患者的医疗机构治疗。

（2）医疗机构收治患者或者疑似患者，实行先收治、后结算的办法，任何医疗机构不得以费用为由拒收患者。对农民（含进城务工农民）和城镇困难群众中的传染性非典型肺炎患者实行免费医疗，所发生救治费用由政府负担，具体办法按国家有关部门规定执行。

四、监督管理规定

国家卫生行政主管部门对全国传染性非典型肺炎防治工作进行督察、指导。省、自治区、直辖市卫生行政主管部门对本行政区域的传染性非典型肺炎防治工作进行督察、指导。

国家卫生行政主管部门和省、自治区、直辖市卫生行政主管部门建立领导、协调机构,组建预防控制专家组和医疗救治专家组,组织和协调技术攻关。卫生行政主管部门组织制定传染性非典型肺炎防治的指导原则和技术规范。

设区的市级以上地方卫生行政主管部门应当组织疾病预防控制人员和医疗救治队伍,加强对农村及传染性非典型肺炎疫情严重地区的疫情控制、业务培训和技术指导,提高农村地区控制疫情的能力和诊断、治疗水平。

国家卫生行政主管部门根据需要在全国范围内统筹协调卫生资源,调集医疗卫生人员参加防治工作;县级以上地方卫生行政主管部门在本行政区域内指定医疗机构承担医疗救治任务,组织医疗卫生人员参加防治工作。疾病预防控制机构和医疗机构及其人员必须服从卫生行政主管部门的调遣。

五、法律责任

1. 卫生行政主管部门法律责任　县级以上地方卫生行政主管部门有下列行为之一的,由上级卫生行政主管部门责令改正,通报批评,给予警告,对其主要负责人由有关部门依法给予降级或者撤职的行政处分;造成传染性非典型肺炎传播、流行或者对社会公众健康造成其他严重危害后果的,依法给予开除的行政处分;构成犯罪的,依法追究刑事责任:① 未按照规定履行报告职责,隐瞒、缓报、谎报或授意他人隐瞒、缓报、谎报疫情的;② 在防治工作中玩忽职守、失职、渎职的;③ 对上级卫生行政主管部门的督察、指导不予配合,或者采取其他方式阻碍、干涉的。

2. 疾病预防控制机构和医疗机构的法律责任　疾病预防控制机构和医疗机构及其人员有下列行为之一的,由县级以上卫生行政主管部门责令改正,通报批评,给予警告;情节严重的,依法吊销医疗机构执业许可证,并由有关部门对主要负责人给予降级或者撤职的行政处分;对有关医疗卫生人员,由其所在单位或者上级机关给予纪律处分,并由县级以上卫生行政主管部门依法吊销执业证书;造成传染性非典型肺炎传播、流行或者对社会公众健康造成其他严重危害后果,构成犯罪的,依法追究刑事责任:① 未依法履行疫情报告职责,隐瞒、缓报或者谎报的;② 拒绝服从卫生行政主管部门调遣的;③ 未按照规定及时采取预防控制措施的;④ 拒绝接诊患者或者疑似患者的;⑤ 未按照规定履行监测职责的。

第五节　新型冠状病毒肺炎防控管理方案

为进一步指导各地做好新型冠状病毒肺炎防控工作,在全面总结我国常态化疫情防控和局部聚集性疫情处置工作经验基础上,结合全国疫情形势变化及研究进展,国务院应对新型冠状病毒肺炎疫情联防联控机制综合组组织修订了《新型冠状病毒肺炎防控方案(第九版)》。

一、总体要求

坚持"预防为主、防治结合、依法科学、分级分类"的原则,坚持常态化精准防控和局部应急处置有机结合,按照"及时发现、快速处置、精准管控、有效救治"的工作要求,坚决防范境外疫情输入和境内疫情反弹,全力做好常态化疫情防控工作。落实"早预防、早发现、早报告、早隔离、早治疗"的措施,坚持"人物同防",加强重点时段、重点地区、重点人群疫情防控,及时发现散发病例和聚集性疫情,做到早、小、严、实,科学精准,有力、有序、有效处置疫情,发现一起扑灭一起,不断巩固疫情防控成果,切实维护人民群众生命安全和身体健康。

二、公共措施

1. 宣传教育 充分发挥互联网、微博、微信、客户端等新媒体和广播、电视、报纸、宣传品等传统媒体作用,全方位开展新型冠状病毒肺炎防控知识宣传教育,强调每个人是自己健康的第一责任人,倡导群众坚持勤洗手、戴口罩、常通风、公筷制、"一米线"、咳嗽礼仪等良好卫生习惯和健康生活方式,提高居民自我防护意识和健康素养。倡导居民减少人员流动和聚集,提倡节庆文明新风,不大办婚丧嫁娶等。加强疫情防控工作人员的新型冠状病毒肺炎防控知识和策略措施培训,消除恐慌心理,科学精准落实各项防控措施,引导公众养成自觉的防疫行为。

2. 疫苗接种 响应国家新型冠状病毒疫苗接种政策,积极配合疫苗接种,保护个人健康。

(1)做好职业暴露风险较高的人群、有在境外感染风险的人群、维持社会正常生产生活运行的人员以及维持社会基本运行的关键岗位职业等重点人群中18周岁及以上人群接种工作,为其提供健康保护。

(2)做好边境口岸等重点地区、服务业、劳动密集型行业、高等院校在校学生和各类学校教职工等疾病传播风险较高的18周岁及以上人群接种工作,为其他有接种意愿的18周岁及以上人群接种,降低人群感染和发病风险。

(3)根据疫苗研发进展和临床试验结果,进一步完善疫苗接种策略。

3. 爱国卫生运动 坚持预防为主,深入开展爱国卫生运动,突出农村、城乡接合部、公共聚集场所等重点地区和薄弱环节,创新方式方法,持续推进城乡环境整治,不断完善公共卫生设施。倡导文明健康绿色环保的生活方式,开展健康知识普及,树立良好饮食风尚,推广文明健康生活习惯。推动爱国卫生运动进社区、进村镇、进家庭、进学校、进企业、进机关,推动将健康融入所有政策,发动群众广泛参与爱国卫生运动。

三、疫情监测

(一)疫情发现报告

1. 病例发现报告 各级各类医疗机构要加强发热、干咳、乏力、咽痛、嗅(味)觉减退、腹泻等症状监测,一旦发现发热等可疑患者应及时开展实验室检测,对病例应在2小时内通过中国疾病预防控制信息系统进行网络直报。社区卫生服务站、村卫生室和个体诊所发现发热等可疑患者后要在2小时内报告社区卫生服务中心或乡镇卫生院,落实"村报告、乡采样、县检测"的核酸检测策略,尽早发现疫情。加强对密切接触者和密切接触者的密切接触者(以下简称密接的密接者)、入境人员、高风险职业人群、纳入社区管理的重点人群的健康监测,一旦出现以上症状应及时送医开展核酸检测。

2. 无症状感染者发现报告 无症状感染者是指新型冠状病毒病原学检测呈阳性但无相关临床表现者,主要通过密切接触者和密接的密接者、入境人员、高风险职业人群等重点人群核酸检测、传染源追踪、流行病学调查、人群筛查等途径发现。对发现的无症状感染者应在2小时内通过中国疾病预防控制信息系统进行网络直报,并在2小时内转运至定点医疗机构进行集中隔离医学观察。如后续出现相关症状或体征需在 24 小时内订正为确诊病例。

3. **聚集性疫情发现报告**　聚集性疫情是指 14 天内在学校、居民小区、工厂、自然村、医疗机构等范围内发现 5 例及以上病例和无症状感染者。主要通过常规诊疗活动、传染病网络直报数据审核分析、病例或无症状感染者流行病学调查、重点场所和重点机构人员以及重点人群的健康监测等途径发现。聚集性疫情应在 2 小时内在突发公共卫生事件报告管理信息系统网络报告。

（二）多渠道监测预警

按照点与面结合、传染病监测系统与其他部门监测系统结合的原则，开展人、物、环境等多渠道监测。

1. **医疗机构就诊人员监测**　各级各类医疗机构特别是基层医疗卫生机构医务人员应当提高对新型冠状病毒肺炎病例的发现和报告意识。对所有发热患者和其他无发热的可疑患者，不明原因肺炎和住院患者中严重急性呼吸道感染病例，所有新入院患者及其陪护人员，开展新型冠状病毒核酸检测。

2. **风险职业人群监测**　对进口冷链食品监管和从业人员，集中隔离场所管理和服务人员，口岸进口货物直接接触人员，新型冠状病毒肺炎病例定点医疗机构的医务人员，普通医疗机构发热门诊和急诊等科室医务人员，国际交通运输工具从业人员，船舶引航员等登临外籍船舶作业人员，移民、海关以及市场监管系统一线工作人员，开展健康监测和每周全员核酸检测。发现发热、干咳、乏力、咽痛、嗅（味）觉减退、腹泻等症状者及时到设有发热门诊（诊室）的医疗机构就诊并进行核酸检测。

对农贸（集贸）市场、普通医疗机构其他科室、快递外卖、交通运输等特定服务场所和行业人员每周开展抽样核酸检测。

3. **重点人群健康监测**　对纳入社区管理的来自中高风险地区人员、解除医学观察人员、出院新型冠状病毒肺炎患者、入境人员等做好健康监测，发现发热、干咳、乏力、咽痛、嗅（味）觉减退、腹泻等症状者及时到设有发热门诊（诊室）的医疗机构就诊并进行核酸检测。

4. **物品和环境监测**　对进口冷链食品及其加工、运输、存储、销售等场所环境开展抽样核酸检测；对陆路、海路和航空口岸中来自高风险国家和低温运输环境的进口货物及其货舱、货柜、车厢、集装箱和货物存放场所开展抽样核酸检测，冬季低温条件下可增加检测频次和抽样数量。

对设有发热门诊的医疗机构的环境和城市具有冷链食品批发销售的大型农批市场的环境定期开展核酸检测。对大型海运进口冷冻物品加工处理场所定期开展污水监测。

5. **重点机构监测**　本县（区）出现 1 例及以上本土确诊病例或无症状感染者后，对辖区内的养老福利机构、精神疾病专科医院、监管场所、人员密集型场所（如生产车间、商场超市、培训机构）、托幼机构和学校等重点机构人员，做好人员的每日健康监测，发现发热、干咳、乏力、咽痛、嗅（味）觉减退、腹泻等症状者及时到设有发热门诊（诊室）的医疗机构就诊并进行核酸检测。

6. **集中隔离场所监测**　集中隔离场所启用期间，定期开展环境核酸检测。

7. **病原体监测**　对本土疫情中的首发或早期病例、与早期病例有流行病学关联的关键病例、感染来源不明的本土病例、境外输入病例、入境物品及相关环境阳性标本开展病毒基因序列测定和比对分析，动态了解病毒基因变异情况，及时发现感染来源。

8. **分析预警**　加强部门间信息共享，开展疫情监测综合分析和风险研判，提出风险评估结果和预警响应建议，及时向社会发布疫情信息和健康风险提示。

第十一章
食品安全法律制度

导学

1. 掌握食品安全标准和食品检验;食品生产经营和食品进出口管理。
2. 熟悉食品安全监测和评估;食品安全事故处置和食品安全监督管理。
3. 了解食品安全概述的内容;违反《食品安全法》的法律责任。

食品安全法律制度是指有关食品安全的法律、法规、规章等现行法律规范的总称,是调整食品安全社会关系的具有法律性质的制度。《食品安全法》对食品安全风险监测和评估、食品生产经营、食品标准、食品检验、食品进出口、食品监督管理、食品安全事故等方面确定了法律制度。

第一节 食品安全法概述

一、食品安全的概念

食品安全,是指食品无毒、无害,符合应当有的营养要求,对人体健康不造成任何急性、亚急性或者慢性危害。根据世界卫生组织的定义:食品安全问题是指"食品中有毒、有害物质对人体健康影响的公共卫生问题"。食品安全起初是一个较为绝对的概念,要求食品对人体健康造成急性或慢性损害的所有危险都不存在,后来人们逐渐认识到,绝对安全是很难做到的。其因,一是,任何一种食品,即使其成分对人体是有益的,或者其毒性极微,如果食用数量过多或食用条件不合适,仍然可能对身体健康引起毒害或损害,如食盐过量有危害、饮酒过度会伤身。二是,一些食品的安全性是因人而异的,如鱼、虾、蟹类水产品对多数人是安全的,可确实有些人吃了会产生过敏,损害身体健康。因此,评价一种食品或者其成分是否安全,不能单纯地看它内在固有的"有毒、有害物质",更重要的是看它是否造成实际危害,即食品的种植、养殖、加工、包装、储藏、运输、销售、消费等活动是否符合国家强制标准和要求。

二、食品安全立法概况

"民以食为天,食以安为先",食品安全关系到广大人民群众的身体健康和生命安全,关系到社会和谐稳定及国家经济健康发展。我国食品安全的法制化管理始于20世纪50年代,卫生部发布了一些单项规章和标准对食品卫生进行监督管理。1965年国务院颁布了《食品卫生试行条例》,使我国食品卫生管理工作更加规范。随着经济社会的发展,1982年11月第五届全国人民代表大会常委会第二十五次会议通过《食品卫生法(试行)》,这部法律试行10多年后,于1995年10月第八届全国人民代表大会常委会第十六次会议审议通过正式的《食品卫生法》。这是涉及食品生产加工、流通、销售全过程的食品卫生安全的法律制度,施行后对保证我国的食品卫生安全、预防和控制食源性疾病、保障人民群众身体健康发挥了重要作用。但是,食品安全问题仍然令人担忧,违法生产经营行为依然频发,食品安全事件仍然上演,食品安全监管存在职能交叉和责任不清等问题。为从法律制度上解决这些问题,更好地保证食品安全,2009年2月第十一届全国人民代表大会常务委员会第七次会议通过《食品安全法》,2009年6月施行。党的十八大以来,我国进一步改革完善食品安全监管体制,着力建立最严格的食品安全监管制度。2015年4月《食品安全法》由第十二届全国人民代表大会常务委员会第十四次会议修订通过,同年10月施行。2018年12月根据第十三届全国人民代表大会常务委员会第七次会议关于修改《食品安全法》的决定进行第一次修正。2021年4月29日第十三届全国人民代表大会常务委员会第二十八次会议决定,对《食品安全法》第三十五条第一款做出修改。

2009年7月国务院制定并公布施行《中华人民共和国食品安全法实施条例》。2019年10月11日国务院将修订后的《中华人民共和国食品安全法实施条例》公布,同年12月施行。此外,国务院有关部门依法制定、颁布了食品安全管理的规章、标准、规范等法律性文件,已制定食品安全国家标准近1 300项,涉及食品安全与营养指标约2万项,基本覆盖日常消费食品的品种,还有一系列配套的地方性法规,从而使我国的食品安全工作朝着法制化、规范化方向发展。

《食品安全法》秉承了一直以来"为了保证食品安全,保障公众身体健康和生命安全"的立法宗旨,并于2015年被国人称为"史上最严"的食品安全法律,其原因在于:围绕最严谨的标准、最严格的监管、最严厉的处罚和最严肃问责的要求,切实化解食品安全治理的难题,确保人民群众的食品安全。该法也进行了一系列的制度设计,包括加大突出食品安全的预防规定、建立更严的全程监控条款、创新更优的食品安全监管规范、健全超严的法律责任规章、全面深化食品安全制度共治体系等。

第二节 食品安全风险监测和评估

食品安全风险监测和评估是预防食品安全危险发生的重要制度。这一制度的确立,体现了食品安全监督管理"预防在先"的理念,通过建立食品安全风险监测制度和风险评估制度,实现食品安全问题早发现、早决策,采取有针对性的监管措施,把食品安全隐患化解在萌芽状态,预防和减少食品安全事故的发生。

一、食品安全风险监测制度

国家建立食品安全风险监测制度,对食源性疾病、食品污染以及食品中的有害因素进行监测。

1. 食品安全风险监测的负责机构

(1) 国家食品安全风险监测的负责机构:国家食品安全风险监测计划由国务院卫生行政主管部门会同国务院食品安全监督管理等部门制定、实施。国务院食品安全监督管理部门和其他有关部门获知有关食品安全风险信息后,应当立即核实并向国务院卫生行政主管部门通报。对有关部门通报的食品安全风险信息以及医疗机构报告的食源性疾病等有关疾病信息,国务院卫生行政主管部门应当会同国务院有关部门分析研究,认为必要的,及时调整国家食品安全风险监测计划。

(2)地方食品安全风险监测的负责机构:省、自治区、直辖市人民政府卫生行政主管部门会同同级食品安全监督管理等部门,根据国家食品安全风险监测计划,结合本行政区域的具体情况,制定、调整本行政区域的食品安全风险监测方案,报国务院卫生行政主管部门备案并实施。

2. 承担食品安全风险监测工作的要求 承担食品安全风险监测工作的技术机构应当根据食品安全风险监测计划和监测方案开展监测工作,保证监测数据真实、准确,并按照食品安全风险监测计划和监测方案的要求报送监测数据、分析结果。

3. 出现食品安全隐患的处理办法 食品安全风险监测结果表明可能存在食品安全隐患的,县级以上人民政府卫生行政主管部门应当及时将相关信息通报同级食品安全监督管理等部门,并报告本级人民政府和上级人民政府卫生行政主管部门。食品安全监督管理等部门应当组织开展进一步调查。

二、食品安全风险评估制度

食品安全风险评估制度是运用科学方法,根据食品安全风险监测信息、科学数据以及有关信息,对食品、食品添加剂、食品相关产品中生物性、化学性和物理性危害因素进行风险评估。

1. 食品安全风险评估的负责机构 国务院卫生行政主管部门负责组织食品安全风险评估工作,由医学、农业、食品、营养、生物、环境等方面的专家组成的食品安全风险评估专家委员会进行评估。对农药、肥料、兽药、饲料和饲料添加剂等的安全性评估,应当有食品安全风险评估专家委员会的专家参加。

2. 食品安全风险评估的启动 有下列情形之一的,应当进行食品安全风险评估:① 通过食品安全风险监测或者接到举报发现食品、食品添加剂、食品相关产品可能存在安全隐患的;② 为制定或者修订食品安全国家标准提供科学依据需要进行风险评估的;③ 为确定监督管理的重点领域、重点品种需要进行风险评估的;④ 发现新的可能危害食品安全因素的;⑤ 需要判断某一因素是否构成食品安全隐患的;⑥ 国务院卫生行政主管部门认为需要进行风险评估的其他情形。

3. 食品安全风险评估任务 食品安全风险评估任务包括风险评估的目的、需要解决的问题和结果产出形式等内容,遵循危害识别、危害特征描述、暴露评估和风险特征描述的结构化程序开展风险评估。

4. 食品安全风险评估结果的通报 国务院卫生行政主管部门应当及时向国务院有关部门通报评估结果。国务院卫生行政、农业行政主管部门应当及时相互通报食品、食用农产品的安全风险评估结果等信息。

5. 食品安全风险评估结果的作用

(1)为实施食品安全监督管理提供科学依据:经食品安全风险评估,得出食品、食品添加剂、食品相关产品不安全结论的,国务院食品安全监督管理等部门应当依据各自职责立即向社会公告,告知消费者停止食用或者使用,并采取相应措施,确保该食品、食品添加剂、食品相关产品停止生产经营。

接到通知的食品生产经营者应当立即进行自查,发现食品不符合食品安全标准或者有证据证明可能危害人体健康的,应当依照《食品安全法》第六十三条的规定,停止生产、经营,实施食品召回,并报告相关情况。

(2) 为制定、修订食品安全标准提供科学依据:经食品安全风险评估,得出食品、食品添加剂、食品相关产品不安全结论的,需要制定、修订相关食品安全国家标准的,国务院卫生行政主管部门应当会同国务院食品安全监督管理部门立即制定、修订。

(3) 提出食品安全风险警示:国务院食品安全监督管理部门应当会同国务院有关部门,根据食品安全风险评估结果、食品安全监督管理信息,对食品安全状况进行综合分析。对经综合分析表明可能具有较高程度安全风险的食品,国务院食品安全监督管理部门应当及时提出食品安全风险警示,并向社会公布。

第三节 食品安全标准和食品检验

一、食品安全标准

食品安全标准是国家为保证食品安全,保障公众身体健康和生命安全,防止食源性疾病发生,对食品、食品相关产品、食品添加剂的卫生要求及其在生产、加工、储存和销售等方面所规定的技术要求及措施。

1. **食品安全标准的性质与原则** 食品安全标准是强制性执行的标准,除食品安全标准外,不得制定其他食品强制性标准。制定食品安全标准,应当以保障公众身体健康为宗旨,做到科学合理、安全可靠。

2. **食品安全标准的内容** ① 食品、食品添加剂、食品相关产品中的致病性微生物,农药残留、兽药残留、生物毒素、重金属等污染物质以及其他危害人体健康物质的限量规定;② 食品添加剂的品种、使用范围、用量;③ 专供婴幼儿和其他特定人群的主辅食品的营养成分要求;④ 对与卫生、营养等食品安全要求有关的标签、标志、说明书的要求;⑤ 食品生产经营过程的卫生要求;⑥ 与食品安全有关的质量要求;⑦ 与食品安全有关的食品检验方法与规程;⑧ 其他需要制定为食品安全标准的内容。

3. **食品安全标准的分类与制定** 我国食品安全标准分为国家标准和地方标准,也鼓励制定企业标准。

(1) 国家标准的制定:食品安全国家标准由国务院卫生行政主管部门会同国务院食品安全管理部门制定、公布,国务院标准化行政主管部门提供国家标准编号;食品中农药残留、兽药残留的限量规定及其检验方法与规程由国务院卫生行政主管部门、国务院农业行政主管部门会同国务院食品安全监督管理部门制定;屠宰畜、禽的检验规程由国务院农业行政主管部门会同国务院卫生行政主管部门制定。

(2) 地方标准的制定:对地方特色食品,没有食品安全国家标准的,省、自治区、直辖市人民政府卫生行政主管部门可以制定并公布食品安全地方标准,报国务院卫生行政主管部门备案。食品安全国家标准制定后,该地方标准即行废止。

保健食品、特殊医学用途配方食品、婴幼儿配方食品等特殊食品不属于地方特色食品,不得对其制定食品安全地方标准。

(3) 企业标准的制定:国家鼓励食品生产企业制定严于食品安全国家标准或者地方标准

的企业标准,在本企业适用,并报省、自治区、直辖市人民政府卫生行政主管部门备案。

4. 食品安全标准的公布 省级以上人民政府卫生行政主管部门应当在其网站上公布制定和备案的食品安全国家标准、地方标准和企业标准,供公众免费查阅、下载。对食品安全标准执行过程中存在的问题,县级以上人民政府卫生行政主管部门应当会同有关部门及时给予指导、解答。

5. 食品安全标准的跟踪评价 省级以上人民政府卫生行政主管部门应当会同同级食品安全监督管理、农业行政主管部门等,分别对食品安全国家标准和地方标准的执行情况进行跟踪评价,并根据评价结果及时修订食品安全标准。

二、食品检验

食品检验主要有食品安全监督管理部门的抽样检验、食品生产企业的自行检验或委托检验,以及食品行业协会和消费者协会等组织或消费者需要委托食品检验机构对食品进行的检验,委托检验应当委托符合规定的食品检验机构进行。必须注意的是,食品添加剂的检验,同样适用《食品安全法》有关食品检验的规定。

1. 食品检验机构与检验人 食品检验实行食品检验机构与检验人负责制,食品检验报告应当加盖食品检验机构公章,并有检验人的签名或者盖章,食品检验机构和检验人对出具的食品检验报告负责。

食品检验机构按照国家有关认证认可的规定取得资质认定后,方可从事食品检验活动。但是,法律另有规定的除外。检验人应当依照有关法律法规的规定,并按照食品安全标准和检验规范对食品进行检验,尊重科学,恪守职业道德,保证出具的检验数据和结论客观、公正,不得出具虚假检验报告。

2. 对食品的抽样检验 县级以上食品安全监督管理部门对食品进行定期或者不定期的抽样检验,并依据有关规定公布检验结果,不得免检。进行抽样检验应当购买抽取的样品,委托符合《食品安全法》规定的食品检验机构进行检验,并支付相关费用,不得向食品生产、经营者收取检验费和其他费用。

3. 对食品检验结论有异议的处理办法 对食品检验结论有异议的食品生产、经营者,可以自收到检验结论之日起7个工作日内向实施抽样检验的食品安全监督管理部门或者其上一级食品安全监督管理部门提出复检申请,由受理复检申请的食品安全监督管理部门在公布的复检机构名录中随机确定复检机构进行复检。复检机构与初检机构不得为同一机构,复检机构出具的复检结论为最终检验结论。复检机构名录由国务院认证认可监督管理、食品安全监督管理和卫生行政、农业行政等主管部门共同公布。

采用国家规定的快速检测方法对食用农产品进行抽查检测,被抽查人对抽查检测结果有异议的,可以自收到检测结果时起4小时内申请复检,复检不得采用快速检测方法。

第四节 食品生产经营和食品进出口管理

一、食品生产经营的要求

食品生产经营应当符合食品安全标准,并符合《食品安全法》规定的一般要求,包括对食品原料、场所、生产经营设备(设施)、工艺流程、容器和工具、从业人员、管理制度等食品生产经营活动的具体规定。

二、禁止生产经营的食品、食品添加剂、食品相关产品

《食品安全法》明确禁止生产经营下列食品、食品添加剂、食品相关产品：① 用非食品原料生产的食品或者添加食品添加剂以外的化学物质和其他可能危害人体健康物质的食品，或者用回收食品作为原料生产的食品；② 致病性微生物，农药残留、兽药残留、生物毒素、重金属等污染物质以及其他危害人体健康的物质含量超过食品安全标准限量的食品、食品添加剂、食品相关产品；③ 用超过保质期的食品原料、食品添加剂生产的食品、食品添加剂；④ 超范围、超限量使用食品添加剂的食品；⑤ 营养成分不符合食品安全标准的专供婴幼儿和其他特定人群的主辅食品；⑥ 腐败变质、油脂酸败、霉变生虫、污秽不洁、混有异物、掺假掺杂或者感官性状异常的食品、食品添加剂；⑦ 病死、毒死或者死因不明的禽、畜、兽、水产动物肉类及其制品；⑧ 未按规定进行检疫或者检疫不合格的肉类，或者未经检验或者检验不合格的肉类制品；⑨ 被包装材料、容器、运输工具等污染的食品、食品添加剂；⑩ 标注虚假生产日期、保质期或者超过保质期的食品、食品添加剂；⑪ 无标签的预包装食品、食品添加剂；⑫ 国家为防病等特殊需要明令禁止生产、经营的食品；⑬ 其他不符合法律法规或者食品安全标准的食品、食品添加剂、食品相关产品。

三、食品生产经营许可证制度

国家对食品生产经营实行许可制度，从事食品生产、食品销售、餐饮服务，应当依法取得许可。但是，销售食用农产品和仅销售预包装食品的，不需要取得许可。仅销售预包装食品的，应当报所在地县级以上地方人民政府食品安全监督管理部门备案。

食品生产加工小作坊和食品摊贩等的具体管理办法由省、自治区、直辖市制定。

网络食品交易第三方平台提供者应当对入网食品经营者进行实名登记，明确其食品安全管理责任；依法应当取得许可证的，还应当审查其许可证。

四、对食品采购、出厂、储存、标签和说明书及广告的要求

1. 食品采购制度 食品生产者在采购时，应当查验供货者的许可证和产品合格证明，对无法提供合格证明的食品原料，应当按照食品安全标准进行检验；食品经营者采购食品，应当查验供货者的许可证和食品出厂检验合格证或者其他合格证。食品生产经营者应当建立进货查验记录制度，相关记录和凭证保存期限不得少于产品保质期满后6个月，没有明确保质期的，保存期限不得少于2年。

2. 食品出厂检验记录制度 食品生产企业应当建立食品出厂检验记录制度，查验出厂食品的检验合格证和安全状况，如实记录食品的名称、规格、数量、生产日期或者生产批号、保质期、检验合格证号、销售日期以及购货者名称、地址、联系方式等内容，并按规定保存相关凭证。

3. 食品的储存要求 食品经营者应当按照保证食品安全的要求储存食品，定期检查库存食品，及时清理变质或者超过保质期的食品。食品经营者储存散装食品，应当在储存位置标明食品的名称、生产日期或者生产批号、保质期、生产者名称及联系方式等内容。

4. 食品的标签和说明书 食品的预包装上应当有标签，并标明名称、规格、净含量、生产日期；成分或者配料表；生产者的名称、地址、联系方式；保质期；产品标准代号；储存条件；所使用

的食品添加剂在国家标准中的通用名称;生产许可证编号;法律法规或者食品安全标准规定应当标明的其他事项。必须注意的是,专供婴幼儿和其他特定人群的主辅食品在标签上还应标明主要营养成分及其含量;生产经营转基因食品应当按照规定显著标示。

食品经营者销售散装食品,应当在散装食品的容器、外包装上标明食品的名称、生产日期或者生产批号、保质期以及生产经营者名称、地址、联系方式等内容。

食品经营者应当按照食品标签标示的警示标志、警示说明或者注意事项的要求销售食品。食品和食品添加剂的标签、说明书,不得含有虚假内容,不得涉及疾病预防、治疗功能。食品和食品添加剂与其标签、说明书内容不符的,不得上市销售。

5. 食品的广告要求　食品广告的内容应当真实合法,不得含有虚假内容,不得涉及疾病预防、治疗功能。食品生产经营者对食品广告内容的真实性、合法性负责。

县级以上人民政府食品安全监督管理部门和其他有关部门以及食品检验机构、食品行业协会不得以广告或者其他形式向消费者推荐食品。消费者组织不得以收取费用或者其他牟取利益的方式向消费者推荐食品。

五、新食品原料和既是食品又是中药材的物质

利用新的食品原料生产食品,或者生产食品添加剂新品种、食品相关产品新品种,应当向国务院卫生行政主管部门提交相关产品的安全性评估材料。国务院卫生行政主管部门对符合食品安全要求的,准予许可并公布。

生产经营的食品中不得添加药品,但是可以添加按照传统既是食品又是中药材的物质。按照传统既是食品又是中药材的物质目录由国务院卫生行政主管部门会同国务院食品安全监督管理部门制定、公布。

六、食品添加剂的生产使用制度

食品添加剂是指为改善食品品质和色、香、味以及为防腐、保鲜和加工工艺的需要而加入食品中的人工合成或者天然物质,包括营养强化剂。

1. 食品添加剂的生产许可制度　我国对食品添加剂生产实行许可制度。从事食品添加剂生产,应当具有与所生产食品添加剂品种相适应的场所、生产设备或者设施、专业技术人员和管理制度,并依照《食品安全法》规定的程序,取得食品添加剂生产许可。

2. 食品添加剂的使用标准　食品生产经营者必须按照食品安全国家标准使用食品添加剂。

七、特殊食品的监管制度

我国对保健食品、特殊医学用途配方食品和婴幼儿配方食品等特殊食品实行严格监督管理。生产特殊食品的企业要按照良好生产规范的要求建立与所生产食品相适应的生产质量管理体系。

1. 保健食品的监管制度　保健食品的保健功能,应当具有科学依据,不得对人体产生急性、亚急性或者慢性危害。

保健食品原料目录和允许保健食品声称的保健功能目录,由国务院食品安全监督管理部门会同国务院卫生行政主管部门、国家中医药管理部门制定、调整并公布。保健食品原料目录

应当包括原料名称、用量及其对应的功效；列入保健食品原料目录的原料只能用于保健食品生产，不得用于其他食品生产。

保健食品的标签、说明书不得涉及疾病预防、治疗功能，内容应当真实，与注册或者备案的内容相一致，载明适宜人群、不适宜人群、功效成分或者标志性成分及其含量等，并声明"本品不能代替药物"。

2. 特殊医学用途配方食品的监管制度　特殊医学用途配方食品应当经国务院食品安全监督管理部门注册。注册时，应当提交产品配方、生产工艺、标签、说明书以及表明产品安全性、营养充足性和特殊医学用途临床效果的材料。

3. 婴幼儿配方食品的监管制度　《食品安全法》特别加强了对婴幼儿配方食品监管的规定，要求生产企业实施从原料进厂到成品出厂的全过程质量控制，对出厂的婴幼儿配方食品实施逐批检验，保证食品安全。

要求婴幼儿配方食品生产企业将食品原料、食品添加剂、产品配方及标签等事项向省、自治区、直辖市人民政府食品安全监督管理部门备案。婴幼儿配方乳粉的产品配方应当经国务院食品安全监督管理部门注册。

不得以分装方式生产婴幼儿配方乳粉，同一企业不得用同一配方生产不同品牌的婴幼儿配方乳粉。

八、企业食品安全管理和从业人员健康管理制度

食品生产经营企业应当建立健全食品安全管理制度，应当配备食品安全管理人员，对职工进行食品安全知识培训，加强食品检验工作，依法从事生产经营活动。食品生产经营企业的主要负责人应当落实企业食品安全管理制度，对本企业的食品安全工作全面负责。食品安全监督管理部门应当对企业食品安全管理人员随机进行监督抽查考核并公布考核情况。

食品生产经营者应当建立并执行从业人员健康管理制度。食品生产经营人员应当保持个人卫生，生产经营食品时，应当将手洗净，穿戴清洁的工作衣、帽等。从事接触直接入口食品工作的食品生产经营人员应当每年进行健康检查，取得健康证明后方可上岗工作，患有国务院卫生行政主管部门规定的有碍食品安全疾病的人员，不得从事接触直接入口食品的工作。

九、食品安全全程追溯制度和召回制度

（一）食品安全全程追溯制度

国家建立食品安全全程追溯制度。食品生产经营者应当依法建立食品安全追溯体系，保证食品可追溯。国家鼓励食品生产经营者采用信息化手段采集、留存生产经营信息，建立食品安全追溯体系。国务院食品安全监督管理部门会同国务院农业行政等有关主管部门建立食品安全全程追溯协作机制。

（二）食品安全召回制度

1. 食品生产经营者的召回责任　食品生产者发现其生产的食品不符合食品安全标准或者有证据证明可能危害人体健康的，应当立即停止生产，召回已经上市销售的食品，通知相关生产经营者和消费者，并记录召回和通知情况。

食品经营者发现其经营的食品有前款规定情形的，应当立即停止经营，通知相关生产经营者和消费者，并记录停止经营和通知情况。食品生产者认为应当召回的，应当立即召回。由于

食品经营者的原因造成其经营的食品有前款规定情形的,食品经营者应当召回。

  2. 食品生产经营者对召回食品的处理 食品生产经营者应当对召回的食品采取无害化处理、销毁等措施,防止其再次流入市场,食品安全监督管理部门必要时实施现场监督。但是,对因标签、标志或者说明书不符合食品安全标准而被召回的食品,食品生产者在采取补救措施且能保证食品安全的情况下可以继续销售,销售时应当向消费者明示补救措施。

  3. 政府有关行政主管部门责令召回 食品生产经营者未依照《食品安全法》规定召回或者停止经营的,县级以上人民政府食品安全监督管理部门可以责令其召回或者停止经营。

十、食品的进出口管理

  国家出入境检验检疫部门对进出口食品安全实施监督管理,应当收集和汇总实施检验检疫发现的食品安全信息、食品行业协会等组织或消费者反映的进口食品安全信息、国际组织或境外政府机构发布的风险预警信息等食品安全信息,并及时通报相关部门、机构和企业。

  1. 进口食品的管理 进口的食品、食品添加剂、食品相关产品应当符合我国食品安全国家标准。进口食品由国家出入境检验检疫部门依照进出口商品检验相关法律、行政法规的规定进行检验。进口的预包装食品、食品添加剂应当有中文标签,依法应当有说明书的,还应当有中文说明书。标签、说明书应当符合《食品安全法》以及我国其他有关法律、行政法规的规定和食品安全国家标准的要求,并载明食品的原产地以及境内代理商的名称、地址、联系方式。预包装食品没有中文标签、中文说明书或者标签、说明书不符合规定的,不得进口。

  境外发生的食品安全事件可能对我国境内造成影响,或者在进口食品、食品添加剂、食品相关产品中发现严重食品安全问题的,国家出入境检验检疫部门应当及时采取风险预警或者控制措施,并向国务院食品安全监督管理和卫生行政、农业行政主管部门通报,接到通报的部门应当及时采取相应措施。进口商发现进口食品不符合我国食品安全国家标准或者有证据证明可能危害人体健康的,应当立即停止进口,并依照法律规定召回。

  2. 出口食品的管理 出口食品生产企业应当保证其出口食品符合进口国(地区)的标准或者合同要求;出口食品生产企业和出口食品原料种植、养殖场应当向国家出入境检验检疫部门备案。同时,国家出入境检验检疫部门可以对向我国境内出口食品的国家(地区)的食品安全管理体系和食品安全状况进行评估和审查,并根据评估和审查结果,确定相应检验检疫要求。

  3. 信用管理 国家出入境检验检疫部门要对进出口食品的进口商、出口商和出口食品生产企业实施信用管理,建立信用记录,并依法向社会公布。对有不良记录的进口商、出口商和出口食品生产企业,应当加强对其进出口食品的检验检疫。

第五节 食品安全事故处置和食品安全监督管理

一、食品安全事故处置

  食品安全事故,是指食源性疾病、食品污染等源于食品,对人体健康有危害或者可能有危害的事故。发生食品安全事故的单位应当立即采取措施,防止事故扩大。

  1. 制定应急预案 国务院组织制定国家食品安全事故应急预案,县级以上地方人民政府应当根据有关法律法规的规定和上级人民政府的食品安全事故应急预案以及本行政区域的实际情况，制定本行政区域的食品安全事故应急预案，并报上一级人民政府备案。

食品生产经营企业应当制定食品安全事故处置方案，定期检查本企业各项食品安全防范措施的落实情况，及时消除事故隐患。

2. 报告制度　事故单位和接收患者进行治疗的单位应当及时向事故发生地县级人民政府食品安全监督管理、卫生行政主管部门报告。

县级以上人民政府农业行政主管部门等在日常监督管理中发现食品安全事故或者接到事故举报，应当立即向同级食品安全监督管理部门通报，食品安全监督管理部门应当按照应急预案的规定上报。

医疗机构发现其接收的患者属于食源性疾病患者或者疑似患者的，应当按照规定及时将相关信息向所在地县级人民政府卫生行政主管部门报告。县级人民政府卫生行政主管部门认为与食品安全有关的，应当及时通报同级食品安全监督管理部门。

任何单位和个人不得对食品安全事故隐瞒、谎报、缓报，不得隐匿、伪造、毁灭有关证据。

3. 应急措施　发生食品安全事故需要启动应急预案的，县级以上人民政府应当立即成立事故处置指挥机构，启动应急预案，依照规定进行处置。县级以上人民政府食品安全监督管理部门接到食品安全事故的报告后，应当立即会同同级卫生行政、农业行政主管部门等进行调查处理，并采取应急救援、封存可能导致食品安全事故的食品及其原料等措施，防止或者减轻社会危害。县级以上疾病预防控制机构应当对事故现场进行卫生处理，并对与事故有关的因素开展流行病学调查。

发生食品安全事故的单位应当对导致或者可能导致食品安全事故的食品及原料、工具、设备、设施等，立即采取封存等控制措施。

二、食品安全监督管理

理顺食品安全监管体制是食品安全立法最重要的使命之一。《食品安全法》在监管体制、监管内容、监管手段、监管信息等方面，都做出了具体的规定。

1. 实施风险分级管理和年度监督管理计划　县级以上人民政府食品安全监督管理部门根据食品安全风险监测、风险评估结果和食品安全状况等，确定监督管理的重点、方式和频次，实施风险分级管理。

县级以上地方人民政府组织本级食品安全监督管理、农业行政主管部门等制定本行政区域的食品安全年度监督管理计划，向社会公布并组织实施。

2. 食品安全监督管理主要职责　县级以上人民政府食品安全监督管理部门履行食品安全监督管理职责，有权采取（下列）措施，对生产经营者遵守《食品安全法》的情况进行监督检查：① 进入生产经营场所实施现场检查；② 对生产经营的食品、食品添加剂、食品相关产品进行抽样检验；③ 查阅、复制有关合同、票据、账簿以及其他有关资料；④ 查封、扣押有证据证明不符合食品安全标准或者有证据证明存在安全隐患以及用于违法生产经营的食品、食品添加剂、食品相关产品；⑤ 查封违法从事生产经营活动的场所。

3. 食品安全信用档案　县级以上人民政府食品安全监督管理部门应当建立食品生产经营者食品安全信用档案，记录许可颁发、日常监督检查结果、违法行为查处等情况，依法向社会公布并实时更新。

食品生产经营过程中存在食品安全隐患，未及时采取措施消除的，县级以上人民政府食品安全监督管理部门可以对食品生产经营者的法定代表人或者主要负责人进行责任约谈。食品生产经营者应当立即采取措施，进行整改，消除隐患。责任约谈情况和整改情况应当纳入食品生产经营者食品安全信用档案。

4. 举报制度　　食品安全监督管理等部门应当公布本部门的电子邮件、地址或者电话，接受咨询、投诉、举报，对属于本部门职责的，应当受理并在法定期限内及时答复、核实、处理；对不属于本部门职责的，应当移交有权处理的部门并书面通知咨询、投诉、举报人。对查证属实的举报，给予举报人奖励。有关部门应当对举报人的信息予以保密，保护举报人的合法权益。举报人举报所在企业的，该企业不得以解除、变更劳动合同或者其他方式对举报人进行打击报复。

5. 食品安全信息统一公布管理　　国家建立统一的食品安全信息平台，实行食品安全信息统一公布制度。国家食品安全总体情况、食品安全风险警示信息、重大食品安全事故及其调查处理信息和国务院确定需要统一公布的其他信息，由国务院食品安全监督管理部门统一公布。

县级以上人民政府食品安全监督管理、农业行政主管部门依据各自职责公布食品安全日常监督管理信息。公布食品安全信息要做到准确、及时，并进行必要的解释说明，避免误导消费者和社会舆论。

任何单位和个人不得编造、散布虚假食品安全信息。

6. 加强对食品安全监管执法人员的管理　　县级以上人民政府食品安全监督管理等部门应当加强对执法人员食品安全法律、法规、标准和专业知识与执法能力等的培训，并组织考核。不具备相应知识和能力的，不得从事食品安全执法工作。发现食品安全监管执法人员在执法过程中有违反法律法规规定的行为以及不规范执法行为的，可以向有关部门投诉、举报，涉嫌违法违纪的，按照《食品安全法》有关规定处理。

第六节　法　律　责　任

为切实保障人民群众的生命安全和身体健康，《食品安全法》加大了对食品生产经营违法行为的处罚力度，详细规定了相关的行政责任、民事责任和刑事责任。

1. 未经许可从事食品生产经营活动的法律责任　　违反《食品安全法》规定，未取得食品生产经营许可从事食品生产经营活动，或者未取得食品添加剂生产许可从事食品添加剂生产活动的，由县级以上人民政府食品安全监督管理部门没收违法所得和违法生产经营的食品、食品添加剂以及用于违法生产经营的工具、设备、原料等物品；违法生产经营的食品、食品添加剂货值金额不足1万元的，并处5万元以上10万元以下的罚款；货值金额1万元以上的，并处货值金额10倍以上20倍以下的罚款。

2. 八类最严重违法食品生产经营行为的法律责任　　例如，违反《食品安全法》规定，用非食品原料生产食品、在食品中添加食品添加剂以外的化学物质和其他可能危害人体健康的物质，或者用回收食品作为原料生产食品，或者经营上述食品，尚不构成犯罪的，由县级以上人民政府食品安全监督管理部门没收违法所得和违法生产经营的食品，并可以没收用于违法生产经营的工具、设备、原料等物品；违法生产经营的食品货值金额不足1万元的，并处10万元以上 15 万元以下的罚款;货值金额 1 万元以上的,并处货值金额 15 倍以上 30 倍以下的罚款;情节严重的,吊销许可证,并可以由公安机关对其直接负责的主管人员和其他直接责任人员处 5 日以上 15 日以下拘留。

3. **多类违法食品生产经营行为的法律责任**　例如,违反《食品安全法》规定,生产经营致病性微生物,农药残留、兽药残留、生物毒素、重金属等污染物质以及其他危害人体健康的物质含量超过食品安全标准限量的食品、食品添加剂,尚不构成犯罪的,由县级以上人民政府食品安全监督管理部门没收违法所得和违法生产经营的食品、食品添加剂,并可以没收用于违法生产经营的工具、设备、原料等物品;违法生产经营的食品、食品添加剂货值金额不足 1 万元的,并处 5 万元以上 10 万元以下的罚款;货值金额 1 万元以上的,并处货值金额 10 倍以上 20 倍以下的罚款;情节严重的,吊销许可证。

4. **食品安全事故单位违法行为的法律责任**　违反《食品安全法》规定,事故单位在发生食品安全事故后未进行处置、报告的,由有关主管部门按照各自职责分工责令改正,给予警告;隐匿、伪造、毁灭有关证据的,责令停产停业,没收违法所得,并处 10 万元以上 50 万元以下的罚款;造成严重后果的,吊销许可证。

5. **网络食品交易违法行为的法律责任**　违反《食品安全法》规定,网络食品交易第三方平台提供者未对入网食品经营者进行实名登记、审查许可证,或者未履行报告、停止提供网络交易平台服务等义务的,由县级以上人民政府食品安全监督管理部门责令改正,没收违法所得,并处 5 万元以上 20 万元以下的罚款;造成严重后果的,责令停业,直至由原发证部门吊销许可证;使消费者的合法权益受到损害的,应当与食品经营者承担连带责任。

6. **违反《食品安全法》的民事赔偿责任和刑事责任**　违反《食品安全法》规定,造成人身、财产或者其他损害的,依法承担赔偿责任。生产经营者财产不足以同时承担民事赔偿责任和缴纳罚款、罚金时,先承担民事赔偿责任。违反《食品安全法》规定,构成犯罪的,依法追究刑事责任。

《食品安全法》还对食品进出口违法行为、食品集中交易市场违法行为、食品储存或运输违法行为、提供虚假食品安全风险监测信息行为、出具虚假检验报告行为、虚假宣传或违法推荐食品行为、编造或散布虚假食品安全信息行为等多种行为,具体规定了相关的法律责任。

第十二章
药品管理法律制度

> **导学**
> 1. 掌握药品生产与经营管理法律规定；特殊药品管理法律规定。
> 2. 熟悉药品监督管理法律规定。
> 3. 了解违反行政、民事、刑事的行为和法律责任。

药品是指用于预防、治疗、诊断人体疾病，有目的地调节人体生理功能并规定有适应证或者功能主治、用法和用量的物质，包括中药材、中药饮片、中成药、化学原料药及其制剂、抗生素、生化药品、放射性药品、血清、疫苗、血液制品和诊断药品等。药品管理是为了保证药品质量，增进药品疗效，保障人民用药安全，维护人民身体健康，从而达到使药品能够真正防病、治病、解除人民群众疾病痛苦目的。国家先后于 2001 年、2013 年、2015 年、2019 年对《药品管理法》进行了修改。

为了保障药品管理法律法规贯彻执行，2003 年国务院设立了国家食品药品监督管理局，负责食品安全管理和药品质量监督管理。2018 年 3 月召开的第十三届全国人大第一次会议审议通过单独组建药品质量监督管理局，负责药品质量监督管理。

第一节 药品生产与经营管理法律规定

一、药品生产管理

加强药品生产监督管理是保证药品质量的关键。关于药品生产管理法律，除《药品管理法》和《中华人民共和国疫苗管理法》（以下简称《疫苗管理法》，2019 年 12 月施行）及其实施条例外，公布的有关法律规章有《药品生产质量管理规范》（2010 年修订）、《药品生产监督管理办法》、《直接接触药品的包装材料和容器管理办法》、《药品说明书和标签管理规定》，除《直接接触药品的包装材料和容器管理办法》已是失效外，上述其他法律规章制度仍现行有效。

（一）开办药品生产企业的条件

药品生产企业是指生产药品专营企业或者兼营企业。开办药品生产企业必须具备以下条件：① 有依法经过资格认定的药学技术人员、工程技术人员及相应的技术工人；② 有与其药品生产相适应的厂房、设施和卫生环境；③ 有能对所生产药品进行质量管理和质量检验的机构、人员及必要的仪器设备；④ 有保证药品质量的规章制度，并符合国务院药品监督管理部门依据法律制定的药品生产质量管理规范要求。

2019年12月1日实施的《药品管理法》规定：从事药品生产活动，应当经所在地省、自治区、直辖市人民政府药品监督管理部门批准，取得《药品生产许可证》。无《药品生产许可证》，不得生产药品。药品生产许可证应当标明有效期和生产范围，到期重新审查发证。删去了旧法中"凭《药品生产许可证》到工商行政管理部门办理登记注册"的规定。这个修改是改革市场准入制度，推进工商注册制度便利化，大力减少前置审批，由先证后照改为先照后证，从一定程度上减少了对企业限制。

（二）药品生产质量管理规范（GMP）管理制度

GMP管理制度，是为规范药品生产质量管理、保证药品质量的一项管理制度。GMP是世界各国对药品生产全过程监督管理采用的法定技术规范，该体系涵盖影响药品质量的所有因素，包括确保药品质量符合预定用途的有组织、有计划的全部活动。GMP作为质量管理体系的一部分，是药品生产管理和质量控制的基本要求，旨在最大限度地降低药品生产过程中污染、交叉污染以及混淆、差错等风险，确保持续稳定地生产出符合预定用途和注册要求的药品。我国《药品管理法》的管理制度有以下特点。

1. 实施 GMP 强制认证制度　2019年12月1日新版《药品管理法》施行前，国家实施药品生产质量管理规范强制认证制度。例如，1984年9月发布实施的《药品管理法》，2001年、2013年、2015年三次修正，都明确规定了药品生产企业必须按照国务院药品监督管理部门依法制定的《药品生产质量管理规范》组织生产。药品监督管理部门按照规定对药品生产企业是否符合《药品生产质量管理规范》的要求进行认证；对认证合格的，发给认证证书。这是实施GMP强制认证阶段。

2. 改革 GMP 管理制度，取消药品经营质量管理规范(GSP)强制认证　随着国家市场准入制度改革的深化和新版《药品管理法》的施行，取消药品GMP和GSP认证。国家药品监督管理局发布《关于贯彻实施〈药品管理法〉有关事项的公告》（2019年第103号），自2019年12月1日起，正式取消药品GMP和GSP认证，不再受理GMP和GSP认证申请，不再发放药品GMP、GSP证书。

取消药品GMP和GSP认证的举措，不是不要求药品生产和经营的质量认证规范，而是减少过去过于繁琐复杂的认证方法，从更新角度追求药品生产和经营的质量评价规范。现行《药品管理法》强调企业自律，履行第一责任人的法定义务。还规定：从事药品生产活动，应当遵守药品生产质量管理规范，建立健全药品生产质量管理体系，保证药品生产全过程符合法定要求。生产药品所需的原料、辅料，应当符合药用和药品生产质量管理规范的有关要求。

3. 加强监督管理　药品监督管理部门应当对药品上市许可持有人、药品生产企业、药品经营企业和药物非临床安全性评价研究机构、药物临床试验机构等遵守药品生产质量管理规范、药品经营质量管理规范、药物非临床研究质量管理规范、药物临床试验质量管理规范等情况进行检查，监督其持续符合法定要求。

4. 有关法律责任　药品上市许可持有人、药品生产企业、药品经营企业、药物非临床安全性评价研究机构、药物临床试验机构等未遵守药品生产质量管理规范、药品经营质量管理规范、药物非临床研究质量管理规范、药物临床试验质量管理规范等的，责令限期改正，给予警告；逾期不改正的，处10万元以上50万元以下的罚款；情节严重的，处50万元以上200万元以下的罚款，责令停产停业整顿直至吊销药品批准证明文件、药品生产与经营许可证等，药物非临床安全性评价研究机构、药物临床试验机构等5年内不得开展药物非临床安全性评价研究、药物临床试验,对法定代表人、主要负责人、直接负责的主管人员和其他责任人员,没收违法行为发生期间自本单位所获收入,并处所获收入10%以上50%以下的罚款,10年直至终身禁止从事药品生产经营等活动。

(三) 药品生产的规定

除中药饮片炮制外,药品必须按照国家药品标准和国务院药品监督管理部门批准的生产工艺进行生产,生产记录必须完整准确。药品生产企业改变影响药品质量生产工艺,必须报原批准部门审核批准。

中药饮片必须按照国家药品标准炮制;国家药品标准没有规定的,必须按照省、自治区、直辖市人民政府药品监督管理部门制定的炮制规范炮制。省、自治区、直辖市人民政府药品监督管理部门制定的炮制规范应当报国务院药品监督管理部门备案。

生产药品所需原料、辅料,必须符合药用要求。

药品生产企业必须对其生产药品进行质量检验;不符合国家药品标准或者不按照省、自治区、直辖市人民政府药品监督管理部门制定的中药饮片炮制规范炮制,不得出厂。

经省、自治区、直辖市人民政府药品监督管理部门批准,药品生产企业可以接受委托生产药品。疫苗、血液制品和国务院药品监督管理部门规定的其他药品,不得委托生产。

(四) 药品包装管理

1. 药品包装材料和容器要求 《药品管理法》规定,直接接触药品的包装材料和容器,必须符合药用要求,符合保障人体健康、安全的标准,并由药品监督管理部门在审批药品时一并审批。药品生产企业不得使用未经批准的直接接触药品的包装材料和容器。对不合格的直接接触药品的包装材料和容器,由药品监督管理部门责令停止使用。

药品包装必须适合药品质量的要求,方便储存、运输和医疗使用。发运中药材必须有包装。在每件包装上,必须注明品名、产地、日期、调出单位,并附有质量合格标志。

2. 药品标签、说明书规定 药品包装必须按照规定印有或者贴有标签并附有说明书。标签或者说明书上必须注明药品通用名称、成分、规格、生产企业、批准文号、产品批号、生产日期、有效期、适应证或者功能主治、用法、用量、禁忌、不良反应和注意事项。麻醉药品、精神药品、医疗用毒性药品、放射性药品、外用药品和非处方药标签,必须印有规定的标志。

(五) 从业人员健康检查

药品生产人员应有健康档案。药品生产企业直接接触药品的工作人员,必须每年进行健康检查。体表有伤口者及患有传染病、皮肤病或者其他可能污染药品的疾病患者,不得从事直接接触药品的工作。

二、药品经营管理

加强药品经营流通监督管理是保证药品质量的重要环节。为了保证药品经营质量、保证人民用药安全,政府必须依据法律规定的条件对药品经营企业开办进行事前审查批准,并对其日常经营活动进行规范和监管。

我国对药品经营企业实施监督管理的法律规范主要有《药品管理法》《药品经营质量管理规范》《药品经营许可证管理办法》《药品流通监督管理办法》等。

(一) 开办药品经营企业的条件

药品经营企业是指经营药品专营企业或者兼营企业,开办药品经营企业应遵循合理布局和方便群众购药的原则,具备以下条件:① 具有依法经过资格认定的药学技术人员;② 具有与所经营药品相适应的营业场所、设备、仓储设施和卫生环境;③ 具有与所经营药品相适应的质量管理机构或者人员;④ 具有保证所经营药品质量的规章制度。

现行《药品管理法》规定,开办药品批发企业,须经企业所在地省、自治区、直辖市人民政府药品监督管理部门批准并发给《药品经营许可证》;开办药品零售企业,须经企业所在地县级以上地方药品监督管理部门批准并发给《药品经营许可证》。无《药品经营许可证》,不得经营药品。

(二) 药品经营质量管理规范管理制度

从事药品经营活动,应当遵守药品经营质量管理规范,建立健全药品经营质量管理体系,保证药品经营全过程持续符合法定要求。药品监督管理部门按照规定对药品经营企业是否符合 GSP 要求进行监督管理。

GSP 是针对药品在流通环节中所有可能发生质量事故因素,为保证药品质量、防止质量事故发生而制定的一套药品经营管理质量保证规范,是药品经营质量管理基本准则。

药品经营企业必须按照 GSP 经营药品;药品监督管理部门按照规定对药品经营企业是否符合 GSP 要求进行认证;认证合格的,发给认证证书。

(三) 药品经营的规定

药品经营企业购进药品,应当建立并执行进货检查验收制度,验明药品合格证明和其他标识;不符合规定要求,不得购进。药品经营企业购销药品,应当有真实完整的购销记录。购销记录必须注明药品通用名称、剂型、规格、产品批号、有效期、上市许可持有人、生产企业、购销单位、购销数量、购销价格、购销日期及国务院药品监督管理部门规定的其他内容。药品经营企业销售药品应当准确无误,并正确说明用法、用量和注意事项;调配处方应当经过核对,对处方所列药品不得擅自更改或者代用。对有配伍禁忌或者超剂量处方,应当拒绝调配;必要时,经处方医师更正或者重新签字,方可调配。药品经营企业销售中药材,必须标明产地。

药品经营企业必须制定和执行药品保管制度,采取必要的冷藏、防冻、防潮、防虫、防鼠等措施,保证药品质量。药品入库和出库必须执行检查制度。

城乡集市贸易市场可以出售中药材,国务院另有规定的除外。国务院《药品管理法实施条例》规定,交通不便的边远地区城乡集市贸易市场没有药品零售企业的,当地药品零售企业经所在地县(市)药品监督管理机构批准并到工商行政管理部门办理登记注册后,可以在该城乡集市贸易市场内设点并在批准经营的药品范围内销售非处方药品。

(四) 药品流通管理

1. 药品经营企业购销药品的规定 药品经营企业应按规定建立药品销售记录,记录药品品名、剂型、规格、有效期、生产厂商、购货单位、销售数量、销售日期等项内容,销售记录应保存至超过药品有效期 1 年,但不得少于 3 年。

药品经营企业应按照国家有关不良反应报告制度规定,注意收集由本企业售出药品不良反应情况,发现不良反应应按规定上报有关部门。

药品零售企业在营业时间内,应有执业药师或药师在岗并佩戴标明姓名、执业药师或其技术职称胸牌。处方药不应采用开架自选的销售方式,无医师开具的处方不得销售处方药。

药品销售不得采用有奖销售、附赠销售或礼品销售等方式。

2. **医疗机构购进、储存药品的规定** 医疗机构购进药品,必须建立并执行进货检查验收制度,并建有真实完整的药品购进记录。医疗机构储存药品,应当制定和执行有关药品保管、养护制度,保证药品质量。医疗机构配制的制剂不得在市场上销售。医疗机构和计划生育技术服务机构不得未经诊疗直接向患者提供药品。

(五)药品价格和广告的管理

1. **药品价格的管理** 药品生产企业、经营企业和医疗机构应当按照公平、合理和诚实信用、质价相符原则制定价格,为用药者提供价格合理的药品;遵守国务院价格主管部门关于药价管理规定,制定和标明药品零售价格,禁止暴利和损害用药者利益的价格欺诈行为。

2013年修改前的《药品管理法》在第五十五条规定我国药品价格实行政府定价、政府指导价和市场调节价。新修订的《药品管理法》删去了第五十五条,意味着中国多数药品价格限制将被取消,这与国家发展和改革委员会《推进药品价格改革方案(征求意见稿)》内容相一致。自1996年开始,中国对药品实行三种定价形式:纳入基本医疗保险报销目录药品及少数生产经营具有垄断性药品,实行政府定价或政府指导价。其中,由财政购买免费向特定人群发放药品,实行政府定价,目前约有100种,占已批准上市药品数量的0.8%;其他药品实行政府指导价,具体形式为最高零售限价,目前约2 600种,占22%左右。除上述共2 700种政府定价和政府指导价的药品,其他77%药品此前已实行市场调节,由企业自主定价。

虽然定价机制放开了,但是药品价格还是属于国家控制范围,国家并没有把药品定价机制完全推给市场。取消药品政府定价后,由于有招标采购机制的约束,医院销售药品的价格不会上涨。

2. **药品广告的管理** 药品广告应当经广告主所在地省、自治区、直辖市人民政府确定的广告审查机关批准;未经批准的,不得发布。药品广告的内容应当真实、合法,以国务院药品监督管理部门核准的药品说明书为准,不得含有虚假的内容。药品广告不得含有不科学表示功效的断言或者保证;不得利用国家机关、医药科研单位、学术机构或者专家、学者、医师、患者名义和形象做证明。非药品广告不得有涉及药品宣传。

处方药可以在国家卫生行政主管部门和国家药品监督管理部门共同指定的医学、药学专业刊物上介绍,但不得在大众传播媒介发布广告或者以其他方式进行以公众为对象的广告宣传。非处方药经审批后可以在大众传播媒介进行广告宣传。

省、自治区、直辖市人民政府药品监督管理部门应当对其批准的药品广告进行检查,对于违反《药品管理法》《中华人民共和国广告法》的广告,应当向广告监督管理机关通报并提出处理建议,广告监督管理机关应当依法做出处理。

三、医疗机构制剂管理的法律规范

医疗机构制剂是指医疗机构根据本单位临床需要经批准而配制、自用的固定处方制剂。《药品管理法》规定,医疗机构配制制剂,须经所在地省、自治区、直辖市人民政府卫生行政主管部门审核同意,由省、自治区、直辖市人民政府药品监督管理部门批准,发给《医疗机构制剂许可证》,无许可证者不得配制制剂,许可证有效期5年。

医疗机构申请配制制剂,应当是本单位临床需要而市场上没有供应的品种,并须经所在地省、自治区、直辖市人民政府药品监督管理部门批准方可配制。经检验合格,凭医师处方在本医疗机构中使用。特殊情况下,经省、自治区、直辖市人民政府药品监督管理部门批准,可以在指定的医疗机构之间调剂使用。医疗机构配制制剂,不得在市场销售。

四、禁止生产、销售假药、劣药

《药品管理法》规定,禁止生产、销售假药、劣药。对于违法者给予处罚,特别是造成严重后果者,坚决实施法律制裁,直至死刑。

1. 关于假药的规定　根据《药品管理法》第九十八规定,有下列情形之一的按假药论处:① 药品所含成分与国家药品标准规定的成分不符;② 以非药品冒充药品或者以他种药品冒充此种药品;③ 变质的药品;④ 药品所标明的适应证或者功能主治超出规定范围。

2. 关于劣药的规定　根据《药品管理法》第九十八条规定有下列情形之一的药品,按劣药论处:① 药品成分的含量不符合国家药品标准;② 被污染的药品;③ 未标明或者更改有效期的药品;④ 未注明或者更改产品批号的药品;⑤ 超过有效期的药品;⑥ 擅自添加防腐剂、辅料的药品;⑦ 其他不符合药品标准的药品。

第二节　药品监督管理法律规定

一、药品监督管理机构

《药品管理法》规定,国家药品监督管理部门主管全国的药品监督管理工作。国务院有关部门在各自职责范围内负责与药品有关的监督管理工作。省、自治区、直辖市人民政府药品监督管理部门负责本行政区域内的药品监督管理工作。设区的市级、县级人民政府药品监督管理部门负责本行政区域内的药品监督管理工作。县级以上地方人民政府有关部门在各自职责范围内负责与药品有关的监督管理工作。

二、药品监督管理的主要方式

根据相关法律规定,药品监督管理部门应当行使以下监督管理职权,并严格遵守《药品管理法》关于药品监督管理的有关禁止性规定。

1. 监督检查　药品监督管理部门有权按照法律和行政法规规定,对药品的研制、生产、流通、使用进行全过程监督检查,接受监督检查单位不得拒绝和隐瞒。

2. 监督抽验　质量抽查检验是药品监督管理工作的基础,通过抽查检验可以了解生产、流通、使用中的药品质量状况,从而在各个环节实施有效的监督管理,杜绝假劣药品,保证用药安全、有效。《药品管理法》规定,药品监督管理部门根据监督检查的需要,可以对药品质量进行抽查检验。抽查检验应当按照规定抽样,并不得收取任何费用。

3. 发布药品质量公告　国务院和省、自治区、直辖市药品监督管理部门应当定期公告药品质量抽查检验结果;公告不当者,必须在原公告范围内予以更正。

4. 采取行政强制措施　药品监督管理部门对有证据证明可能危害人体健康的药品及有关材料可以采取查封、扣押的行政强制措施,并在7日内做出行政处理决定;药品需要检验的,必须自检验报告书发出之日起15日内做出行政处理决定。

5. 对药品不良反应危害采取有效控制措施　药品监督管理部门应当组织药品不良反应监测和上市药品再评价,对疗效不确切、不良反应大或者因其他原因危害人体健康的药品,国务院和省、自治区、直辖市药品监督管理部门可以采取停止生产、销售、使用的控制措施,并应当在5日内组织鉴定,自鉴定结论做出之日起15日内依法做出行政处理决定。

6. 药品监督管理过程中禁止性规定　在赋予药品监督管理部门权力的同时,也对行使权力规定了明确禁止性规定,以规范、制约、监督行政权力行使,防止滥用权力。

(1) 地方人民政府和药品监督管理部门不得以要求实施药品检验、审批等手段限制或者排斥非本地区药品生产企业生产的药品进入本地区。

(2) 药品监督管理部门及其设置药品检验机构和确定专业从事药品检验机构不得参与药品生产经营活动,不得以其名义推荐或者监制、监销药品。

(3) 药品监督管理部门及其设置药品检验机构和确定专业从事药品检验机构工作人员不得参与药品生产经营活动。

三、药品标准的法律规定

药品标准是国家对药品质量规格和药品检验方法所给予的技术规定,是国家对药品进行监督管理的一种有效方法和手段,是药品生产、销售、使用和检验单位必须共同遵守的法定规则。根据《药品管理法》第二十八条规定,国务院药品监督管理部门颁布的《中华人民共和国药典》和药品标准为国家药品标准,国务院药品监督管理部门会同国务院卫生行政主管部门组织药典委员会,负责国家药品标准的制定和修订。

1. 药品标准的基本要求

(1) 药品必须有确定的疗效,尽可能小的毒性和副作用。药品有效性是发挥治疗效果的基本条件,安全性是保证药品充分发挥作用又减少损伤和不良影响的必要条件。

(2) 工业生产药品,应有成熟工艺,稳定质量保证,能进行批量生产。

(3) 中药材应是常用药、确有疗效,品种来源清楚,并有鉴别真伪和必要质量规定。

(4) 中成药应使用面广,处方合理,工艺成熟,原料资源丰富。

(5) 临床必需验方、制剂,确有疗效,对症治疗。

2. 药品标准的主要内容　① 药品名称、成分或处方组成;② 药品含量及其检查、检验方法;③ 制剂原料及辅料;④ 允许杂质及其限量、限度技术要求以及作用、用途、用法、用量;⑤ 注意事项;⑥ 储存方法。

3. 制定药品标准的机构　国务院药品监督管理部门会同国务院卫生行政主管部门组织药典委员会,负责国家药品标准的制定和修订。《中华人民共和国药典》是具有法律约束力的药品质量标准法典,是药品标准最高法定形式。

四、药品注册

药品注册是指国家药品监督管理部门根据药品注册申请人申请,依照法定程序,对拟上市销售药品的安全性、有效性、质量可控性等进行审查,并决定是否同意其申请的审批过程。为保证药品安全、有效和质量可控,规范药品注册行为,2007年7月国家药品监督管理部门发布了《药品注册管理办法》,2008年1月又发布了《中药注册管理补充规定》,2020年发布新的《药品注册管理办法》。

(一) 药品注册原则和制度

《药品管理法》规定,国家鼓励研究和创制新药,保护公民、法人和其他组织研究、开发新药的合法权益。《药品注册管理办法》规定,药品注册工作应遵循公开、公平、公正原则。国家药品监督管理部门对药品注册实行主审集体负责制,相关人员进行公示制和回避制、责任追究制、受理、检验、审评、审批、送达等环节接受社会监督。

药品监督管理部门、相关单位以及参加药品注册工作的人员，对申请人提交的技术秘密和实验数据有保密义务。

(二) 药品注册申请的内容

药品注册申请包括新药申请、仿制药申请、进口药品申请、补充申请和再注册申请。新的注册管理办法，将其分为药品上市注册、药品上市后变更和再注册。境内申请人申请药品注册按照新药申请、仿制药申请程序和要求办理，境外申请人申请药品注册按照进口药品申请程序和要求办理。

1. 新药申请　指未曾在中国境内上市销售药品的注册申请。已上市药品改变剂型、改变给药途径、增加新适应证的药品按照新药申请程序申报。

2. 仿制药申请　指生产国家药品监督管理部门已批准上市的已有国家标准药品的注册申请，但是生物制品按照新药申请的程序申报。

3. 进口药品申请　指在境外生产法人的药品在中国境内上市销售的注册申请。

4. 补充申请　指新药申请、仿制药申请或者进口药品申请经批准后，改变、增加或取消原批准事项或内容的注册申请。

5. 再注册申请　指药品批准证明文件有效期满后，申请人拟继续生产或进口该药品的注册申请。

五、处方药与非处方药管理的法律规定

为了保障人民群众用药安全，使用方便，我国对药品实行分类管理。《药品管理法》第五十七条规定，国家对药品实行处方药与非处方药分类管理制度。根据药品品种、规格、适应证、剂量以及给药途径不同，将药品分为处方药和非处方药。根据《药品管理法》规定，国家药品监督管理部门于1999年6月19日颁布、2000年1月1日起实施《处方药与非处方药分类管理办法(试行)》。

(一) 处方药与非处方药的分类

1. 处方药(RX)　指必须凭执业医师或执业职业助理医师处方才能调配、购买和使用的药品。处方药有以下几类：① 上市新药；② 可产生依赖性药物；③ 药物本身毒性较大的药品；④ 用于治疗某些疾病所需的特殊药品；⑤ 粉针剂与大输液类药品。

2. 非处方药(OTC)　指由国家药品监督管理部门公布，不需要凭执业医师或执业助理医师处方，消费者可以自行判断、购买和使用的药品。非处方药主要用于多发病、常见病自行诊治，药品安全性高，正常使用时无严重不良反应，使用者可以觉察到治疗效果，在正常条件下储存质量稳定，使用时不需要医生指导与监控。根据药品安全性，非处方药分为甲、乙两类。甲类非处方药专有标识颜色为红色，乙类非处方药专有标识颜色为绿色。

处方药和非处方药不是药品本质的属性，而是管理上界定。无论是处方药还是非处方药都是经过国家药品监督管理部门批准的，其安全性、有效性都是有保障。

(二) 处方药与非处方药分类管理的主要内容

(1) 国家药品监督管理部门负责处方药目录遴选、审批、发布和调整工作。

(2) 非处方药标签和说明书除符合规定外，用语应当科学、易懂，便于消费者自行判断、选择和使用。非处方药标签和说明书必须经国家药品监督管理部门批准。

(3) 经省、自治区、直辖市药品监督管理部门或其授权药品监督管理部门批准的其他商业企业,可以零售乙类非处方药。

(4) 医疗机构根据医疗需要可以决定或推荐使用非处方药。消费者有权自主选购非处方药,并须按非处方药标签和说明书所示内容使用。

(5) 处方药只准在指定的医学、药学专业刊物上进行广告宣传,非处方药经审批后可以在大众传播媒介进行广告宣传。

(6) 处方药可在零售药店中销售,但必须凭医生处方才能购买使用。

六、国家建立药物警戒制度

为了更科学地指导合理用药,保障上市药品安全有效,根据《药品管理法》规定,国家建立药物警戒制度,对药品不良反应及其他与用药有关的有害反应进行监测、识别、评估和控制。2021年5月7日,国家药品监督管理局发布了《药物警戒质量管理规范》,要求药品上市许可持有人和药品注册申请人按要求建立并持续完善药物警戒体系,规范开展药物警戒活动。对药品不良反应及其他与用药有关的有害反应进行监测、识别、评估和控制,最大限度地降低药品安全风险,保护和促进公众健康。药品生产企业、药品经营企业和医疗机构必须经常考察本单位所生产、经营、使用的药品质量、疗效和反应。发现可能与用药有关的严重不良反应,必须及时向当地省、自治区、直辖市人民政府药品监督管理部门和卫生行政主管部门报告。具体办法由国务院药品监督管理部门会同国务院卫生行政主管部门制定。对已确认发生严重不良反应药品,国务院或者省、自治区、直辖市人民政府药品监督管理部门可以采取停止生产、销售、使用的紧急控制措施。

1. 药品不良反应的定义　指合格药品在正常用法用量下出现的与用药目的无关的有害反应。

2. 我国药品不良反应报告范围

(1) 新药监测期内药品,应报告该药品发生的所有不良反应;新药监测期已满药品,报告该药品新的和严重的不良反应。药品生产企业还应进行年度汇报总结。

(2) 进口药品自首次获准进口之日起5年内,报告该进口药品发生的所有不良反应;满5年,报告该进口药品发生新的和严重的不良反应。对进口药品不良反应还应进行年度汇报总结。

进口药品在其他国家和地区发生新的或严重的不良反应,代理经营该进口药品的单位应于不良反应发现之日起1个月内报告国家药品不良反应监测中心。

药品不良反应实行逐级、定期报告制度,必要时可以越级报告。新的或严重的药品不良反应应于发现之日起15日内报告,死亡病例须及时报告。药品生产企业、经营企业和医疗卫生机构发现不良反应,应立即报告。其他按季度报告。

第三节　特殊药品管理法律规定

特殊药品有狭义和广义之分。狭义上讲的特殊药品是指麻醉药品、精神药品、毒性药品、放射性药品。广义上讲的特殊药品,即特殊管理的药品。除上面的4类药品外,还包括药品类易制毒化学品、兴奋剂、含特殊药品类复方制剂。特殊药品管理是指国家制定法律制度，实行比其他药品更加严格的药品管制制度。

国务院对麻醉药品、精神药品、医疗用毒性药品、放射性药品、药品类易制毒化学品等有其他特殊管理规定的，依照其规定。

一、麻醉药品和精神药品管理

（一）麻醉药品和精神药品概念

麻醉药品是指连续使用容易产生身体依赖性而能成瘾的药品，主要是指阿片类、可卡因类、大麻类、合成麻醉药类及卫生部门指定其他已成瘾药品、药用植物及其制剂。精神药品是指直接作用于中枢神经系统，使之兴奋或连续使用能产生依赖性药品。根据其使人体产生依赖性和损害健康程度，分为第一类和第二类精神药品。麻醉药品和精神药品目录由国家药品监督管理部门会同公安部门、卫生行政主管部门制定、调整并公布。

（二）麻醉药品和精神药品监督管理

1. 麻醉药品和精神药品的生产 国家根据麻醉药品和精神药品的医疗、国家储备及企业生产所需原料的需要确定需求总量，对麻醉药品药用原植物种植及麻醉药品和精神药品生产实行总量控制。国务院药品监督管理部门根据麻醉药品和精神药品的需求总量制定年度生产计划。国家药品监督管理部门和农业主管部门根据麻醉药品年度生产计划，制定麻醉药品药用原植物年度种植计划。国家对麻醉药品和精神药品实行定点生产制度。国家药品监督管理部门应当根据麻醉药品和精神药品的需求总量，确定麻醉药品和精神药品定点生产企业的数量和布局，并根据年度需求总量对数量和布局进行调整、公布。

2. 麻醉药品和精神药品的供应 国家对麻醉药品和精神药品实行定点经营制度。国家药品监督管理部门应当根据麻醉药品和第一类精神药品的需求总量，确定麻醉药品和第一类精神药品定点批发企业布局，并应当根据年度需求总量对布局进行调整、公布。药品经营企业不得经营麻醉药品原料药和第一类精神药品原料药；麻醉药品和第一类精神药品不得零售。第二类精神药品零售企业应当凭执业医师出具的处方，按规定剂量销售第二类精神药品，并将处方保存2年备查；禁止超剂量或者无处方销售第二类精神药品；不得向未成年人销售第二类精神药品。

3. 麻醉药品和精神药品的运输 托运、承运和自行运输麻醉药品和精神药品，应当采取安全保障措施，防止麻醉药品和精神药品在运输过程中被盗、被抢、丢失。

4. 麻醉药品和精神药品的使用 医疗机构需要使用麻醉药品和第一类精神药品，应当经所在地设区的市级人民政府卫生行政主管部门批准，取得麻醉药品、第一类精神药品购用印鉴卡（以下称"印鉴卡"）。医疗机构应当按照国家卫生主管部门规定，对本单位执业医师进行有关麻醉药品和精神药品使用知识培训、考核，经考核合格，授予麻醉药品和第一类精神药品处方资格。医疗机构应当对麻醉药品和精神药品处方进行专册登记，加强管理。麻醉药品处方至少保存3年，精神药品处方至少保存2年。

医疗机构、戒毒机构以开展戒毒治疗为目的，可以使用美沙酮或者国家确定的其他用于戒毒治疗麻醉药品和精神药品。具体管理办法由国家药品监督管理部门、国务院安监部门和卫生行政主管部门制定。

二、医疗用毒性药品的管理

医疗用毒性药品是指毒性剧烈、治疗剂量与中毒剂量相近,使用不当会致人中毒或死亡的药品。为加强医疗用毒性药品管理,防止中毒或死亡事故发生,1988年12月27日国务院发布了《医疗用毒性药品管理办法》,自发布之日起施行。

医疗用毒性药品年度生产、收购、供应和配制计划,由省、自治区、直辖市医药管理部门根据医疗需要制定;毒性药品收购、经营,由各级医药管理部门指定的药品经营单位负责;医疗单位供应和调配毒性药品,凭医生签名的正式处方。国营药店供应和调配毒性药品,凭盖有医生所在医疗单位公章的正式处方。每次处方剂量不得超过2日剂量。收购、经营、加工、使用毒性药品单位必须建立健全保管、验收、领发、核对等制度;严防收假、发错,严禁与其他药品混杂,做到划定仓间或仓位,专柜加锁并由专人保管。毒性药品包装容器上必须印有毒药标志,在运输毒性药品过程中,应当采取有效措施,防止发生事故。

三、放射性药品的管理

放射性药品是指用于临床诊断或者治疗的放射性核素制剂或者其标记药物。为了加强放射性药品管理,1989年1月13日国务院发布了《放射性药品管理办法》,自发布之日起施行,并于2010年、2017年、2022年进行了三次修正。

国家根据需要,对放射性药品实行合理布局,定点生产。开办放射性药品生产、经营企业,必须具备《药品管理法》规定的条件,符合国家有关放射性同位素安全和防护的规定与标准,并履行环境影响评价文件的审批手续;开办放射性药品生产企业,经所在省、自治区、直辖市国防科技工业主管部门审查同意,所在省、自治区、直辖市药品监督管理部门审核批准后,由所在省、自治区、直辖市药品监督管理部门发给《放射性药品生产企业许可证》;开办放射性药品经营企业,经所在省、自治区、直辖市药品监督管理部门审核并征求所在省、自治区、直辖市国防科技工业主管部门意见后批准的,由所在省、自治区、直辖市药品监督管理部门发给《放射性药品经营企业许可证》。无许可证的生产、经营企业,一律不准生产、销售放射性药品。《放射性药品生产企业许可证》《放射性药品经营企业许可证》有效期为5年。放射性药品生产、经营企业,必须建立质量检验机构,严格实行生产全过程质量控制和检验。产品出厂前,须经质量检验。符合国家药品标准的产品方可出厂,不符合标准的产品一律不准出厂。

持有《放射性药品使用许可证》的医疗单位,在研究配制放射性制剂并进行临床验证前,应当根据放射性药品特点,提供该制剂药理、毒性等资料,由省、自治区、直辖市卫生行政主管部门批准,并报国家卫生行政主管部门备案。该制剂只限本单位内使用。

持有《放射性药品使用许可证》的医疗单位,必须负责对使用的放射性药品进行临床质量检验,收集药品不良反应等项工作,并定期向所在地卫生行政主管部门报告。由省、自治区、直辖市卫生行政主管部门汇总后报国家卫生行政主管部门。

第四节 法 律 责 任

一、行政责任

行政责任的内容包括行政处分和行政处罚。在药品监督管理中,行政处分是指在当前药品管理中国家药品监督管理部门及各药品生产、经营企事业组织对所属工作人员或职工进行的处分,种类有警告、记过、记大过、降职、撤职、开除留用、开除公职。行政处罚是指县级以上药品监督管理部门对单位、个人违反药品法规所进行的处罚。根据《中华人民共和国行政处罚法》《药品管理法》《疫苗管理法》《药品管理法实施条例》等,违反药品管理法律法规的行政处罚主要形式有警告、罚款、没收药品和违法所得、责令停产、停业整顿、吊销"三证"(即《药品生产许可证》《药品经营企业许可证》《医疗机构制剂许可证》)。

行政处罚主要规定有以下方面。

(1) 未取得《药品生产许可证》《药品经营许可证》或者《医疗机构制剂许可证》而生产、经营药品的,予以取缔,没收药品和违法所得并处罚款。

(2) 生产、销售假药,没收违法生产、销售药品和违法所得并处罚款;有药品批准证明文件的予以撤销,并责令停产、停业整顿;情节严重的,吊销《药品生产许可证》《药品经营许可证》或者《医疗机构制剂许可证》。

(3) 生产、销售劣药,没收违法生产、销售药品和违法所得并处罚款;情节严重的,责令停产、停业整顿或者撤销药品批准证明文件、吊销《药品生产许可证》《药品经营许可证》或者《医疗机构制剂许可证》。

(4) 从事生产、销售假药及生产、销售劣药情节严重的企业或者其他单位,其直接负责主管人员和其他直接责任人员10年内不得从事药品生产、经营活动。对专门用于生产假药、劣药的原辅材料、包装材料、生产设备予以没收。

(5) 对知道或者应当知道用于假劣药品而为其提供运输、保管、仓储等便利条件的,没收全部收入并处罚款。

(6) 药品生产企业、经营企业、药品非临床安全性评价研究机构、药物临床试验机构未按照规定实施质量管理规范,给予警告,责令限期改正。逾期不改正的,责令停产、停业整顿,并处罚款;情节严重的,吊销《药品生产许可证》《药品经营许可证》和药物临床试验机构资格。

(7) 药品生产企业、经营企业或者医疗机构违反规定,从无许可证单位购进药品,责令改正,没收药品并处罚款。有违法所得的,没收违法所得。情节严重的,吊销《药品生产许可证》《药品经营许可证》或者医疗机构执业许可证书。

(8) 进口已获得药品进口注册证书的药品,未按照规定向允许药品进口口岸所在地药品监督管理部门登记备案的,给予警告,责令限期改正;逾期不改正的,撤销进口药品注册证书。

当事人对行政处罚决定不服,可以在接到处罚通知之日起15日内向人民法院起诉。但是,对药品监督管理部门做出的药品控制决定,当事人必须立即执行。对处罚决定不履行,逾期又不起诉,由做出行政处罚决定的机关申请人民法院强制执行。

二、民事责任

《药品管理法》中规定的民事责任,是侵权民事责任的一种。《药品管理法》规定,药品生产企业、经营企业、医疗机构违反法律规定,给药品使用者造成损害,依法承担赔偿责任。药品检验机构出具的检验结果不实,造成损失,应当承担相应的赔偿责任。损害赔偿范围,可适用《民法典》;侵害公民身体造成伤害的,应当赔偿医疗费、因误工收入、残疾者生活补助费等费用;造成死亡的,应当支付丧葬费、死者生前抚养的人必要的生活费等费用。原则上赔偿直接损失,不包括间接损失。

三、刑事责任

违反《药品管理法》有关规定,构成犯罪的,依法追究刑事责任。

(1) 我国《刑法》第一百四十一条规定,生产、销售假药,足以严重危害人体健康的,处3年以下有期徒刑或者拘役,并处或者单处销售金额50%以上2倍以下的罚金;对人体健康造成严重危害的,处3年以上10年以下有期徒刑,并处销售金额50%以上2倍以下的罚金;致人死亡或者对人体健康造成特别严重危害的,处10年以上有期徒刑、无期徒刑或者死刑,并处销售金额50%以上2倍以下的罚金或者没收财产。

(2) 我国《刑法》第一百四十二条规定,生产、销售劣药,对人体健康造成严重危害的,处3年以上10年以下有期徒刑,并处销售金额50%以上2倍以下的罚金;后果特别严重的,处10年以上有期徒刑或者无期徒刑,并处销售金额50%以上2倍以下的罚金或者没收财产。

(3) 我国《刑法》第一百四十二条之一规定,违反药品管理法规,有下列情形之一,足以严重危害人体健康的,处3年以下有期徒刑或者拘役,并处或者单处罚金;对人体健康造成严重危害或者有其他严重情节的,处3年以上7年以下有期徒刑,并处罚金:① 生产、销售国务院药品监督管理部门禁止使用的药品的;② 未取得药品相关批准证明文件生产、进口药品或者明知是上述药品而销售的;③ 药品申请注册中提供虚假的证明、数据、资料、样品或者采取其他欺骗手段的;④ 编造生产、检验记录的。

(4) 我国《刑法》第三百五十五条规定,依法从事生产、运输、管理、使用国家管制麻醉药品、精神药品人员,违反国家规定,向吸食、注射毒品人提供国家规定管制能够使人形成瘾癖的麻醉药品、精神药品,处3年以下有期徒刑或者拘役,并处罚金;情节严重的,处3年以上7年以下有期徒刑,并处罚金。向走私、贩卖毒品犯罪分子或者以牟利为目的,向吸食、注射毒品人提供国家规定管制能够使人形成瘾癖的麻醉药品、精神药品,依照《刑法》第三百四十七条关于走私、贩卖、运输、制造毒品规定予以刑事处罚。单位犯上述罪,对单位判处罚金,并对其直接负责主管人员和其他直接责任人员,依照上述规定处罚。

第十三章

母婴保健、人口与计划生育法律制度

> **导学**
> 1. 掌握母婴保健机构及其工作人员的管理、违反《母婴保健法》的法律责任。
> 2. 熟悉母婴保健法律制度；人口与计划生育法律制度。
> 3. 了解母婴保健工作管理机构及职责。

保护妇女儿童健康，对于提高人口质量、保障民族繁荣和国家兴旺意义极其深远。20世纪80年代以来，我国制定了一系列关于母婴保健法律法规，用于指导并促进母婴保健事业的健康发展，以适应社会文明进步的需要。

第一节 母婴保健法律制度

一、《母婴保健法》概述

1. 立法意义 母婴保健法律制度是为保障母亲和婴儿健康，提高出生人口素质活动中产生各种社会关系法律规范的总称。

母婴保健关系公民生存权与发展权，属于基本人权。母婴保健事业与人类繁衍、生存和发展息息相关，优生人口质量是一个国家和民族繁荣昌盛的基础。《母婴保健法》制定，从立法上肯定了享受母婴保健是公民基本权利。

用法律手段保障母婴健康，有利于母婴保健事业的发展。我国地域辽阔，地区经济差异明显，边远地区妇女儿童健康水平差距大，孕产妇死亡率及婴儿死亡率较高。因此，以法律手段保障母婴健康，使母婴获得高效、优质服务，保证优生，控制劣生，从源头上提高人口素质，是十分必要的。

制定《母婴保健法》是中国法制化必然性，反映了社会主义制度的优越性。依法治国是我国的一项基本国策，随着社会经济不断进步，人们法制意识逐渐增强。制定母婴保健相关法律法规，对我国母婴保健工作进行法制管理，是中国社会主义法制化建设的具体体现，彰显了社会主义制度的优越性，符合当前国际社会关注妇女儿童健康权益的要求。

2. 立法概况 1994年10月27日，第八届全国人民代表大会常务委员会第十次会议通过《母婴保健法》。2009年8月27日，第十一届全国人民代表大会常务委员会第十次会议通过

《关于修改部分法律的决定》，进行修正。2017年11月4日，主席令第81号通过《全国人大常委会关于修改〈中华人民共和国会计法〉等十一部法律的决定》，进行第二次修正。2017年11月17日，国务院颁布的《中华人民共和国母婴保健法实施办法》(以下简称《母婴保健法实施办法》)正式实施。

二、婚前保健

(一) 婚前保健服务

婚前保健服务是对准备结婚的男女双方在结婚登记前所进行的保健服务，根据《母婴保健法》第七条的规定，婚前保健服务包括婚前卫生指导、婚前卫生咨询及婚前医学检查服务。

1. 婚前卫生指导　婚前卫生指导是关于性卫生知识、生育知识和遗传病知识的教育，包括以下内容：① 性卫生保健和教育；② 新婚避孕知识及计划生育指导；③ 受孕前准备、环境和疾病对后代影响等孕前保健知识；④ 遗传病基本知识；⑤ 影响婚育有关疾病基本知识；⑥ 其他生殖健康知识。

2. 婚前卫生咨询　婚前卫生咨询是对有关婚配、生育保健等问题提供医学意见。医师进行婚前卫生咨询时，应当为服务对象提供科学的信息，对可能产生的后果进行指导，并提出适当建议。

3. 婚前医学检查　婚前医学检查是对准备结婚男女双方可能影响结婚和生育的疾病进行医学检查，内容包括对严重遗传性疾病、指定传染病及有关精神疾病检查。经婚前医学检查，医疗保健机构应当出具婚前医学检查证明。在实行婚前医学检查地区，准备结婚的男女双方在办理结婚登记前，应当到医疗、保健机构进行婚前医学检查。

(二) 婚前医学检查证明和医学意见

经婚前医学检查，对确诊医学上认为不宜生育的严重遗传性疾病，医师应当向男女双方说明情况，提出医学意见；经男女双方同意，采取长效避孕措施或施行结扎手术后不生育者，可以结婚，但《中华人民共和国婚姻法》规定禁止结婚者除外。接受婚前医学检查人员对检查结果持有异议，可以申请医学技术鉴定，取得医学鉴定证明。男女双方在结婚登记时，应当持有婚前医学检查证明或者医学鉴定证明。

三、产前诊断

(一) 产前诊断的概念

产前诊断是指对胎儿进行先天性缺陷和遗传性疾病的诊断，包括相应筛查。产前诊断技术项目包括遗传咨询、医学影像、生化免疫、细胞遗传和分子遗传等。

产前诊断技术的应用应当以医疗为目的，符合国家有关法律规定和伦理原则，由具有资格认定的医务人员在经许可的医疗保健机构中进行。医疗保健机构和医务人员不得实施任何非医疗目的的产前诊断技术。

(二) 产前诊断的情形

《母婴保健法》规定，经产前检查，医师发现或者怀疑胎儿异常，应当对孕妇进行产前诊断。《母婴保健法实施办法》规定，孕妇有下列情形之一，医师应当对其进行产前诊断：① 羊水过多或者过少的；② 胎儿发育异常或者胎儿有可疑畸形的；③ 孕早期时接触过可能导致胎儿先天缺陷的物质的；④ 有遗传病家族史或者曾经分娩过先天性严重缺陷婴儿的；⑤ 年龄超过35周岁的。

根据《母婴保健法》规定,胎儿严重遗传性疾病、胎儿严重缺陷、孕妇患继续妊娠可能危及其生命健康和安全的严重疾病目录,由国务院卫生行政主管部门规定。

2002年12月13日卫生部令第33号公布《产前诊断技术管理办法》(2019年2月2日国家卫生健康委员会第2号令公布修订)规定,确定产前诊断重点疾病,应当符合下列条件:① 疾病发生率较高;② 疾病危害严重,社会、家庭和个人负担大;③ 疾病缺乏有效临床治疗方法;④ 诊断技术成熟、可靠、安全和有效。

(三)产前诊断机构和技术人员

《产前诊断技术管理办法》规定,申请开展产前诊断技术的医疗保健机构,必须明确提出拟开展产前诊断的具体技术项目,并符合下列所有条件:① 设有妇产科诊疗科目;② 具有与所开展技术相适应的卫生专业技术人员;③ 具有与所开展技术相适应的技术条件和设备;④ 设有医学伦理委员会;⑤ 符合《开展产前诊断技术医疗保健机构的基本条件》及相关技术规范。

从事产前诊断卫生专业技术人员应符合以下所有条件:① 从事临床工作的,应取得执业医师资格;② 从事医技和辅助工作的,应取得相应卫生专业技术职称;③ 符合从事产前诊断卫生专业技术人员的基本条件;④ 经省级卫生行政主管部门批准,取得从事产前诊断《母婴保健技术考核合格证书》。从事产前诊断人员不得在未许可开展产前诊断技术的医疗保健机构中从事相关工作。

(四)产前诊断的实施

1. 知情选择　《产前诊断技术管理办法》规定,对一般孕妇实施产前筛查以及应用产前诊断技术须坚持知情选择性原则。孕妇自行提出进行产前诊断,经治医师可根据其情况提供医学咨询,由孕妇决定是否实施产前诊断技术。

2. 告知义务　对于产前诊断技术及诊断结果,经治医师应本着科学、负责态度,向孕妇或家属告知技术的安全性、有效性和风险性,使孕妇或家属理解技术可能存在的风险和结果不确定性。

在发现胎儿异常情况时,经治医师必须将继续妊娠和终止妊娠可能出现的结果以及进一步的处理意见,以书面形式明确告知孕妇,由孕妇夫妻双方自行选择处理方案,并签署知情同意书。若孕妇缺乏认知能力,由其近亲属代为选择。涉及伦理问题,应当交医学伦理委员会讨论。

3. 产前诊断报告　医疗保健机构出具的产前诊断报告,应当由2名以上经资格认定的执业医师签发。

4. 健全技术档案　开展产前诊断技术医疗保健机构应当建立健全技术档案管理和追踪观察制度。

5. 终止妊娠　《母婴保健法》规定,经产前诊断,有下列情形之一,医师应当向夫妻双方说明情况,并提出终止妊娠医学意见:① 胎儿患严重遗传性疾病的;② 胎儿有严重缺陷的;③ 因患严重疾病,继续妊娠可能危及孕妇生命安全或者严重危害孕妇健康的。

四、孕产期保健

1. 孕产期保健服务　为育龄妇女和孕产妇提供孕产期保健服务是医疗保健机构的职责。孕产期保健服务包括以下四个方面:① 母婴保健指导,即对孕育健康后代以及严重遗传性疾病和碘缺乏病等地方病发病原因、治疗和预防方法提供医学意见;② 孕妇、产妇保健,即为孕妇、产妇提供卫生、营养、心理等方面的咨询和指导以及产前定期检查等医疗保健服务;③ 胎儿保健,即为胎儿生长发育进行监护,提供咨询和医学指导;④ 新生儿保健,即为新生儿生长发育、哺乳和护理提供医疗保健服务。

2. 孕产期医学指导和医学意见　医疗保健机构对患严重疾病或者接触致畸物质,妊娠可能危及孕妇生命安全或者可能严重影响孕妇健康和胎儿正常发育的,应当予以医学指导。医师发现或者怀疑患严重遗传性疾病的育龄夫妻,应当提出医学意见。育龄夫妻应当根据医师的医学意见采取相应措施。

经产前检查,医师发现或者怀疑胎儿异常,应当对孕妇进行产前诊断。经产前诊断,若胎儿患严重遗传性疾病、胎儿有严重缺陷,孕妇因患严重疾病,继续妊娠可能危及生命安全或者严重危害孕妇健康情形之一的,医师应当向夫妻双方说明情况,并提出终止妊娠的医学意见。

依据《母婴保健法》规定施行终止妊娠或者结扎手术,应当经本人同意,并签署意见。本人无行为能力,应当经其监护人同意,并签署意见。施行终止妊娠或者结扎手术,接受免费服务。

五、技术鉴定

技术鉴定是指县级以上地方人民政府设立母婴保健医学技术鉴定委员会,负责对婚前医学检查、遗传病诊断和产前诊断的结果有异议所进行的医学技术鉴定。

母婴保健医学技术鉴定委员会进行医学鉴定时须有5名以上相关专业医学技术鉴定委员会成员参加。母婴保健医学技术鉴定委员会分为省、市、县三级,其成员应当符合下列任职条件:① 县级母婴保健医学技术鉴定委员会成员应当具有主治医师以上专业技术职务;② 设区的市级和省级母婴保健医学技术鉴定委员会成员应当具有副主任医师以上专业技术职务。

从事医学技术鉴定人员,必须具有临床经验和医学遗传学知识,并具有主治医师以上的专业技术职务。医学技术鉴定组织组成人员,由卫生行政主管部门提名,同级人民政府聘任。医学技术鉴定实行回避制度,凡与当事人有利害关系,可能影响公正鉴定人员,应当回避。鉴定委员会成员应当在鉴定结论上署名,不同意见应当如实记录。鉴定委员会根据鉴定结论向当事人出具鉴定意见书。

当事人对婚前医学检查、遗传病诊断、产前诊断的结果有异议,需要进一步确诊,可以自接到检查或者诊断结果之日起15日内向所在地县级或者设区的市级母婴保健医学技术鉴定委员会提出书面鉴定申请。母婴保健医学技术鉴定委员会应当自接到鉴定申请之日起30日内做出医学技术鉴定意见,并及时通知当事人。当事人对鉴定意见有异议,可以自接到鉴定意见通知书之日起15日内向上一级母婴保健医学技术鉴定委员会申请再鉴定。

第二节　母婴保健管理

《母婴保健法》规定,国家发展母婴保健事业,提供必要条件和物质帮助,使母亲和儿童获得医疗保健服务;各级人民政府应当采取措施,加强母婴保健工作,提高医疗保健服务水平,积极防治由环境因素所致严重危害母亲和婴儿健康的地方性高发性疾病,促进母婴保健事业发展。

一、母婴保健工作管理机构及其职责

1. 国务院卫生行政主管部门及其职责　国务院卫生行政主管部门主管全国母婴保健工作,履行以下职责:① 制定《母婴保健法》《母婴保健法实施办法》;② 按照分级分类指导原则,制定全国母婴保健工作发展规划和实施步骤;③ 组织推广母婴保健及其他生殖健康适宜技术;④ 对母婴保健工作实施监督。

2. 县级以上卫生行政主管部门及其职责　各级人民政府应当采取措施,加强母婴保健工作,提高医疗保健服务水平,积极防治由环境因素所致严重危害母亲和婴儿健康的地方性高发性疾病,促进母婴保健事业发展,并对少数民族地区、贫困地区母婴保健事业给予特殊支持。县级以上地方人民政府根据本地区实际情况和需要,可以设立母婴保健事业发展专项资金。县级以上各级人民政府财政、公安、民政、教育、劳动保障、计划生育等部门应当在各自职责范围内,配合同级卫生行政主管部门做好母婴保健工作。

省、自治区、直辖市人民政府卫生行政主管部门指定的医疗保健机构负责本行政区域内母婴保健监测和技术指导。县级以上地方人民政府卫生行政主管部门管理本行政区域内母婴保健工作,负责本行政区域内母婴保健监督管理工作,履行下列监督管理职责:① 依照《母婴保健法》《母婴保健法实施办法》以及国务院卫生行政主管部门规定的条件和技术标准,对从事母婴保健工作机构和人员实施许可,并核发相应的许可证书;② 对《母婴保健法》《母婴保健法实施办法》执行情况进行监督检查;③ 对违反《母婴保健法》《母婴保健法实施办法》行为,依法给予行政处罚;④ 负责母婴保健工作监督管理的其他事项。

二、母婴保健机构及其工作人员管理

1. 母婴保健机构管理　医疗保健机构按照国务院卫生行政主管部门规定,负责其职责范围内母婴保健工作,建立医疗保健工作规范,提高医学技术水平,采取各种措施方便人民群众,做好母婴保健服务工作。医疗保健机构依照《母婴保健法》规定开展婚前医学检查、遗传病诊断、产前诊断以及施行结扎手术和终止妊娠手术,必须符合国务院卫生行政主管部门规定的条件和技术标准,并经县级以上地方人民政府卫生行政主管部门许可。严禁采用技术手段对胎儿进行性别鉴定,但医学上确有需要者除外。

2. 母婴保健工作人员管理　从事规定遗传病诊断、产前诊断人员,必须经过省、自治区、直辖市人民政府卫生行政主管部门考核,并取得相应的合格证书。从事规定婚前医学检查、施行结扎手术和终止妊娠手术人员,必须经过县级以上地方人民政府卫生行政主管部门考核,并取得相应的合格证书。从事母婴保健工作的人员应当严格遵守职业道德,为当事人保守秘密。医疗、保健机构应当根据其从事业务,配备相应的人员和医疗设备,对从事母婴保健工作的人员加强岗位业务培训和职业道德教育,并定期对其进行检查、考核。医师和助产人员(包括家庭接生人员)应当严格遵守有关技术操作规范,认真填写各项记录,提高助产技术和服务质量。助产人员管理,按照国务院卫生行政主管部门规定执行。从事母婴保健工作的执业医师应当依照《母婴保健法》规定取得相应资格。

三、违反《母婴保健法》的法律责任

《母婴保健法》对从事母婴保健工作单位和个人违反有关规定所应承担民事责任、行政责任和刑事责任做了具体规定。

1. **民事责任** 母婴保健工作人员在诊疗、护理过程中,因诊疗、护理过失造成患者死亡、残疾、组织器官损伤导致功能障碍的,依据《侵权责任法》《医疗事故处理条例》相关规定,承担相应的民事责任。

2. **行政责任** 医疗、保健机构或者人员未取得母婴保健技术许可,擅自从事婚前医学检查、遗传病诊断、产前诊断、终止妊娠手术和医学技术鉴定或者出具有关医学证明的,由卫生行政主管部门给予警告,责令停止违法行为,没收违法所得;违法所得5 000元以上的,并处违法所得3倍以上5倍以下的罚款;没有违法所得或者违法所得不足5 000元,并处5 000元以上2万元以下的罚款。从事母婴保健技术服务人员出具虚假医学证明文件,依法给予行政处分;出现因延误诊治造成严重后果、给当事人身心健康造成严重后果及造成其他严重后果情形的,由原发证部门撤销相应的母婴保健技术执业资格或者医师执业证书。违法进行胎儿性别鉴定,由卫生行政主管部门给予警告,责令停止违法行为;对医疗、保健机构直接负责主管人员和其他直接责任人员,依法给予行政处分。进行胎儿性别鉴定两次以上的或者以营利为目的进行胎儿性别鉴定的,由原发证机关撤销相应的母婴保健技术执业资格或者医师执业证书。

3. **刑事责任** 未取得国家颁发有关合格证书,施行终止妊娠手术或者采取其他方法终止妊娠,致人死亡、残疾、丧失或者基本丧失劳动能力的医疗保健人员和非医疗保健人员,依照《刑法》有关规定追究刑事责任。

第三节 人口与计划生育法律制度

一、人口与计划生育法律概况

(一)人口与计划生育概念及立法

人口是构成社会生活主体并具有一定数量和质量的人所组成的社会群体,是一切社会生活的基础与出发点。计划生育是指依据人口与经济社会发展的客观要求,在社会范围内,实行人类自身生产的计划。2001年12月29日,第九届全国人民代表大会常务委员会第二十五次会议通过《人口与计划生育法》。2015年12月27日,根据第十二届全国人民代表大会常务委员会第十八次会议《关于修改〈中华人民共和国人口与计划生育法〉的决定》进行修正。2021年8月20日,第十三届全国人民代表大会常务委员会第三十次会议通过修改《中华人民共和国人口与计划生育法》的决定。国家根据宪法制定和修改这部法律,对于实现人口与经济、社会、资源、环境的协调发展,推行计划生育,维护公民的合法权益,促进家庭幸福、民族繁荣与社会进步,具有十分重大的意义。

(二)我国计划生育政策发展历程

我国计划生育政策产生与发展大致经过了五个阶段。

第一阶段 从1953—1961年,节制生育提出阶段。中华人民共和国成立之初,我国致力于经济恢复建设。由于国民经济恢复,加之受苏联人口理论影响,我国生育率上升,总人口数明显增加。人口无计划盲目增长与国民经济有计划发展的矛盾日益凸显,节制生育呼声越来越高。1953年,党中央做出了关于节制生育的政策性文件《关于认真提倡计划生育的指示》。1957年10月,我国《全国农业发展纲要(修正草案)》中明确指出,要"宣传和推广节制生育,提倡有计划的生育子女"。

第二阶段 从1962—1969年,提倡计划生育试点阶段。20世纪60年代初期,我国经历了中华人民共和国成立后第二次人口出生高峰,人口盲目增长态势引起了党和政府再度关注。1964年,国务院成立了计划生育委员会,一些地区也相应成立了类似的计划生育工作机构,开展推广节制生育的试点工作。

第三阶段 从1970—1980年,提倡"晚、稀、少"生育政策阶段。1971年,党中央于提出了第四个五年计划期间控制人口自然增长率的奋斗目标。1973年起,控制人口增长目标纳入国民经济计划,国务院计划生育领导小组办公室召开全国第一次计划生育工作汇报会,会上提出"晚、稀、少"的生育政策,并把开展计划生育工作的指导思想概括为"国家指导与群众自愿相结合"。1978年3月5日,第五届全国人民代表大会常务委员会第一次会议通过的《宪法》明确规定"国家提倡和推行计划生育",第一次把计划生育写入《宪法》,使其有了最高的法律依据。

第四阶段 从1980—2001年,生育政策提出、完善与稳定阶段。1980年,党中央发表了《关于控制我国人口增长问题致全体共产党员、共青团员的公开信》,号召党、团员带头执行新的计划生育政策。1981年11月,第五届全国人民代表大会第四次会议《政府工作报告》明确提出,"限制人口数量,提高人口素质,这就是我国的人口政策"。1982年9月,党的十大确定"实行计划生育,是我国的一项基本国策"。同年12月,第五届全国人民代表大会第五次会议通过的《宪法》明确规定:"国家推行计划生育,使人口的增长同经济和社会发展计划相适应。"进入20世纪90年代,我国计划生育工作开始朝着民主化、科学化、法制化和现代化方向前进。《人口与计划生育法》于2001年12月通过。

第五阶段 2002年,各地陆续开始推行"双独二胎"政策。2013年11月,党的十八届三中全会审议通过《中共中央关于全面深化改革若干重大问题的决定》,在坚持计划生育基本国策前提下,启动实施一方独生子女夫妇可生育两个孩子的政策,逐步调整完善生育政策,促进人口长期均衡发展。2015年10月,党的十八届五中全会公报提出:促进人口均衡发展,坚持计划生育基本国策,完善人口发展战略,全面实施一对夫妇可生育两个孩子的政策,积极开展应对人口老龄化行动。为了进一步积极应对人口老龄化,2021年5月31日,中共中央政治局召开会议,审议《关于优化生育政策促进人口长期均衡发展的决定》并指出,为进一步优化生育政策,实施一对夫妻可以生育三个子女政策及配套支持措施。2021年8月20日,修改后的人口计生法规定,国家提倡适龄婚育、优生优育,一对夫妻可以生育三个子女。

二、人口与计划生育法律制度主要内容

(一)人口发展规划制定与实施

国务院编制人口发展规划,并将其纳入国民经济和社会发展计划。县级以上地方各级人民政府根据全国人口发展规划以及上一级人民政府人口发展规划,结合当地实际情况编制本行政区域人口发展规划,并将其纳入国民经济和社会发展计划。县级以上各级人民政府根据人口发展规划,制定人口与计划生育实施方案并组织实施。县级以上各级人民政府计划生育行政主管部门负责实施人口与计划生育实施方案日常工作。乡、民族乡、镇人民政府和城市街道办事处负责管辖区域内人口与计划生育工作,贯彻落实人口与计划生育实施方案。

(二)生育调节

公民有生育的权利,也有依法实行计划生育的义务,夫妻双方在实行计划生育中负有共同责任。符合法律法规规定条件,可以要求安排再生育子女。具体办法由省、自治区、直辖市人

民代表大会或者其常务委员会规定。少数民族也要实行计划生育,具体办法由省、自治区、直辖市人民代表大会或者其常务委员会规定。夫妻双方户籍所在地省、自治区、直辖市之间关于再生育子女规定不一致的,按照有利于当事人原则适用。

实行计划生育,以避孕为主。国家创造条件,保障公民知情选择安全、有效、适宜的避孕节育措施。实施避孕节育手术,应当保证受术者安全。育龄夫妻自主选择计划生育的避孕节育措施,预防和减少非意愿妊娠。实行计划生育育龄夫妻免费享受国家规定的基本项目计划生育技术服务,所需经费按照国家有关规定列入财政预算或者由社会保险予以保障。禁止歧视、虐待生育女婴妇女和不育妇女;禁止歧视、虐待、遗弃女婴。

(三) 奖励与社会保障

国家对实行计划生育的夫妻,按照规定给予奖励。符合法律法规规定生育子女夫妻,可以获得延长生育假的奖励或者其他福利待遇。在国家提倡一对夫妻生育一个子女期间,自愿终身只生育一个子女夫妻的,国家发给《独生子女父母光荣证》。获得《独生子女父母光荣证》夫妻,按照国家和省、自治区、直辖市有关规定享受独生子女父母奖励。

妇女怀孕、生育和哺乳期间,按照国家有关规定享受特殊劳动保护并可以获得帮助和补偿。公民实行计划生育手术,享受国家规定的休假,地方人民政府可以给予奖励。

(四) 计划生育技术服务

国家建立婚前保健、孕产期保健制度,防止或者减少出生缺陷,提高出生婴儿健康水平。各级人民政府应当采取措施,保障公民享有计划生育技术的服务,提高公民生殖健康的水平。地方各级人民政府应当合理配置、综合利用卫生资源,建立健全由计划生育技术服务机构和从事计划生育技术服务医疗、保健机构组成的计划生育技术服务网络,改善技术服务设施和条件,提高技术服务水平。计划生育技术服务机构和从事计划生育技术服务医疗、保健机构应当在各自职责范围内,针对育龄人群开展人口与计划生育基础知识宣传教育,对已婚育龄妇女开展孕情检查、随访服务工作,承担计划生育及生殖保健咨询、指导和技术服务。

计划生育技术服务人员应当指导实行计划生育的公民选择安全、有效、适宜的避孕措施。对已生育子女夫妻,提倡选择长效避孕措施。国家鼓励计划生育新技术、新药具的研究、应用和推广。严禁利用超声技术和其他技术手段进行非医学需要的胎儿性别鉴定,严禁非医学需要选择性别的人工终止妊娠。

(五) 法律责任

违反《人口与计划生育法》规定,非法为他人施行计划生育手术的,或者利用超声技术和其他技术手段为他人进行非医学需要的胎儿性别鉴定或者选择性别的人工终止妊娠的,由卫生健康主管部门依据职权责令改正,给予警告,没收违法所得;违法所得1万元以上的,处违法所得2倍以上6倍以下的罚款;没有违法所得或者违法所得不足1万元的,处1万元以上3万元以下的罚款;情节严重的,由原发证机关吊销执业证书;构成犯罪的,依法追究刑事责任。

托育机构违反托育服务相关标准和规范的,由卫生健康主管部门责令改正,给予警告;拒不改正的,处5 000元以上5万元以下的罚款;情节严重的,责令停止托育服务,并处5万元以上10万元以下的罚款。托育机构有虐待婴幼儿行为的,其直接负责的主管人员和其他直接责任人员终身不得从事婴幼儿照护服务;构成犯罪的,依法追究刑事责任。

计划生育技术服务人员违章操作或者延误抢救、诊治,造成严重后果的,依照有关法律、行政法规的规定承担相应的法律责任。

国家机关工作人员在计划生育工作中,侵犯公民人身权、财产权和其他合法权益的,或者滥用职权、玩忽职守、徇私舞弊的,或者索取、收受贿赂,构成犯罪的,依法追究刑事责任;尚不构成犯罪的,依法给予处分;有违法所得的,没收违法所得。

违反《人口与计划生育法》规定,不履行协助计划生育管理义务的,由有关地方人民政府责令改正,并给予通报批评;对直接负责的主管人员和其他直接责任人员依法给予处分。

拒绝、阻碍卫生健康主管部门及其工作人员依法执行公务的,由卫生健康主管部门给予批评教育并予以制止;构成违反治安管理行为的,依法给予治安管理处罚;构成犯罪的,依法追究刑事责任。

第十四章
学校卫生法律制度

导学

1. 掌握学校卫生工作的要求学校卫生的监督;违反相关法律法规的法律责任。
2. 熟悉学校卫生的管理。
3. 了解学校卫生概述的内容。

在充分考虑儿童和青少年生长发育特点的情况下,为达到卫生防病,促进儿童、青少年的正常发育和健康成长的目的,通过制定相应的法律法规,提出相应的学校卫生要求和卫生标准,为学生创造良好的学习环境和生活环境,这些统称为学校卫生法律制度。

学校卫生是卫生服务的一个重要领域,经国务院批准,1990年国家教育委员会、卫生部联合颁布了《学校卫生工作条例》,其宗旨为加强学校卫生工作,提高学生的健康水平。

第一节 学校卫生法概述

一、学校卫生概念

学校是指教育者有计划、有组织地对受教育者进行系统的教育活动的组织机构。学校是儿童、青少年人群密集场所,也是突发公共卫生事件的易发和多发场所。我国有14亿人口,其中大学、中学、小学在校学生总共有2亿多人。学校是培养祖国下一代的教育场所,做好正处于成长发育时期学生的卫生保健工作,直接关系儿童、青少年身体健康和社会稳定,对于培养德、智、体、美、劳全面发展的建设人才,提高我国人口素质,意义十分重大。

学校卫生,是国家根据儿童和青少年成长发育的特点,通过制定相关法律规定,提出学校卫生要求和卫生标准,消除不利于儿童、青少年学习生活的因素,创造良好的学校教学环境,保护和促进学生的正常发育、身心健康,以实现德、智、体、美、劳全面发展。学校卫生包含普通中小学、农业中学、职业中学、中等专业学校、技工学校、普通高等学校等学校的卫生,是预防医学的一个重要组成部分,也是教育学的重要组成部分。

二、学校卫生立法概况

中华人民共和国成立以来,围绕提高学生健康水平,搞好学校卫生工作,国家教育、卫生和其他有关行政部门始终致力于发展学校卫生方面的法制建设工作。

1951年7月13日,政务院第93次会议通过《关于改善各级学校学生状况的决定》,并由中央人民政府政务院令公布实施。其指出，目前全国各级学校学生健康不良的状况颇为严重。许多学校由于功课过重，社团活动过多，加上伙食管理不尽得法，卫生工作重视不够，影响了学生的身体健康，这种情况必须加以改变。增进学生身体健康，乃是保证学生完成学习任务，并培养出有强健体魄的现代青年的重大任务之一。各级教育行政主管部门及学校教职员工对这一问题应引起足够重视，立即纠正忽视学生健康的思想和对学生健康不负责任的态度，切实改善各级学校的学生健康状况。

1990年6月颁布的《学校卫生工作条例》，是在总结中华人民共和国成立以来学校卫生工作经验的基础上，对学校卫生工作一系列问题做了明确规定，它标志着我国学校卫生制度更加规范化和法制化。同时，为保护儿童青少年的合法权益和身心健康，我国先后颁布了《义务教育法》《未成年人保护法》《食品安全法》《传染病防治法》《职业病防治法》《母婴保健法》《药品管理法》《医师法》等，这些法律均是学校卫生工作和学校卫生监督的重要法律依据，其中的相关条款对保护儿童、青少年健康发挥着积极重要的作用。例如，《义务教育法》《未成年人保护法》《食品卫生法》《传染病防治法》，都明确规定教育、体育、卫生行政主管部门及家庭、学校和社会各界，在完善卫生保健措施、创造保护学生身心健康的社会环境等方面的职责和义务。特别是《传染病防治法》作为一部预防、控制和消除传染病，保障健康和公共卫生的法律，也为学校卫生在传染病防治工作方面提供了法律依据和技术指导。《未成年人保护法》，在保障未成年人合法权益方面做了更高立法层次上的规定，也为学校卫生法规、规章、规范的制定提供了法律依据。

我国在学校卫生工作方面持续发展，还颁布很多相应促进学生身心健康的政策。2007年5月7日，党中央、国务院颁布的《关于加强青少年体育 增强青少年体质的意见》（以下简称中央7号文件），是旨在加强青少年学生体质的一项政策举措，而该文件不仅对学校体育建设做出说明，而且对于学校卫生也提出明确要求。该文件也成为我国有关学校卫生所颁布的最高文件，起到宏观导向作用，并极富实践性与可行性，对学校卫生相关工作开展指明了方向。2010年颁布的《国家中长期教育改革和发展规划纲要（2010—2020年）》，提出心理健康宣教、生命教育与安全教育等多方面建设工作，它也是一部较为全面的政策条令。包括养成良好习惯、合理饮食、学习锻炼科学调整及加强偏远山村学生营养等诸多方面内容，同时还有部分保障举措：如对贫困生活补助规定、中小学生的营养补给、义务教育制学校合理建设、留守儿童的寄宿环境等，配套文件还有《关于实施农村义务教育学生营养改善计划的意见》《农村义务教育学生营养改善计划营养健康状况监测评估工作方案》等，这些举措给偏远山区学生权益给予了最大限度的保护。2010年9月，卫生部和国家教育委员会联合发布了《托儿所幼儿教育卫生保健管理办法》。2012年9月，卫生部发布了《学校卫生监督工作规范》。2015年1月1日，卫生行政主管部门又批准、颁布、实施了一系列学校卫生专业标准，如《儿童少年发育水平的评价》（GB/T31178—2014）、《儿童青少年脊柱弯曲异常的筛查》（GB/T16133—2014）、《学校课桌椅功能尺寸及技术要求》（GB/T3976—2014）等。学校卫生专业标准，属卫生技术性法规，具有法律的约束力，也作为学校卫生监督的专业技术依据。

第二节　学校卫生工作的要求

一、学校卫生工作的任务

《学校卫生工作条例》规定的学校卫生工作主要任务是：监测学生健康状况；对学生进行健

康教育,培养学生良好的卫生习惯;改善学校卫生环境和教学卫生条件;加强对传染病、学生常见病的预防和治疗。

学校卫生工作服务的主体对象是:卫生法律关系中的儿童、青少年。学校卫生工作的根本目的是:使学生在受教育的过程中身心健康成长,体质不断增强,提高整体素质。作为学校卫生服务对象的学龄儿童和青少年,其数量在全国总人口中占有相当大的比例,他们正处于成长发育的特殊阶段,且生活在学校这样的特殊环境中,各种因素都将直接或间接地影响他们的身心健康。因此,加强学校卫生工作更是重中之重。

中央7号文件确定了一系列增强青少年体质的政策措施,强调"青少年体育"是党和政府教育方针中的"一育";强调加强青少年体育的政策措施既包括加强学校体育方面的内容,也包括对学校卫生各方面的要求。并针对青少年体质健康状况存在的突出问题,提出了一系列加强学校卫生工作的措施和要求。中央7号文件是中国历史上党和政府专门针对学校体育卫生工作行文规格最高的文件,是开展学校卫生工作极其重要的纲领性文件。其重点强调以下工作。

1. 加强青少年近视眼防治工作 特别强调要"帮助青少年掌握科学用眼知识和方法,降低青少年近视率。中小学教师和家长都要关注学生的用眼状况,坚持每天上下午组织学生做眼保健操,及时纠正不正确的阅读、写字姿势,控制近距离用眼时间"。

2. 科学合理地安排学生作息时间 明确规定要"确保青少年休息睡眠时间"和"制定并落实科学规范的学生作息制度",保证小学生每天睡眠10个小时,初中学生9个小时,高中学生8个小时。

3. 加强学校健康教育 特别指出,要"积极开展疾病预防、科学营养、卫生安全、禁毒控烟等青少年健康教育,并保证必要的健康教育时间","根据新时期青少年青春期特征和成长过程中的心理特点,有针对性地加强心理健康教育,逐步建立健全青少年心理健康教育、指导和服务网络"。

4. 加强学生营养干预与指导 明确要求:"加强学生营养干预与指导,建立和完善青少年营养干预机制,对城乡青少年及其家庭加强营养指导,通过财政资助、勤工俭学、社会捐助等方式,提高农村寄宿制学校家庭经济困难学生伙食补贴标准,保证必要的营养需要。"

5. 加强食品卫生安全工作 特别规定:"加强青少年食品卫生专项监督检查。"要通过食品卫生专项监督检查,促使学校落实各项食品卫生安全措施。

6. 建立和完善学生健康体检制度 明确要求:"建立和完善学生健康体检制度,使青少年学生每年都能进行一次健康检查。"

7. 建立和健全学生体质健康监测制度 明确指出:"健全学生体质健康监测制度,定期监测并公告学生体质健康状况。加大体育工作和学生体质健康状况在教育督导、评估指标体系中的权重,并作为评价地方和学校工作的重要依据。"

8. 要努力改善学校卫生设施与条件 明确提出:"制定国家学校体育卫生条件基本标准,加大执法监督力度。通过制定国家学校体育卫生条件基本标准,进一步明确国家对各级各类学校体育场地、器材设施、卫生条件和师资的基本要求。各级政府要认真贯彻执行《义务教育法》和学校体育卫生工作法律法规并加强督促检查。对学校体育卫生基本条件不达标的,要限期整改。""在农村寄宿制学校建设工程、初中校舍改造工程和卫生新校园建设工程中,切实加大对学校食堂、饮用水设施、厕所、体育场地的改造力度。把义务教育阶段学生健康体检的费用纳入义务教育经费保障机制。"

9. 加强校医室和校医队伍建设 明确提出:"中小学要依据《学校卫生工作条例》规定,设立卫生室,配备校医或专(兼)职保健教师在卫生行政主管部门指导下开展学校卫生工作。"

二、学校卫生工作的内容

《学校卫生工作条例》明确了学校卫生工作的要求。学校应该将健康教育纳入教学计划,开设健康教育选修课或者讲座,开展学生健康咨询活动,加强医学照顾和心理卫生工作,建立学生健康管理制度,配备可以处理一般伤病事故的医疗用品。学校卫生工作的内容,可以概括为以下方面。

1. 教学过程卫生

(1) 教学、作息卫生:① 根据学生年龄,合理安排教学进度和作息时间,使学生的学习能力保持在最佳状态。这是教学卫生保障原则,要求严格遵守。② 小学不超过6小时,中学不超过8小时,大学不超过10小时。这是学生每日学习时间(包括自习)的教学卫生制度,要认真贯彻。③ 学校或者教师不得以任何理由和方式,增加授课时间和作业量,加重学生学习负担。这是教学卫生规定,要努力坚持的。

(2) 劳动卫生:① 学校要对参加劳动的学生,进行安全教育,提供必要的安全和卫生防护措施,应当根据学生的年龄,组织学生参加适当的劳动;② 不得让学生接触有毒有害物质或者从事不安全的作业,不得让学生参加夜班劳动,这是对于普通中小学组织学生参加劳动的要求;③ 组织学生参加生产劳动,接触有毒有害物质的,按照国家有关规定提供保障待遇,这是对于普通高等学校、中等专业学校、技工学校、农业中学、职业中学的规定;④ 对学生体格检查,加强卫生防护,学校应当定期进行;⑤ 强调必要的照顾,要注意女学生的生理特点。

(3) 体育卫生:包括体育课、课外体育活动和假期活动。① 学校要保证学生每天至少有1小时的体育活动时间(包括课间和课外活动,体育及格率在85%以上);② 学校要根据学生的生理特点和健康状况指导体育锻炼;③ 学校体育场地和器材应当符合卫生和安全要求;④ 学校运动项目和运动强度应当适合学生的生理承受能力、体质健康状况,防止发生伤害事故。为此,学校体育医务监督必须加强。

2. 建筑和设备卫生 根据《学校卫生工作条例》规定,学校新建、改建、扩建校舍,其选址、设计应当符合国家的卫生标准,并取得当地卫生行政主管部门的许可。竣工验收应当有当地卫生行政主管部门参加。学校应当按照有关规定为学生设置厕所和洗手设施;寄宿制学校应当为学生提供相应的洗漱、洗澡等卫生设施;为学生提供充足的符合卫生标准的饮用水。学校的教学建筑、环境噪声、室内微小气候、采光、照明等环境质量以及黑板、课桌椅的设置应符合国家的卫生标准。重点强调以下方面。

(1) 灯光方面:教室的电灯照明卫生要求与自然采光的卫生要求基本一致,光线要充足,分布要均匀。桌面上的平均明度不低于150 lx。

(2) 教室的通风形式和设置方面:必须建立合理的通风制度,保持教室内新鲜的空气和适宜的小气候。

(3) 课桌椅标准方面:① 椅高、椅深、椅靠背、桌椅高差以及背椅距离有规范要求;② 椅面高度应与小腿高度相适应,使身体所处的姿势稳定;③ 椅深,合适的椅深应相当于臀部至大腿全长的3/4;④ 椅靠背,靠背的上缘高度以达到人的肩胛骨下角为宜,椅背向后倾斜度为7°左右;⑤ 桌椅高差,对读书写字的儿童来说,应当是其坐高的 1/3,而对少年、青年桌椅高差则应再提高 1~2.5 cm;⑥ 椅背距离,即椅靠背与桌边缘之间的水平距离,要求儿童、少年坐正时胸前应当有 3~5 cm 的空余距离,这样既可靠背,又可保护胸部不受挤压;⑦ 椅座距离,即椅座前缘与桌边缘垂线之间的水平距离,为了使儿童、少年能保持良好的读书写字姿势,要求最好有 4 cm 以内的负距离。

3. 卫生保健

(1) 定期体检:学校应当根据条件定期进行健康检查。① 有条件的应每年对中学、小学生做 1 次体检;② 暂时尚无条件的地区可在学生进入初小、高小及初中时各进行 1 次,初中及高中毕业时再进行 1 次;③ 大学要认真做好新生入学体检复查工作。

(2) 健康管理:① 学校要建立学生健康管理制度,建立学生体质健康卡片,并纳入学生档案;② 对体检检查中发现学生有器质性疾病的,学校应当配合学生家长做好转诊治疗;③ 对残疾、体弱学生,学校要加强照顾和心理卫生工作。

(3) 综合防治目标:学校应当配备可以处理一般伤病事故的医疗用品,各级医疗保健、卫生防疫机构和学校应向学生提供的健康服务及各种常见病的综合防治目标是:① 常见病防治覆盖率达 100%;② 肠道蛔虫感染率、贫血患病率、营养不良检出率、肥胖症检出率分别控制在 5%、10%、10% 和 10% 以下;③ 12 岁学生恒牙龋齿控制在 0.5% 以下,15 岁学生牙龈炎充填率达 60%;④ 沙眼患病率控制在 5% 以下;⑤ 保健牙刷使用率和及时更换率达 90% 以上。

4. 卫生宣传和健康教育

(1) 卫生宣传与管理:学校应当积极开展卫生宣传教育,树立以讲卫生为光荣、不讲卫生为耻的新风尚。建立健全卫生管理制度,加强对学生个人卫生、环境卫生以及教室、宿舍卫生管理。

(2) 卫生健康教育:普通中小学必须开设健康教育课,普通高等学校、中等专业学校、技工学校、农业中学、职工中学应当开设健康教育选修课或者讲座,同时开展学生健康咨询活动。以上的健康教育,学校要纳入教学计划。

5. 营养与饮食卫生

学校应当认真贯彻食品卫生法律法规,加强饮食卫生管理,办好学生膳食,加强营养指导,为学生提供优质卫生的食品,保障身体健康。学生食堂与学生集体用餐管理是学校卫生工作的重要内容,依据 2002 年国家教育委员会、卫生部联合发布的《学校食堂与学生集体用餐卫生管理规定》,学校食堂与学生集体用餐的卫生管理必须坚持预防为主的工作方针,实行卫生行政主管部门监督指导、教育行政主管部门管理督查、学校具体实施的工作原则,并应遵照以下要求。

(1) 食堂建筑、设备与环境卫生要求:① 食堂应当进行内外环境整治,采取有效措施,消除老鼠、蟑螂、苍蝇和其他有害昆虫及其孳生条件。② 食堂的设施设备布局应当合理,应有相对独立的食品原料存放间、食品加工操作间、食品出售场所及用餐场所。③ 食堂加工操作间的最小使用面积不得小于 8 m²。④ 食堂加工操作间墙壁应有 1.5 m 以上的瓷砖或其他防水、防潮、可清洗的材料制成的墙裙。⑤ 食堂加工操作间地面应由防水、防滑、无毒、易清洗的材料建造,具有一定坡度,易于清洗与排水。⑥ 配备有足够的照明、通风、排烟装置和有效的防蝇、防尘、防鼠及污水排放,符合卫生要求的存放废弃物的设施、设备。食堂应当有用耐磨损、易清洗的无毒材料制造或建成的餐饮具专用洗刷、消毒池等清洗设施设备。⑦ 采用化学消毒的,必须具备 2 个以上的水池,并不得与清洗蔬菜、肉类等的设施设备混用。⑧ 餐饮具保洁柜应当定期清洗、保持洁净。⑨ 餐饮具所使用的洗涤、消毒剂必须符合卫生标准或要求。⑩ 洗涤、消毒剂必须有固定的存放场所(橱柜)，并有明显的标记。⑪ 食堂用餐场所应设置供用餐者洗手、洗餐具的自来水装置。

(2) 食品采购、储存及加工的卫生要求：① 食堂采购员必须到持有卫生许可证的经营单位采购食品，并按照国家有关规定进行索证；应相对固定食品采购的场所，以保证其质量。② 禁止采购以下食品：腐败变质、油脂酸败、霉变、生虫、污秽不洁、混有异物或其他感官性状异常，含有毒有害物质或被有毒有害物质污染，可能对人体健康有害的食品；未经食品卫生检验或者检验不合格的肉类及其制品，超过保质期限或不符合食品标签规定的定型包装食品，其他不符合仪器卫生标准和要求的食品。③ 食品储存应当分类、分架、隔墙、离地存放，定期检查，及时处理变质或超过保质期限的食品；食品储存场所禁止存放有毒有害物品及个人生活物品；用于保存食品的冷藏设备必须贴有标志，生食品、半成品和熟食品应分柜存放。④ 用于原料、半成品、成品的刀、墩、板、桶、盆、筐、抹布以及其他工具、容器必须标志明显，做到分开使用，定位存放，用后洗净，保持清洁。⑤ 食堂炊事员必须采用新鲜洁净的原料制作食品，不得加工或使用腐败变质和感官性状异常的食品及其原料。⑥ 食品不得接触有毒物、不洁物，不得向学生出售腐败变质或者感官性状异常，可能影响学生健康的食物。⑦ 职业学校、普通中等学校、小学、特殊教育学校、幼儿园的食堂不得制售冷荤凉菜。⑧ 食品在烹饪后至出售前一般不超过 2 小时，若超过 2 小时存放的，应当在高于 60℃或低于 10℃的条件下存放。⑨ 食堂剩余食品必须冷藏，冷藏时间不得超过 24 小时；在确认没有变质的情况下，必须经高温彻底加热后，方可继续出售。

(3) 食堂从业人员卫生要求：食堂从业人员、管理人员必须掌握有关食品卫生的基本要求。① 食堂从业人员每年必须进行健康检查，新参加工作和临时参加工作的食堂生产经营人员都必须进行健康检查，取得健康证明后方可参加工作；② 凡患有痢疾、伤寒、病毒性肝炎等消化道疾病(包括病原体携带者)，活动性肺结核、化脓性或者渗出性皮肤病以及其他有碍食品卫生的疾病的，不得从事接触直接入口食品的工作；③ 食堂从业人员及集体餐分餐人员在出现咳嗽、腹泻、发热、呕吐等有碍食品卫生的症状时，应立即脱离工作岗位，待查明病因、排除有碍食品卫生的疾病或治愈后，方可重新上岗；④ 食堂从业人员应有良好的个人卫生习惯，必须做到接触直接入口食品之前应洗手消毒；⑤ 穿戴清洁的工作衣服、手套、口罩、鞋帽(头发置于帽内)；⑥ 不得留长指甲、涂指甲油、戴戒指加工食品；⑦ 不得在食品加工和销售场所内吸烟。

(4) 食品安全监督机制的要求：① 学校应建立主管校长负责制，并配备专职或者兼职的食品卫生管理人员；② 学校应建立健全食品卫生安全管理制度；③ 食堂实行承包经营时，学校必须把食品卫生安全作为承包合同的重要指标；④ 学校食堂必须取得卫生行政主管部门发放的卫生许可证，未取得卫生许可证的学校食堂不得开办，要积极配合、主动接受当地卫生行政主管部门的卫生监督；⑤ 食堂应建立严格的安全保卫措施，严禁非食堂工作人员随意进入学校食堂的食品加工操作间及食品原料存放间，防止投毒事件的发生，确保学生用餐的卫生与安全；⑥ 学校应当对学生加强饮食卫生教育，进行科学引导，劝阻学生不买街头无照(证)商贩出售的盒饭及食品，不食用来历不明的可疑食物；⑦ 各级教育行政主管部门应根据《食品卫生法》及相关规定的要求，加强所辖学校的食品卫生工作的行政管理，并将食品卫生安全管理工作作为对学校督导评估的重要内容，在考核学校工作时，应将食品卫生安全工作作为重要的考核指标；⑧ 教育行政主管部门及学校所属的卫生保健机构具有对学校食堂及学生集体用餐的业务指导和检查督促的职责,应定期深入学校食堂进行业务指导和检查督促。

6. 疾病预防和控制

（1）一般预防：学校应当积极做好近视、弱视、龋齿、寄生虫、营养不良、贫血、脊柱弯曲、神经衰弱等学生常见疾病的群体预防和矫治工作；认真贯彻执行传染病防治法律法规,做好急性、慢性传染病的预防和控制管理工作；同时做好地方病的预防和控制工作。

（2）突发、应急事件处理：学校应当建立食物中毒或者其他食源性疾患等突发事件的应急处理机制。发生食物中毒或疑似食物中毒事故后,应采取下列措施：① 立即停止生产经营活动,并向所在地人民政府、教育行政主管部门和卫生行政主管部门报告；② 协助卫生机构救治患者；③ 保留造成食物中毒或者可能导致食物中毒的食品及其原料、工具、设备和现场；④ 配合卫生行政主管部门进行调查,按卫生行政主管部门的要求如实提供有关材料和样品；⑤ 落实卫生行政主管部门要求采取的其他措施,把事态控制在最小范围。学校必须建立健全食物中毒或者其他食源性疾患的报告制度,发生食物中毒或疑似食物中毒事故应及时报告当地教育行政主管部门和卫生行政主管部门；当地教育行政主管部门应逐级报告上级教育行政主管部门；当地卫生行政主管部门应当于6小时内同时报告同级人民政府和上级卫生行政主管部门。

第三节 学校卫生的管理

依据《学校卫生工作条例》的规定,教育、卫生行政主管部门负责学校卫生工作管理。各级教育行政主管部门应当将学校卫生工作纳入学校工作计划,作为考评学校工作的一项内容。普通高等学校、中等专业学校、技工学校和规模较大的农业中学、职业中学、普通中小学,可以设立卫生管理机制,管理学校的卫生工作。

一、学校卫生管理机构设置

普通高等学校设校医院或者卫生科,校医院应当设保健科(室),负责师生的保健工作；城市普通中小学、农村中心小学和普通中学设卫生室,按学生人数600：1的比例配备专职卫生技术人员；中等专业学校、技工学校、农业中学、职业中学,可以根据需要,配备专职卫生技术人员；学生人数不足600人的学校,可以配备专职或者兼职保健教师,开展学校卫生工作。

二、学校卫生管理机构的工作及任务

1. **学校卫生保健机构** 经本地区卫生行政主管部门批准,可以成立区域性的中小学生卫生保健机构,其主要任务是：① 调查研究本地区中小学生体质健康状况；② 开展中小学生常见疾病的预防与矫治；③ 开展中小学卫生技术人员的技术培训和业务指导。

学校卫生技术人员的专业技术职称考核、评定,按照卫生、教育行政主管部门制定的考核标准和办法,由教育行政主管部门组织实施。学校卫生技术人员按照国家有关规定,享受卫生保健津贴。

2. **疾病预防控制机构** 各级卫生防疫站,对学校卫生工作承担下列任务：① 实施学校卫生监测,掌握本地区学生成长发育和健康状况,掌握学生常见病、传染病、地方病动态；② 制定学生常见病、传染病、地方病的防治计划；③ 对本地区学校卫生工作进行技术指导,开展学校卫

生服务。

三、学校卫生管理的建设

教育行政主管部门应当将培养学校卫生技术人员的工作列入招生计划,并通过各种教育形式为学校卫生技术人员和保健教师提供进修机会。各级教育行政主管部门和学校应当将学校卫生经费纳入核定的年度教育经费预算。各级卫生行政主管部门应当组织医疗单位和专业防治机构对学生进行健康检查、传染病防治和常见病矫治,接受转诊治疗。供学生使用的文具、娱乐器具、保健用品,必须符合国家有关卫生标准。

四、学校卫生管理的要求

1. 提高思想认识,切实加强领导 学校人群高度密集,是各种传染病容易传播和群体性食物中毒等突发公共卫生事件容易发生的地方。要牢固树立"健康安全第一,责任重于泰山"的思想,从保障广大师生身体健康和生命安全,维护社会稳定的大局出发,加强学校传染病防治、食品卫生安全和学生健康体检等工作,增强做好学校卫生安全工作的责任感、使命感和紧迫感,充分认识这项工作的重要性、紧迫性和长期性。要成立学校卫生安全领导小组,并建立健全各项工作制度,明确目标责任,积极开展活动,做到活动有部署,实施有检查,工作有总结。要严格执行《传染病防治法》《学校集体食堂与学生集体用餐管理规定》《突发公共卫生事件应急条例》《学校卫生工作条例》等法律法规,以积极的态度,加强领导,狠抓各项防治措施,将学校卫生防疫和食品卫生安全工作落实在实际行动上。

2. 规范学校医务室,确保师生身体健康

(1) 中小学要配备专职校医:要从硬件设施设置、从业人员资格能力、药品采购储存保管、药品使用等确定明确的标准。要采取有效措施,切实保障校医队伍的稳定。要建立校医和保健教师培训制度,每1至2年培训1次,不断提高学校卫生人员的业务素质。

(2) 认真做好学校卫生管理工作:要预防和控制校园内突发公共卫生安全事件的发生,保护广大师生身体健康,维护学校正常教学秩序,做好学校卫生,加强传染病防治、食品卫生安全和学生健康体检等工作。

(3) 加强常见病防治:要结合实际,制定学校切实可行的学生常见病防治工作计划,认真做好学生近视眼、龋齿、贫血、营养不良、肥胖症、脊柱弯曲异常、肠道寄生虫等常见病的防治工作,采取以健康教育为先导、逐步改善学生学习和生活环境、检测与治疗相结合的综合防治措施。要掌握学生常见病的患病情况和变化趋势,为制定防治计划和改进工作提供可靠依据。

(4) 加强健康宣教工作:① 加强卫生安全教育,将传染病防治、食品卫生等公共卫生安全教育内容贯穿在日常教学之中。结合季节性、突发性传染病及食物中毒的预防,安排必要的课时进行相应的健康教育,促使公共卫生安全意识深入人心。② 进一步规范学生健康体检制度,加强对学生常见病的预防和管理,及时防控学校传染病的发生和流行。③ 发生食物中毒、传染病流行或其他重大公共卫生安全事件时,要及时报告城区教育行政主管部门和疾病预防控制机构、卫生行政主管部门,立即组织专业技术人员调查处理,迅速控制事态扩大和蔓延,严防恶性事件发生。

(5) 加强学校环境卫生:学校的教室、实验室、运动场馆、宿舍、食堂、厕所、洗手间、浴室等设施要符合国家标准;要努力改善教室的采光、照明、通风条件,按照国家课桌椅卫生标准要求,配备适合学生身材的课桌椅,预防近视眼和脊柱弯曲异常等学生常见病的发生。要针对传染病流行的季节特点,搞好校园环境卫生,保障学生安全、安静、清洁、优美的学习、生活环境。

3. 细化食堂、宿舍管理

(1) 食堂卫生管理:① 食堂负责人和炊事人员要有健康证,并掌握食品安全相关知识,食品采购要索证,坚决杜绝"三无"产品流入校内;② 炊事人员上班时要穿整洁的工作服,戴干净的工作帽,开饭时一律穿戴工作服、帽;③ 食堂、厨房及周围水沟要及时清洗,确保清洁;④ 食品加工用的工具、餐具和菜橱要定期清洗消毒,做到菜刀不锈、砧板不霉、案台清洁、抹布干净;⑤ 学生必须文明用餐,用餐完毕,要保持餐桌及地面卫生,要将饭盆和多余饭菜清理至指定区域;⑥ 食堂各种证件要齐全。

(2) 寄宿生宿舍卫生管理:① 生管教师(保育员)要切实负起责任,多检查督促学生做好卫生工作;② 学生宿舍生活用品必须按学校的统一要求布置和摆设,宿舍内每天安排一人值日,其职责为打扫宿舍地面卫生及门窗玻璃卫生,将垃圾倒入指定地点;③ 不准乱倒乱泼乱扔,不准乱涂乱画、乱张贴和乱吊挂,不允许向窗外、走廊、庭院等公共场所泼水、吐痰、抛弃杂物,不将食品带入宿舍,不在宿舍用餐,不能在宿舍内酗酒、吸烟、吃零食;④ 宿舍内不私接电源,不使用电炉、电热杯、电水壶、电热毯、酒精炉等器具,不在宿舍区内使用明火或焚烧杂物;⑤ 保持宿舍区安静,严禁大声喧哗、起哄,不允许在宿舍区内踢球、打球;⑥ 讲究个人卫生,勤理发、勤洗澡、勤洗衣物。

4. 明确职责,做好传染病及突发事件的应急处理

(1) 长效应急管理:学校要认真做好传染病的监测和防治工作,要借鉴新型冠状病毒肺炎、传染性非典型肺炎和手-足-口病防治工作的经验,建立学校卫生防疫与食品卫生安全工作的长效机制。要按照《突发公共卫生事件应急条例》要求,共同研究、制定学校传染病流行、群体性食物中毒等突发事件的应急处理工作预案。

(2) 突发事件管理:要建立学生和教职工定期健康体检制度和传染病监测的长效机制,及时发现传染病患者并采取相应的隔离防范措施,切断传染病在学校的传播途径。学校发生食物中毒或者疑似食物中毒事件,或发生传染病流行,必须立即报告当地教育行政主管部门和城区卫生防疫机构。学校在食物中毒或传染病流行事件得到控制后,要将该事件的详细情况和处理结果向教育行政主管部门报告。

5. 细化举措,严格责任追究

(1) 加强检查督促:教育行政主管部门将对学校卫生安全工作进行定期或不定期专项检查。学校要经常性地对环境与生活设施进行自查,加强对食堂和小卖部的卫生管理,把不安全因素消灭在萌芽状态。

(2) 落实第一责任人制度:学校要把卫生工作的责任目标分解落实到人,建立校长作为第一责任人总体抓,分管副校长重点抓,班主任、校医具体抓,学生自我管理配合抓的分级管理体系。各校校长担任学校卫生安全工作组组长,并要有一名副校长具体负责。

(3) 加大追责力度:对落实卫生防疫、食品卫生安全措施不力,导致学校传染病流行或食物中毒等事件发生,对学生身体健康和生命安全造成严重危害以及在事件发生后不及时报告或隐瞒不报的,要依法查处直接责任人,并追究有关领导者的领导责任。

第四节 学校卫生的监督

一、学校卫生监督概念

学校卫生监督,是指卫生行政主管部门及其卫生监督机构依据法律、法规、规章对辖区内学校卫生工作进行检查指导,督促改进,并对违反相关法律、法规、规章的单位和个人依法追究其法律责任的卫生行政执法活动。它是国家卫生监督制度的一个重要方面,是一项技术性和政策性很强的工作。

行使学生卫生监督职权的机构设立学校卫生监督员,由省级以上卫生行政主管部门聘任,并颁发《学校卫生监督员证书》,执行学校卫生监督任务。学校卫生监督员在执行任务时应出示证件,有权查阅与卫生监督有关的资料,搜集与卫生监督有关的情况,被监督的单位或者个人应当给予配合。学校卫生监督员对所掌握的资料、情况负有保密责任。

二、学校卫生监督的职责

1. 学校卫生监督的总体职责

依据2012年颁布的《学校卫生监督工作规范》,学校卫生监督职责有以下内容:① 教学及生活环境的卫生监督;② 传染病防控工作的卫生监督;③ 生活饮用水的卫生监督;④ 学校内设医疗机构和保健室的卫生监督;⑤ 学校内公共场所的卫生监督;⑥ 配合相关部门对学校突发公共卫生事件应急处置工作落实情况的卫生监督;⑦ 根据教育行政主管部门或学校申请,开展学校校舍新建、改建、扩建项目选址和设计及竣工验收的预防性卫生监督指导工作;⑧ 上级卫生行政主管部门交办的其他学校卫生监督任务。

行使学校卫生监督工作职责时,应当根据各级各类学校的卫生特点,突出中小学校教学环境、传染病防控、饮用水卫生等监督工作重点,依照法律、法规、规章,认真落实学校卫生监督规范要求。

2. 省级卫生行政主管部门职责

(1) 制订全省(区、市)学校卫生监督工作制度、规划和年度工作计划并组织实施,根据学校卫生监督综合评价情况,突出重点,确定日常监督内容和监督覆盖率、监督频次。

(2) 组织实施全省(区、市)学校卫生监督工作及相关培训,对下级卫生行政主管部门及监督机构的学校卫生监督工作进行指导、督查、稽查和年度考核评估。

(3) 开展职责范围内的学校卫生日常监督。

(4) 负责全省(区、市)学校卫生监督信息管理及数据汇总、核实、分析及上报卫生行政主管部门,并通报同级教育行政主管部门。

(5) 组织协调、督办本省学校卫生重大违法案件的查处。

(6) 根据教育行政主管部门或学校的申请,开展职责范围内的学校校舍新建、改建、扩建项目选址和设计及竣工验收的预防性卫生审查工作。

(7) 组织协调涉及全省(区、市)学校卫生监督相关工作,承担上级卫生行政主管部门交办的学校卫生监督任务。

3. 设区的市级、县级卫生行政主管部门职责

(1) 根据本省(区、市)学校卫生监督工作规划和年度工作计划,结合实际,制订本行政区域

内学校卫生监督工作计划,明确重点监督内容并组织落实;组织开展本行政区域内学校卫生监督培训工作。

(2) 组织开展本行政区域内学校的教学及生活环境、传染病防控、生活饮用水、内设医疗机构和保健室、公共场所等卫生监督;配合相关部门开展学校突发公共卫生事件应急处置工作落实情况的卫生监督。

(3) 建立本行政区域内学校卫生监督档案,掌握辖区内学校的基本情况及学校卫生工作情况。

(4) 组织开展本行政区域内学校卫生违法案件的查处。

(5) 负责本行政区域内学校卫生工作监督信息的汇总、核实、分析及上报上级卫生行政主管部门,并通报同级教育行政主管部门。

(6) 设区的市对区(县)级学校卫生监督工作进行指导、督查和年度考核评估。

(7) 根据教育行政主管部门或学校申请,开展本行政区域学校校舍新建、改建、扩建项目选址和设计及竣工验收的预防性卫生审查工作。

(8) 承担上级卫生行政主管部门交办的学校卫生监督任务。

4. 学校卫生监督管理制度　省级和设区的市级卫生监督机构应当设立学校卫生监督科(处)室,承担学校卫生监督的具体工作;县级卫生监督机构应当指定科室承担学校卫生监督工作,明确专人承担学校卫生监督工作。

建立健全卫生监督协管服务工作制度,在乡镇卫生院、社区卫生服务中心配备专(兼)职人员负责有关学校卫生监督协管服务工作,协助卫生监督机构定期开展学校卫生巡查,及时发现并报告问题及隐患;指导学校设立宣传栏,协助开展健康教育及相关培训。

三、学校卫生监督的内容和方法

1. 教学、生活环境卫生

(1) 监督内容:① 教室人均面积、环境噪声、室内微小气候、采光、照明等环境卫生质量情况;② 黑板、课桌椅等教学设施的设置情况;③ 学生宿舍、厕所等生活设施卫生情况。

(2) 监督方法:① 测量教室人均面积;② 检查教室受噪声干扰情况,核实噪声符合卫生标准的情况;③ 检查教室通风状况,测定教室内温度、二氧化碳浓度等,查阅室内空气质量检测报告,核实教室微小气候符合卫生标准的情况;④ 检查教室朝向、采光方向和照明设置,测定教室采光系数、窗地比、后(侧)墙反射比、课桌面平均照度和灯桌距离,核实教室采光、照明符合卫生标准的情况;⑤ 检查课桌椅配置及符合卫生标准的情况;⑥ 检查黑板表面,测量黑板尺寸、黑板下缘与讲台地面的垂直距离、黑板反射比,核实教室黑板符合卫生标准的情况;⑦ 检查学生厕所、洗手设施和寄宿制学校洗漱、洗澡等设施条件是否符合卫生要求,了解学生宿舍卫生管理制度落实情况,测量学生宿舍人均居住面积。

2. 传染病防控工作

(1) 监督内容:① 传染病防控制度建立及措施的落实情况;② 学校依法履行传染病疫情报告职责的情况;③ 发生传染病后防控措施的落实情况。

(2) 监督方法:① 查阅学校传染病防控制度及应急预案等资料;② 查阅传染病疫情信息登记报告制度和记录等资料;③ 查阅学生晨检记录、因病缺勤登记、病愈返校证明、疑似传染病病例及病因排查登记、学生健康体检和教师常规体检记录、新生入学预防接种证查验及补种记录、校内公共活动区域及物品定期清洗消毒记录等资料;④ 对发生传染病病例的学校,查阅传染病病例登记及报告记录、被污染场所消毒处理记录、使用的消毒产品卫生许可批件等相关资料,核实学校传染病控制措施的落实情况。

3. 生活饮用水卫生

(1) 监督内容:① 生活饮用水管理制度建立及措施的落实情况;② 生活饮用水水质的情况;③ 学校内供水设施卫生许可、管理的情况;④ 供、管水人员持有效健康合格证明和卫生培训合格证明的情况;⑤ 学校索取涉水产品的有效卫生许可批件的情况;⑥ 学校内供水水源防护的情况。

(2) 监督方法:① 查阅生活饮用水卫生管理制度及水污染应急预案;② 查阅水质卫生检测资料,检查学校饮用水供应方式,根据实际情况,开展现场水质检测或采样送检;③ 查阅供水设施卫生许可证、供、管水人员健康合格证明和卫生培训合格证明;④ 查阅供水设施设备清洗消毒记录;⑤ 查阅涉水产品的有效卫生许可批件;⑥ 检查学校内供水水源防护设施。

4. 学校内设医疗机构或保健室卫生

(1) 监督内容:① 医疗机构或保健室设置及学校卫生工作开展的情况;② 医疗机构持有效执业许可证、医护人员持有效执业资质证书的情况;③ 医疗机构传染病疫情报告、消毒隔离、医疗废物处置的情况。

(2) 监督方法:① 检查医疗机构、保健室设置及功能分区,查阅中小学校卫生专业技术人员配置相关资料、卫生专业技术人员或保健教师接受学校卫生专业知识和急救知识技能培训记录,以及相应的培训合格证书;② 查阅医疗机构执业许可证、医护人员执业资质证书,查阅开展学校卫生工作资料;③ 查阅传染病疫情报告、疫情控制措施、消毒隔离等制度,检查执行情况,核实疫情报告管理部门和专职疫情报告人员及依法履行疫情报告与管理职责的情况;④ 检查医疗废物的收集、运送、储存、处置等环节,并查阅相关记录;⑤ 查阅消毒剂的生产企业卫生许可证及消毒产品卫生许可批件复印件。

5. 学校内游泳场所的卫生

(1) 监督内容:① 持有卫生许可证的情况,从业人员健康检查和培训考核的情况;② 卫生管理制度落实及卫生管理人员配备的情况;③ 游泳场所水质净化、消毒的情况;④ 传染病和健康危害事故应急工作的情况。

(2) 监督方法:① 查阅公共场所卫生许可证及从业人员健康合格证明和卫生培训合格证明;② 查阅卫生管理制度,核实设立有卫生管理部门或者配备专(兼)职卫生管理人员的情况;③ 查阅水质净化、消毒、检测记录及近期水质检测报告,根据实际情况,开展现场检测或采样送检;④ 检查清洗、消毒、保洁、盥洗等设施设备和公共卫生间卫生状况,查阅卫生设施设备维护制度和检查记录;⑤ 查阅传染病和健康危害事故应急预案或者方案。

6. 学校预防性卫生

(1) 监督内容:根据教育行政主管部门或学校申请,对新建、改建、扩建校舍的选址和设计监督指导并参与竣工验收。

(2) 监督方法:① 查阅建设单位提交的相关材料,核实材料的真实性、完整性和准确性;② 查阅相关检测(评价)报告,核实建设项目符合卫生要求的情况;③ 指定 2 名以上卫生监督员进行现场审查,核实学校选址;④ 建筑总体布局;⑤ 教学环境(教室采光、照明、通风、采暖、黑板、课桌椅设置、噪声)、学生宿舍、厕所及校内游泳场所、公共浴室、医疗机构等符合相关卫生要求的情况,以及核查建设单位提交材料与现场实际的吻合情况,并出具相关意见。

四、学校卫生监督的信息管理

各级卫生行政主管部门应加强学校卫生监督监测信息系统建设,组织分析辖区学校卫生监督监测信息,为制定学校卫生相关政策提供依据。

各级卫生监督机构应当设置专(兼)职人员负责辖区学校卫生监督信息采集、报告任务,通过全国卫生监督信息报告系统及时、准确上报监督检查相关信息,及时更新学校基本情况信息。各级卫生监督机构应当定期汇总分析学校卫生监督信息,报同级卫生行政主管部门和上级卫生监督机构,并抄送同级疾病预防控制机构。

第五节 法律责任

单位或个人违反涉及学校卫生工作的法律、法规和规章,应当承担相应的法律责任。县级以上卫生行政主管部门实施学校卫生监督后,应当及时将检查情况反馈被检查单位,针对问题及时出具卫生监督意见书,必要时通报当地教育行政主管部门,督促学校落实整改措施;对存在违法行为的,应当按照相关法律、法规和规章的规定,予以查处,并将查处结果通报当地教育行政主管部门。县级以上卫生行政主管部门应当及时将辖区内学校卫生重大违法案件的查处情况逐级向上级卫生行政主管部门报告,并通报同级教育行政主管部门。对涉嫌犯罪的,及时移交当地公安机关或司法机关。

现将主要的相关法律规范责任追究的规定列举如下。

一、违反《学校卫生工作条例》的法律责任

依据《学校卫生工作条例》规定,凡违反规定者由卫生行政主管部门给予行政处罚:

(1) 对于未经卫生行政主管部门的许可,新建、改建、扩建校舍的,对直接责任单位或者个人给予警告,责令停止施工或者限期改正。

(2) 凡有下列行为之一的,对直接责任单位或者个人给予警告并责令限期改进;情节严重的,可以同时建议教育行政主管部门给予行政处分:① 学校教学建筑、环境噪声、室内微小气候、采光、照明等环境质量以及黑板、课桌椅的设置不符合国家有关标准的;② 学校未按有关规定为学生设置厕所和洗手设施的;③ 寄宿制学校没有为学生提供相应的洗漱、洗澡等卫生设施的;④ 学校体育场地和器材不符合卫生和安全要求的,或者运动强度不适合学生的生理承受能力和体质健康状态,发生伤害事故的。

(3) 对学校组织学生参加生产劳动,致使学生健康受到损害的,由卫生行政主管部门对直接责任单位或者个人给予警告,责令限期改进。

(4) 对学校提供学生使用的文具、娱乐器具、保健用品,不符合国家有关卫生标准的,由卫生行政主管部门对直接责任单位或者个人给予警告。情节严重的,可以会同工商行政主管部门没收其不符合国家有关卫生标准的物品,并处以非法所得2倍以下的罚款。

(5) 拒绝或者妨碍学校卫生监督员实施卫生监督的,由卫生行政主管部门对直接责任单位或者个人给予警告。情节严重的,可以建议教育行政主管部门给予处分或者200元以下的

罚款。

二、违反《学校食堂与学生集体用餐卫生管理规定》的法律责任

依据《学校食堂与学生集体用餐卫生管理规定》,凡违反规定者应给予处罚。

(1) 对违反本规定,玩忽职守、疏于管理,造成学生食物中毒或者其他食源性疾患的学校和责任人,以及造成食物中毒或其他食源性疾患后,隐瞒实情不上报的学校和责任人,由教育行政主管部门按照有关规定给予通报批评和行政处分。

(2) 对不符合卫生许可证发放条件而发放卫生许可证造成食物中毒或其他食源性疾患的责任人,由卫生行政主管部门按照有关规定给予通报批评或行政处分。

(3) 对违反本规定,造成重大食物中毒事件,情节特别严重的,要依法追究相应责任人的法律责任。

三、违反其他法律法规的法律责任

1. 违反《食品安全法》的法律责任

(1) 生产经营不符合卫生标准的食品,造成食物中毒事故或者其他食源性疾患的:① 责令停止生产经营,销毁导致食物中毒或者其他食源性疾患的食品,没收违法所得,并处以违法所得1倍以上5倍以下的罚款;② 没有违法所得的,处以1000元以上5万元以下的罚款;③ 生产经营不符合卫生标准的食品,造成严重食物中毒事故或者其他严重食源性疾患,对人体健康造成严重危害的,或者在生产经营的食品中掺入有毒有害的非食品原料的,依法追究刑事责任。

(2) 未取得卫生许可证或者伪造卫生许可证从事食品生产经营活动的:① 予以取缔,没收违法所得,并处以违法所得1倍以上5倍以下的罚款;② 没有违法所得,处以500元以上3万元以下的罚款。

(3) 涂改、出借卫生许可证的:① 收缴卫生许可证,没收违法所得,并处以违法所得1倍以上3倍以下的罚款;② 没有违法所得的,处以500元以上1万元以下的罚款。食品生产经营过程不符合卫生要求的,责令改正,给予警告,可以处以5000元以下的罚款;③ 拒不改正或者有其他严重情节的,吊销卫生许可证。

(4) 生产经营禁止生产经营食品的:① 责令停止生产经营,立即公告收回已售出的食品,并销毁该食品,没收违法所得,并处以违法所得1倍以上5倍以下的罚款;② 没有违法所得的,处以1000元以上5万元以下的罚款,情节严重的,吊销卫生许可证。

2. 违反《传染病防治法实施办法》的法律责任
依据《传染病防治法实施办法》的规定,有下列行为之一的,由县级以上政府卫生行政主管部门责令限期改正,可以处5000元以下的罚款;情节较严重的,可以处5000元以上2万元以下的罚款,对主管人员和直接责任人员由其所在单位或者上级机关给予行政处分:① 集中式供水单位供应的饮用水不符合国家规定《生活饮用水卫生标准》的;② 单位自备水源未经批准与城镇供水系统连接的;③ 未按城市环境卫生设施标准修建公共卫生设施致使垃圾、粪便、污水不能进行无害化处理的等。

第十五章
中医药法律制度

> **导学**
> 1. 掌握中医药服务；中医药人才培养、科学研究和传承传播。
> 2. 熟悉中医药概述内容；违反相关《中医药法》的法律责任。
> 3. 了解中药保护与发展。

中医药是中华民族瑰宝，是我国医药卫生事业重要组成部分。2016年12月25日，第十二届全国人民代表大会常务委员会第二十五次会议通过《中华人民共和国中医药法》（以下简称《中医药法》）。《中医药法》首次从法律层次明确了中医药地位、发展方针和原则，全面系统规范了中医药服务、中药保护与发展、中医药人才培养、中医药科学研究、中医药传承与文化传播、保障措施及法律责任等内容，为继承和弘扬中医药，保障和促进中医药事业发展，保护人体健康，提供了法律武器。

第一节　中医药法概述

一、中医药概念

中医药是指包括汉族和少数民族医药在内我国各民族医药的统称，是中华民族对生命、健康和疾病的认识，具有悠久历史传统和独特理论、技术方法的医药学体系。

中医药是我国各族人民在几千年生产生活实践和与疾病斗争中逐步形成并不断丰富发展的医学科学。中医药作为一个统称，不仅包括汉族医药，还包括藏族医药、蒙古族医药、维吾尔族医药、傣族医药、壮族医药、苗族医药、瑶族医药、朝鲜族医药等我国各民族医药，而且其在理论基础、基本理念、诊疗方法、传承模式等方面都有自己的独特性。中医药具有灿烂而悠久的历史，长期以来，中医药"简、便、验、廉"的特点，担负着维护和增进我国人民健康的任务。随着健康观念变化和医学模式转变，中医药越来越显示出独特优势，也越来越得到世界人民认可，中医药发展将为人类健康提供更多的保障。

二、中医药立法概况

中华人民共和国成立以来，党和政府高度重视中医药事业发展，坚持中西医并重，中医药法制建设取得了重大成就。

自1949年以来，我国的中医药立法工作大致可分两个阶段。一是中华人民共和国成立初期,卫生部集中颁布了一些有关中医药管理规章。二是改革开放至今,随着法制建设不断深入,使得中医药事业发展基本步入法制化、规范化的发展轨道。我国多层次、多领域、全方位推动中医药法制发展,目前已制定了一系列有关中医药法律法规,颁布了一批专门中医药行政法规,发布了数百项中医药部门规章、规范性文件和技术标准,不断推进中医药政策法规标准体系建设。

1982年12月4日,第五届全国人民代表大会第五次会议通过的《中华人民共和国宪法》规定:"国家发展医药卫生事业,发展现代医药和我国传统医药。"这在法律层面确立了中医药等传统医药的地位,为中医药事业健康发展和法律制度建设提供了根本法律依据与坚实法律基础。

1997年1月,中共中央、国务院《关于卫生改革与发展的决定》充分肯定了中医药重要地位和作用,进一步明确了中西医并重的方针,把中医药确定为卫生事业发展的重要领域,为中医药事业快速健康发展指明了方向。

2002年10月,国务院办公厅转发了科技部、卫生部等8部委联合发布的《中药现代化发展纲要(2002—2010年)》。2003年4月7日,国务院颁布了《中华人民共和国中医药条例》,这是中华人民共和国成立以来第一部对中医药进行管理和规范的行政法规,对促进、规范中医药事业发展发挥了重要作用。2003年11月,国家中医药管理局发布了《关于进一步加强中西医结合工作的指导意见》。

2007年1月,经国务院同意,科技部、卫生部、国家中医药管理局、国家药品监督管理局等16个部门联合发布了《中医药创新发展规划纲要(2006—2020年)》。2007年10月25日,国家中医药管理局、国家民族事务委员会、卫生部、国家发展和改革委员会、财政部等11个部委局联合发布了《关于切实加强民族医药事业发展的指导意见》,这对于满足国家经济社会发展和人民健康的需求,建设小康社会,实现中华民族伟大复兴,进一步加快中医药现代化和国际化进程以及加强民族医药机构和服务网络建设,努力提高民族医药防治能力和学术水平,全面推进民族医事业发展,增强人民健康,促进民族团结,进而为构建社会主义和谐社会发挥了极其重要的作用。

2009年中共中央、国务院《关于深化医药卫生体系改革意见》提出,充分发挥中医药在疾病预防控制、应对突发公共卫生事件、医疗服务中的作用。加强中医临床研究和中医院建设,组织开展中医药防治疑难疾病和联合攻关。在基层医疗卫生服务中,大力推广中医药适宜技术。采取扶持中医药发展政策,促进中医药继承和创新。2009年4月21日,国务院印发《关于扶持和促进中医药事业发展的若干意见》,以进一步扶持和促进中医药事业发展,落实医药卫生体制改革任务。

随着经济社会快速发展,中医药事业发展面临一些新的问题和挑战。为使中医药立法跟上时代步伐,进一步保障和促进中医药事业发展,2016年12月25日通过了《中医药法》,这对中医药事业发展具有里程碑意义。在《中医药法》以及2016年2月22日国务院发布《中医药发展战略规划纲要(2016—2030年)》等一系列政策文件保障和促进下,中医药事业发展迎来了新的发展时代。

三、发展中医药事业的方针和原则

1. 中西医并重方针 《中医药法》规定,中医药事业是我国医药卫生事业的重要组成部分。

国家大力发展中医药事业,实行中西医并重的方针,建立符合中医药特点的管理制度。国家鼓励中医、西医相互学习,相互补充,发挥各自优势,促进中西医结合。

2. 继承和创新相结合原则 《中医药法》规定,发展中医药事业应当遵循中医药发展规律,坚持继承和创新相结合,保持、发挥中医药特色和优势,运用现代科学技术,促进中医药理论和实践发展。

四、中医药管理体制

《中医药法》规定,国务院中医药主管部门负责全国的中医药管理工作,国务院其他有关部门在各自职责范围内负责与中医药管理有关的工作。县级以上地方人民政府中医药主管部门负责本行政区域中医药管理工作,县级以上地方人民政府其他有关部门在各自职责范围内负责与中医药管理有关的工作。县级以上人民政府应当将中医药事业纳入国民经济和社会发展规划,统筹推进中医药事业发展。

五、中医药保障措施

1. 明确政府及有关部门在发展中医药事业中的职责 《中医药法》规定,县级以上人民政府应当为中医药事业发展提供政策支持和条件保障,将中医药事业发展经费纳入本级财政预算。县级以上人民政府及其有关部门制定基本医疗保险支付政策、药物政策等医药卫生政策,应当注重发挥中医药优势,支持提供和利用中医药服务。中医药主管部门应当参与有关政策制定工作。县级以上地方人民政府有关部门应当按照国家规定,将符合条件的中医医疗机构纳入基本医疗保险定点医疗机构范围,将符合条件的中医诊疗项目、中药饮片、中成药和医疗机构中药制剂纳入基本医疗保险基金支付范围。

2. 加强中医药标准体系建设 《中医药法》规定,国家加强中医药标准体系建设,根据中医药特点对需统一的技术要求制定标准并及时修订。中医药国家标准、行业标准由国务院有关部门依据职责制定或者修订,并在其网站上公布,供公众免费查阅。

3. 规范中医药评审、评估和鉴定活动 《中医药法》规定,开展法律、行政法规规定的与中医药有关评审、评估、鉴定活动,应当成立中医药评审、评估、鉴定专门组织或者有中医药专家参加。

4. 加大扶持力度,促进少数民族医药事业发展 《中医药法》规定,国家采取措施,加大对少数民族医药传承创新、应用发展和人才培养扶持力度,促进少数民族医药事业发展。

第二节 中医药服务

一、中医医疗机构

中医医疗机构是指依法取得医疗机构执业许可证的中医医院、中西医结合医院、门诊部和诊所。

《中医药法》规定,县级以上人民政府应当将中医医疗机构建设纳入医疗机构设置规划,举办规模适宜的中医医疗机构,扶持有中医药特色和优势的医疗机构发展。合并、撤销政府举办的中医医疗机构或者改变其中医医疗性质,应当征求上一级人民政府中医药主管部门意见。

举办中医医疗机构,应当按照国家有关医疗机构管理的规定办理审批手续,并遵守医疗机构管理的有关规定。政府举办的综合医院、妇幼保健机构和有条件的专科医院、社区卫生服务中心、乡镇卫生院应当设置中医药科室。县级以上人民政府应当采取措施,增强社区卫生服务站和村卫生室提供中医药服务的能力。

国家支持社会力量举办的中医医疗机构在准入、执业、基本医疗保险、科研教学、医务人员职称评定等方面享有与政府举办的中医医疗机构同等的权利。

(一)中医医院管理

中医医院是以医疗工作为中心,结合医疗进行教学和科学研究,是发扬中医药学、培养中医药人才的医疗卫生事业单位。

《中医医疗机构管理办法(试行)》规定,中医医院(含中医院校及中医研究机构附属医院)、中医专科医院、中医康复医院至少设病床30张;医师5人,其中主治中医师以上1人、中医师不少于2人;护师(士)不少于5人;有相应的药剂、放射、检验等医技人员和诊断、治疗等仪器设备。不足30张病床及相应条件者,不得称医院。

1. 体现中医特色 《中医药法》规定,开展中医药服务,应当以中医药理论为指导,运用中医药技术方法,并符合国务院中医药主管部门制定的中医药服务基本要求。中医医疗机构配备医务人员应当以中医药专业技术人员为主,主要提供中医药服务;经考试取得医师资格的中医医师按照国家有关规定,经培训、考核合格后,可以在执业活动中采用与其专业相关的现代科学技术方法。在医疗活动中采用现代科学技术方法的,应当有利于保持、发挥中医药特色和优势。

2. 业务科室设置 中医医院业务科室设置和病房分配比例,可根据中医专科特色和各自的规模、任务、特长及技术发展情况确定。在医生和药剂人员中,中医、中药人员要占绝对多数。

3. 加强药剂管理 根据《中药调剂室工作制度(试行)》《中药库管理制度(试行)》《医院中药饮片管理规范》规定,中医医院应当做到:① 中药加工炮制、储藏保管、调剂煎熬配方必须遵守操作规程和规章制度,保证药品质量;② 在坚持使用中药为主的前提下,应以饮片为主,中成药为辅;③ 重治轻补,严格中成药购销;④ 创造条件,开展中药剂型改革。

(二)中医专科管理

综合医院的中医专科和专科医院的中医科是中医医疗体系的重要组成部分。卫生部在《关于切实加强综合医院中医药工作的意见》《关于加强中医专科建设的通知》中指出,中医科地位和作用,在医院内与其他各科同样重要。中医科在诊断、治疗、护理、病历书写、病房管理等各个环节,要保持和发展中医特色。中医病床一般应占医院病床总数5%～10%。针灸、推拿、骨伤、皮肤、耳鼻喉、眼科、气功等中医专科都具有简、便、验、廉特点,要认真总结专科老中医经验和技术特长,通过传、帮、带,培养和造就一批中医专科人才,促进中医专科技术水平不断提高。

(三)中医诊所管理

《中医药法》规定,举办中医诊所,将诊所名称、地址、诊疗范围、人员配备情况等报所在地县级人民政府中医药主管部门备案后开展执业活动。中医诊所应当将本诊所诊疗范围、中医医师姓名及其执业范围在诊所明显位置公示,不得超出备案范围开展医疗活动。为加强对中医诊所管理,2017年12月1日起施行的《中医诊所备案管理暂行办法》做了详细规定。

1. 中医诊所的概念　《中医诊所备案管理暂行办法》规定，中医诊所是在中医药理论指导下，运用中药和针灸、拔罐、推拿等非药物疗法开展诊疗服务，以及中药调剂、汤剂煎煮等中药药事服务的诊所。

2. 中医诊所的管理　国家中医药管理局负责全国中医诊所管理工作，县级以上地方中医药主管部门负责本行政区域内中医诊所的监督管理工作，县级中医药主管部门具体负责本行政区域内中医诊所备案工作。

3. 举办中医诊所的条件　举办中医诊所应当同时具备下列条件：① 个人举办中医诊所，应当具有中医类别《医师资格证书》并经注册后在医疗、预防、保健机构中执业满3年，或者具有《中医(专长)医师资格证书》；② 法人或者其他组织举办中医诊所，诊所主要负责人应当符合上述要求；③ 符合《中医诊所基本标准》；④ 中医诊所名称符合《医疗机构管理条例实施细则》相关规定；⑤ 符合环保、消防相关规定；⑥ 能够独立承担民事责任。《医疗机构管理条例实施细则》规定不得申请设置医疗机构的单位和个人，不得举办中医诊所。

4. 中医诊所的备案材料　中医诊所备案要提交材料：① 中医诊所备案信息表；② 中医诊所主要负责人有效身份证明、医师资格证书、医师执业证书；③ 其他卫生技术人员名录、有效身份证明、执业资格证件；④ 中医诊所管理规章制度；⑤ 医疗废物处理方案、诊所周边环境情况说明；⑥ 消防应急预案。

法人或者其他组织举办中医诊所，还应当提供法人或者其他组织资质证明、法定代表人身份证明或者其他组织代表人身份证明。

5. 中医诊所的监督管理　中医诊所应当将《中医诊所备案证》、卫生技术人员信息在诊所明显位置公示。中医诊所人员、名称、地址等实际设置应当与《中医诊所备案证》记载事项相一致。中医诊所名称、场所、主要负责人、诊疗科目、技术等备案事项发生变动，应当及时到原备案机关对变动事项进行备案。禁止伪造、出卖、转让、出借《中医诊所备案证》。中医诊所应当按照备案诊疗科目、技术开展诊疗活动，加强对诊疗行为、医疗质量、医疗安全管理，并符合中医医疗技术相关性感染预防与控制等有关规定。中医诊所发布医疗广告应当遵守法律法规规定，禁止虚假、夸大宣传。

(四) 中医医疗广告

《中医药法》规定，医疗机构发布中医医疗广告，应当经所在地省、自治区、直辖市人民政府中医药主管部门审查批准；未经审查批准，不得发布。发布中医医疗广告内容应当与经审查批准的内容相符合，并符合《中华人民共和国广告法》有关规定。

二、中医从业人员

从事中医医疗活动人员应当依照《医师法》规定，通过中医医师资格考试取得中医医师资格，并进行执业注册。中医医师资格考试的内容应当体现中医药特点。

以师承方式学习中医或者经多年实践，医术确有专长人员，由至少两名中医医师推荐，经省、自治区、直辖市人民政府中医药主管部门组织实践技能和效果考核合格后，取得中医医师资格；按照考核内容进行执业注册后，在注册执业范围内，以个人开业方式或者在医疗机构内从事中医医疗活动。国务院中医药主管部门应当根据中医药技术方法的安全风险，拟订规定人员分类考核办法，报国务院卫生行政主管部门审核、发布。

第三节 中药保护与发展

一、中药

中药是指在中医理论指导下,运用传统的独特方法进行加工炮制并用于疾病预防、诊断和治疗,有明确适应证和用法、用量的植物、动物和矿物质及其天然加工品等。在古代中药称为"本草"。

中药包括中药材、中药饮片和中成药。中药材是指符合药品标准的植物、动物、矿物除去非药用部位、经过净制处理后的成品。中药饮片是将中药材进行净选、切制和其他炮制等工艺而制成一定规格的制成品。中成药是用一定配方将中药饮片加工或提取后制成具有一定规格,可以直接用于防病治病的中药成方制剂。

二、中药生产

(一)中药材的生产

1. 制定中药材生产流通全过程的技术规范和标准 国家制定中药材种植养殖、采集、储存和初加工的技术规范、标准,加强对中药材生产流通全过程的质量监督管理,保障中药材质量安全。国家鼓励发展中药材规范化种植养殖,严格管理农药、肥料等农业投入品使用,禁止在中药材种植过程中使用剧毒、高毒农药,支持中药材良种繁育,提高中药材质量。在乡村医疗机构执业的中医医师、具备中药材知识和识别能力的乡村医生,按照国家有关规定可以自种、自采地产中药材并在其执业活动中使用。

2. 加大力度保护道地中药材 道地中药材是指经过中医临床长期应用优选出来,产在特定地域,与其他地区所产同种中药材相比,品质和疗效更好,且质量稳定,具有较高知名度的中药材。国家建立道地中药材评价体系,支持道地中药材品种选育,扶持道地中药材生产基地建设,加强道地中药材生产基地生态环境保护,鼓励采取地理标志产品保护等措施保护道地中药材。

3. 建设和完善中药材质量监测体系、规范和标准 国务院药品监督管理局应当组织并加强对中药材质量监测,定期向社会公布监测结果。国务院有关部门应当协助做好中药材质量监测的有关工作。采集、储存中药材以及对中药材进行初加工,应当符合国家有关技术规范、标准和管理规定。

4. 保护药用野生动植物资源 国家保护药用野生动植物资源,对药用野生动植物资源实行动态监测和定期普查,建立药用野生动植物资源种质基因库,鼓励发展人工种植养殖,支持依法开展珍贵、濒危药用野生动植物保护和繁育的相关研究。

(二)中药饮片的生产

中药饮片必须按照国家药品标准炮制;国家药品标准没有规定的,必须按照省级药品监督管理部门制定的炮制规范炮制。省、自治区、直辖市人民政府药品监督管理部门制定的炮制规范应当报国务院药品监督管理部门备案。国家保护中药饮片传统炮制技术和工艺,支持应用传统工艺炮制中药饮片,鼓励运用现代科学技术开展中药饮片的炮制技术研究。

对市场上没有供应的中药饮片,医疗机构可以根据本医疗机构医师处方的需要,在本医疗机构内炮制、使用。医疗机构应当遵守中药饮片炮制的有关规定,对其炮制中药饮片质量负责,保证药品安全。医疗机构炮制中药饮片,应当向所在地设区的市级人民政府药品监督管理部门备案。根据临床用药需要,医疗机构可以凭本医疗机构医师处方对中药饮片进行再加工。

(三) 中成药的生产

1. 国家鼓励和支持中药新药的研制、生产 国家保护传统中药加工技术和工艺,支持传统剂型中成药生产,鼓励运用现代科学技术研究开发传统中成药。生产符合国家规定条件来源于古代经典名方中药复方制剂,在申请药品批准文号时,可以仅提供非临床安全性研究资料。古代经典名方,是指至今仍广泛应用、疗效确切、具有明显特色与优势的古代中医典籍所记载方剂。

2. 国家鼓励医疗机构配制和使用中药制剂 国家鼓励医疗机构根据本医疗机构临床用药需要配制和使用中药制剂,支持应用传统工艺配制中药制剂,支持以中药制剂为基础研制中药新药。医疗机构配制中药制剂,应当依照《药品管理法》规定取得医疗机构制剂许可证,或者委托取得药品生产许可证的药品生产企业、取得医疗机构制剂许可证的其他医疗机构配制中药制剂。委托配制中药制剂,应当向委托方所在地省、自治区、直辖市人民政府药品监督管理部门备案。医疗机构对其配制中药制剂质量负责;委托配制中药制剂,委托方和受托方对所配制中药制剂质量分别承担相应责任。医疗机构配制中药制剂品种,应当依法取得制剂批准文号。但是,仅应用传统工艺配制的中药制剂品种,向医疗机构所在地省、自治区、直辖市人民政府药品监督管理部门备案后就可配制,不需要取得制剂批准文号。医疗机构应当加强对备案中药制剂品种的不良反应监测,并按照国家有关规定进行报告。药品监督管理部门应当加强对备案中药制剂品种配制、使用的监督检查。

三、中药经营

《中医药法》规定,国家鼓励发展中药材现代流通体系,提高中药材包装、仓储等技术水平,建立中药材流通追溯体系。药品生产企业购进中药材应当建立进货查验记录制度。中药材经营者应当建立进货查验和购销记录制度,并标明中药材产地。

《药品管理法》规定,药品经营企业必须获得《药品经营许可证》,无《药品经营许可证》不得经营药品。城乡集市贸易市场可以出售中药材,但不得出售中药材以外药品。

第四节 中医药人才培养、科学研究和传承传播

一、中医药人才培养

《中医药法》明确规定,中医药教育应当遵循中医药人才成长规律,以中医药内容为主,体现中医药文化特色,注重中医药经典理论和中医药临床实践、现代教育方式和传统教育方式相结合。人才培养是发展中医药事业的根基,当前我国中医药人才,特别是基层中医药人才严重缺乏,难以适应中医药事业发展的需要。为此,国家需要通过大力发展中医药教育,培养能够熟练掌握中医药理论和技术方法、适应临床需要的中医药人才。

(一) 完善中医药教育体系

发展中医药教育,需建立适应中医药事业发展需要、规模适宜、结构合理、形式多样的中医药教育体系。这一教育体系中,既包括中医药学校教育,也包括师承教育;既包括毕业前或者

出师前教育,也包括毕业后或者出师后继续教育;既包括学历教育,也包括非学历培训等。总之,是一个结构合理、形式多样的中医药教育体系。在中医药教育体系中,中医药学校教育是培养中医药人才的主要渠道。国家完善中医药学校教育体系,支持专门实施中医药教育的高等学校、中等职业学校和其他教育机构发展。中医药学校教育的培养目标、修业年限、教学形式、教学内容、教学评价及学术水平评价标准等,应当体现中医药学科特色,符合中医药学科发展规律。

(二)发展中医药师承教育

国家发展中医药师承教育,支持有丰富临床经验和技术专长的中医医师、中药专业技术人员在执业、业务活动中带徒授业,传授中医药理论和技术方法,培养中医药专业技术人员。《关于深化中医药师承教育的指导意见》从七个方面提出了发展中医药师承教育的主要举措。

1. 发展与院校教育相结合的师承教育　推动师承教育与院校教育相结合人才培养模式改革;深化医教协同,实行人文教育和专业教育有机结合;推进中医药经典理论教学与临床(实践)相融合;鼓励有条件的中医药院校开设中医药师承班,逐步实现将师承教育全面覆盖中医药类专业学生;探索师承教育制度与学位和研究生教育制度衔接的政策机制,进一步完善全国老中医药专家学术经验继承工作与中医专业学位衔接的政策。

2. 加强与毕业后教育相结合的师承教育　发挥师承教育在毕业后教育中的作用,建立符合中医药特点的毕业后教育制度,建立具有中医特色的住院医师规范化培训模式;试点开展以传承名老中医药专家学术思想与临床经验、提升中医医师专科诊疗能力与水平为主要内容的中医医师专科规范化培训。

3. 推进与继续教育相结合的师承教育　在省级及以上中医药继续教育项目中设置师承教育专项和师承教育专项学分,逐步将师承教育专项学分作为中医药人员专业技术职务评审与聘用的重要依据。参加省级以上老中医药专家学术经验继承工作的中医药专业技术人员,经考核合格,符合职称晋升有关规定的,在同等条件下优先评聘高一级职称。鼓励中医药专家积极开展多形式的中医药继续教育活动;医疗机构开展继续教育和师承教育的质量评价将作为医院等级评审与综合考核等的重要内容;实施中医药人才培养专项推动师承教育;探索以学术共同体为特征的师承教育资源共享模式,加强师承教育的相互交流。

4. 支持以师承方式学习中医中药的师承教育　鼓励临床医学专业人员以师承教育方式学习中医;规范非医药类人员以师承方式学习中医中药,按照《医师法》《中医药法》及其相关配套文件等有关规章准则规定执行;支持经多年实践、确有专长中医(专长)医师,通过师承方式传承其独特技术专长;中医(专长)医师按照中医药继续教育相关规定,履行接受中医药继续教育的权利与义务。

5. 加强师承教育指导老师队伍建设　支持符合师承教育指导老师条件的中医药专业技术人员参与师承教育,履行指导老师的责任和义务;制定不同层级指导老师的遴选条件和准入标准,建立健全指导老师队伍,逐步实现指导老师认证管理;建立完善师承教育指导老师激励、约束机制。指导老师自主开展带徒授业等师承教育活动,向当地中医药主管部门申请备案,当地中医药主管部门可根据具体情况进行相关审核。

6. 加强师承教育考核管理　结合不同师承教育的模式与特点,制定相应的考核及出师管理办法。规范指导老师和师承人员自主开展师承教育,采取指导老师评价、现场陈述回答、实践操作等不同方式进行出师考核,并将出师师承人员名单在本区域内予以公布并提供查询。

7. 加强师承教育制度建设 建立贯穿中医药人才发展全过程中的医药师承教育体系,推进师承教育与院校教育、毕业后教育、继续教育相结合;完善传统师承教育模式,结合现代科技发展师承教育新模式;加强中医药师承教育内涵、外延及政策研究,探索建立师承教育与执业注册、表彰激励、专业学位和研究生教育制度、职称评定等相衔接的政策机制,建立健全中医药师承教育制度。

(三) 加强对中医医师和城乡基层中医药专业技术人员的继续教育

国家加强对中医医师和城乡基层中医药专业技术人员的培养和培训。县级以上地方人民政府中医药主管部门应当组织开展中医药继续教育,加强对医务人员特别是城乡基层医务人员的中医药基本知识和技能培训。中医药专业技术人员应当按照规定参加继续教育,所在机构应当为其接受继续教育创造条件。

《国务院关于扶持和促进中医药事业发展的若干意见》(国发〔2009〕22号)提出,根据经济社会发展和中医药事业的需要,规划发展中医药院校教育;调整中医药高等教育结构和规模,坚持以中医药专业为主体,按照中医药人才成长规律施教,强化中医药基础理论教学和基本实践技能培养;选择部分高等中医药院校进行中医临床类本科生招生与培养改革试点;加强中医药职业教育,加快技能型人才培养;国家支持建设一批中医药重点学科、专业和课程,重点建设一批中医临床教学基地。同时,完善中医药师承,探索不同层次、不同类型的师承教育模式;完善中医药继续教育制度,健全继续教育网络。

二、中医药科学研究

1. 鼓励中医药创新研究,支持对中医药古籍文献的利用 国家鼓励科研机构、高等学校、医疗机构和药品生产企业等,运用现代科学技术和传统中医药研究方法,开展中医药科学研究,加强中西医结合研究,促进中医药理论和技术方法的继承和创新。国家采取措施,支持对中医药古籍文献、著名中医药专家学术思想和诊疗经验以及民间中医药技术方法的整理、研究和利用,鼓励组织和个人捐献有科学研究和临床应用价值的中医药文献、秘方、验方、诊疗方法和技术。

2. 建立和完善创新体系、评价体系和管理体制 国家建立和完善符合中医药特点的科学技术创新体系、评价体系和管理体制,推动中医药科学技术进步与创新。2016年12月国家中医药管理局《关于加快中医药科技创新体系建设的若干意见》提出:到2030年,建成符合中医药自身发展规律和特点、适应我国经济社会发展和中医药事业发展需求、科技创新关键要素完备、运行协调高效的中医药科技创新体系。

3. 加大基础研究,提高中医药防病治病能力 国家采取措施,加强对中医药基础理论和辨证论治方法,常见病、多发病、慢性病和重大疑难疾病、重大传染病中医药防治,以及其他对中医药理论和实践发展有重大促进作用项目的科学研究。

三、中医药传承与文化传播

1. 建立中医药学术传承项目和传承人 《中医药法》规定,对具有重要学术价值的中医药理论和技术方法,省级以上人民政府中医药主管部门应当组织遴选本行政区域内中医药学术传承项目和传承人,并为传承活动提供必要的条件。传承人应当开展传承活动,培养后继人才,收集、整理并妥善保存相关学术资料。属于非物质文化遗产代表性项目的,依照《中华人民共和国非物质文化遗产法》有关规定开展传承活动。

2. **建立中医药传统知识保护数据库、保护名录和保护制度**　《中医药法》规定,国家建立中医药传统知识保护数据库、保护名录和保护制度。中医药传统知识持有人对其持有的中医药传统知识享有传承使用权利,对他人获取、利用其持有的中医药传统知识享有知情同意和利益分享等权利。国家对经依法认定属于国家秘密传统中药处方组成和生产工艺实行特殊保护。

3. **发展中医养生保健服务**　国家发展中医养生保健服务,支持社会力量举办规范的中医养生保健机构。中医养生保健服务规范、标准由国务院中医药主管部门制定。

4. **加强中医药文化宣传**　《中医药法》规定,县级以上人民政府应当加强中医药文化宣传,普及中医药知识,鼓励组织和个人创作中医药文化及科普作品。开展中医药文化宣传和知识普及活动,应当遵守国家有关规定。任何组织或者个人不得对中医药做虚假、夸大宣传,不得冒用中医药名义谋取不正当利益。广播、电视、报刊、互联网等媒体开展中医药知识宣传,应当聘请中医药专业技术人员进行。

5. **加强中医药对外交流和合作**　国家支持中医药对外交流与合作,推进中医药国际传播。《中医药法》规定,重大中医药科研成果推广、转让、对外交流和中外合作研究中医药技术,应当经省级以上人民政府中医药主管部门批准,防止重大中医药资源流失,并遵守有关保守国家秘密法律、行政法规和部门规章规定。

第五节　法　律　责　任

一、中医药主管部门及其他有关部门未履行职责的法律责任

县级以上人民政府中医药主管部门及其他有关部门未履行《中医药法》规定职责的,由本级人民政府或者上级人民政府有关部门责令改正;情节严重的,对直接负责主管人员和其他直接责任人员,依法给予处分。

二、中医诊所超出备案范围开展医疗活动的法律责任

中医诊所超出备案范围开展医疗活动的,由所在地县级人民政府中医药主管部门责令改正,没收违法所得,并处1万元以上3万元以下的罚款;情节严重的,责令停止执业活动。中医诊所被责令停止执业活动的,其直接负责主管人员自处罚决定做出之日起5年内不得在医疗机构内从事管理工作。医疗机构聘用上述不得从事管理工作的人员从事管理工作,由原发证部门吊销执业许可证或者由原备案部门责令停止执业活动。

三、中医医师超出注册执业范围从事医疗活动的法律责任

中医医师超出注册执业范围从事医疗活动的,由县级以上人民政府中医药主管部门责令暂停6个月以上1年以下执业活动,并处1万元以上3万元以下的罚款;情节严重的,吊销执业证书。

四、未按规定备案的法律责任

举办中医诊所、炮制中药饮片、委托配制中药制剂应当备案而未备案的,或者备案时提供

虚假材料的,由中医药主管部门和药品监督管理部门按照各自职责分工责令改正,没收违法所得,并处 3 万元以下的罚款,向社会公告相关信息;拒不改正的,责令停止执业活动或者责令停止炮制中药饮片、委托配制中药制剂活动,其直接责任人员 5 年内不得从事中医药相关活动。医疗机构应用传统工艺配制中药制剂未依照规定备案的,或者未按照备案材料载明的要求配制中药制剂的,按生产假药给予处罚。

五、违法发布中医医疗广告的法律责任

发布中医医疗广告内容与经审查批准的内容不相符,由原审查主管部门撤销该广告审查批准文件,1 年内不受理该医疗机构广告审查申请。违反《中医药法》规定,发布中医医疗广告规定以外违法行为的,依照《中华人民共和国广告法》规定给予处罚。

六、中药材种植过程中使用剧毒、高毒农药的法律责任

在中药材种植过程中使用剧毒、高毒农药,依照有关法律法规规定给予处罚;情节严重的,可以由公安机关对其直接负责主管人员和其他直接责任人员处 5 日以上 15 日以下拘留。

七、民事和刑事责任

违反《中医药法》规定,造成人身、财产损害的,依法承担民事责任;构成犯罪的,依法追究刑事责任。

第十六章
医学发展中的法律规定

> **导学**
> 1. 掌握人类辅助生殖技术的法律规定；死亡的法律问题。
> 2. 熟悉器官移植的法律问题；人类基因工程的法律问题。

20世纪中叶以来，在代表现代生物医学最高成就的基因疗法、人工生殖和器官移植三大领域，都取得了举世公认的重大进展。可以说，它们是未来医学的发展方向，将在防治疾病和增进人类幸福方面展现广阔前景。

科学技术的不断进步，对传统法律乃至文化观念都带来冲击和挑战，科学技术的开发和运用必须受法律规范，否则它给人类带来的危害就大于收益。因此，科学技术在前进路上从来就是与法律结伴而行的，医学科学技术更是如此。

第一节　器官移植的法律规定

器官移植技术，是基因治疗、人工生殖和器官移植三大领域中最为成熟的技术，医学在这一领域取得的重大进展令人瞩目。

一、器官移植概述

所谓器官移植，是指摘除一个健康个体器官并把它置于同一个体（自体移植），或同种另一个体（同种异体移植），或不同种个体（异体移植）相同部位（常位）或不同部位（异位），并使之迅速恢复功能的手术。提供器官的一方为器官移植的供体，可以是在世的人，也可以是刚刚去世的人。接受器官的一方为器官移植的受体。

器官移植目的是代替因致命性疾病而丧失功能的器官，使被移植个体能重新拥有相应器官，并正常工作，使患者重获新生。自1954年肾移植在美国波士顿获得成功以来，人类已能移植除了人脑外几乎所有的重要组织和器官。我国的器官移植工作始于20世纪50年代末期，70年代应用于临床。目前已开展数十种同种异体器官或组织移植，包括肾、肝、心、肺、小肠、脾、胰岛等，并形成自身特色和优势。

二、器官移植的法律问题

器官移植在20世纪世界医学史和人类文明史上开创了新的一页，它使千千万万生命垂危的患者摆脱了死神的威胁,延长了他们的生命,极大地造福了人类,为现代生命科学的发展开辟了广阔前景。但在器官移植技术发展背后,存在着令人困扰的问题和许多复杂的法律问题。

(一) 器官供体的法律问题

对于器官移植手术,最重要的莫过于供体器官的获得。然而,人体器官供体不足的问题使全世界每年数以百万甚至千万的患者在等待器官移植过程中失去生命。如何解决器官来源问题成为医学与法学所共同面临的首要问题。

1. 关于自愿捐赠活体器官的法律问题 人的全身器官组成一个完整的整体,各自发挥着功能。捐赠活体器官不能危及捐赠者的生命,对其未来生活不可造成大的影响。由于捐献器官或多或少影响了捐献者身体健康或其器官代偿能力,出于对器官缺失的恐惧和对健康丧失的担忧,人们对捐赠器官积极性很低。有偿捐赠也为伦理与法律所禁止的,捐赠器官者没有报酬,可能连捐赠器官的医疗费用还要自己承担,这也使得活体器官在非亲属间无偿捐赠为数极为有限,大多限于亲属间(如父母与子女间、夫妻间、兄弟姐妹间)。

在活体器官捐赠问题上,捐献活体器官必须得到捐赠人的明确同意。"知情同意"已成为器官移植中的一项必经程序。所谓知情,是指对捐献目的和器官摘除手术危险以及摘除器官后对健康可能损害一系列后果的明晓。所谓同意,是指自愿同意。

那么,未成年人是否可以捐献器官?在器官供体来源如此紧张情势下,会不会有人以收养子女为名而达到获得器官目的。如果真是这样,那将侵犯了未成年人的生命健康权。因此,一般不主张用未成年人活器官作为供体。1986年国际移植学会发布活体捐赠肾准则中规定:"捐赠者应已达到法定年龄。"国际刑法学协会第十四次代表大会决议,即便已取得其法定代理人的同意,也是为了捐赠人的一名近亲或挚友免于明显而现实的危险,并且是在没有其他符合医学标准适宜捐赠人时,才能允许未成年人和其他限制行为能力人捐献其器官、组织。1987年5月13日,第40届世界卫生大会的决议规定了一项重要原则,即不得从活体未成年人身上摘取移植器官,在国家法律允许情况下对再生组织进行移植可以例外。在医疗实践中,法律上也不允许父母为血液病患儿而再生一个孩子作为骨髓移植供体。

2. 关于尸体器官供体的法律问题 尸体器官占已实施移植器官总数 2/3~3/4,构成器官移植器官供体主体,其获取有以下三个类型。

(1) 自愿捐献:即死者生前自愿或其家属自愿将死者器官捐献给他人,应遵守自愿和知情同意两大原则。如果死者生前同意捐献则医院有权摘除其器官,如果死者生前明确表示死后不愿捐献器官,则他人无权摘除其器官。尊重死者生前捐赠意愿是表示对死者本人意志自由和人格尊严的尊重,对死者未做出捐赠表示的,根据法律规定,死者亲属对尸体有处置权,其亲属可以捐赠尸体器官。美国《统一组织捐献法》规定自愿捐献器官是指:① 超过18岁公民自愿捐献其身体一部或全部;② 死者虽未做捐献表示,但他(她)近亲属做出捐赠表示,且死者生前未有反对表示;③ 如果个人已做出捐献表示,其亲属不能取消。

我国《中国人体器官捐献登记管理办法》自愿捐献原则的规定:① 公民有权捐献或者不捐献其人体器官;任何组织或者个人不得强迫、欺骗或者利诱他人捐献人体器官。② 捐献人体器官的公民应当具有完全民事行为能力,并应当以书面形式表示。③ 公民已经表示捐献其人体器官意愿的,有权随时予以撤销。④ 公民生前表示不同意捐献其人体器官的,任何组织或者个人不得捐献、摘取该公民的人体器官;公民生前未表示不同意捐献其人体器官的,该公民死亡后,其配偶、成年子女、父母可以以书面形式共同表示同意捐献该公民人体器官的意愿。⑤ 任何组织或者个人不得摘取未满18周岁公民的活体器官用于移植。

(2) 推定同意捐献：随着器官移植普遍开展，自愿捐献器官远远不能满足临床需要，许多国家实行了推定同意政策以增加器官来源。即法律明确规定，公民在生前没有做出不愿意捐献器官表示的，都被认为是自愿捐献器官者，推定同意有两种形式。① 医师推定同意：只要死者生前未表示过反对，医生就可摘取其有用组织器官用于移植，而不考虑亲属意愿，如法国、瑞士、丹麦、奥地利、匈牙利、新加坡等采用这种方式。其优点是不仅可以增加可用于器官数量，而且可以提高器官移植质量，避免因征求家属意见而延误时间，使本可用来拯救生命的器官变成废物。但采取这种强制方式处理死者尸体做法很难为公众接受。② 家属推定同意：要求医师与死者亲属交涉，以明确家属有无反对意见，家属同意捐献方可用于移植，如罗马尼亚、瑞典、希腊、挪威等采用这种方式。它可以避免死者亲属提起诉讼。

(3) 需要决定：根据拯救生命的实际需要和死者的具体情况，决定是否摘取其器官用于移植。即只需按规定办理审批手续，不必考虑死者生前及其亲属意见，如新加坡有相关法令。

一般来说，以普通死者器官作为供体，必须以死者捐献器官生前意愿或遗嘱为前提，并取得家属同意，否则就违反一般的伦理规范和法律规定。

3. **关于死刑犯器官供体的法律问题**　1984年10月9日，我国最高人民法院、最高人民检察院、公安部、司法部、卫生部、民政部等联合颁布《关于利用死刑罪犯尸体或尸体器官的暂行规定》，规定以下三种死刑罪犯尸体或尸体器官可供利用：① 无人收殓或家属拒绝收殓的；② 死刑罪犯自愿将尸体交医疗卫生单位利用的；③ 经家属同意利用的。

2015年在广州举行的中国器官获取组织联盟大会暨国际器官捐献论坛上，中国首部《中国器官捐献指南》正式发布。从2015年1月1日起，全面停止使用死囚器官作为移植供体来源，公民逝世后自愿器官捐献将成为器官移植使用的唯一渠道。

4. **关于器官销售的法律问题**　由于移植器官严重供不应求，有些人迫于生计出卖器官，甚至引发绑架、取出脏器贩卖的犯罪行为。美国于20世纪80年代发布《全国器官移植法》，宣布器官买卖为非法。现至少有20个国家，包括加拿大、英国、印度、新加坡、巴西及欧洲许多国家等都立法禁止买卖器官。1989年5月，世界卫生组织呼吁制定一个有关人体器官交易全球禁令，敦促其成员国制定限制器官买卖法律。

我国法律禁止人体器官买卖。2007年3月21日，国务院第171次常务会议通过《人体器官移植条例》，2007年5月1日起施行。其第一章第三条规定：任何组织或者个人不得以任何形式买卖人体器官，不得从事与买卖人体器官有关的活动。《民法典》规定："为保障人权，禁止任何形式的人体器官买卖，人体器官捐献应当遵循自愿、无偿的原则；捐献者应当具有完全民事行为能力；公民捐献其人体器官应当有书面形式的捐献意愿，且有权予以撤销；任何组织或者个人不得摘取未满18周岁公民的活体器官用于移植。""禁止以任何形式买卖人体细胞、人体组织、人体器官、遗体。违反规定的买卖行为无效。"

现行我国《刑法》第131条规定："保护公民的人身权利、民主权利和其他权利，不受任何人、任何机关非法侵犯。违法侵犯情节严重的，对直接责任人员予以刑事处分。"

此外，对于胎儿器官可否作为供体，我国专家认为一般应遵守以下规则：① 作为供体性胎儿应局限在避孕、怀孕失败后流产和引产小于5个月胎龄胎儿以及围产期内无脑儿类等有严重先天缺陷胎儿范围；② 必须以取得胎儿父母一致知情同意和医院医学伦理委员会的审查、批准为前提；③ 禁止作为供体过程中商品化行为和方式；④ 禁止直接以治疗为理由而将流产胎儿用于供体。

（二）器官移植成败决定于死亡标准的法律问题

我国采取综合标准说作为死亡标准,这是通常所说的心脏死亡,即自发呼吸停止、心脏停止以及瞳孔反射功能停止。一般地说,器官允许缺血时间:大脑2～4 min,心脏3～4 min,肾脏4～5 min,骨和角膜2～4小时,瞳孔直径扩散5～9 mm。但若死后缺血时间过长,大多数器官已有伤害,也就不适合用于器官移植。而采用脑死亡标准者,心脏仍在跳动,脏器保持良好的血液灌注,在及时施行人工呼吸和给氧条件下,各组织不同于心脏死亡者那样发生缺血、缺氧,有利于增加捐献器官移植成活率。

此外,也有大脑、性腺(卵巢或睾丸)、异种器官移植的研究,但能否允许移植,也面临一系列的法律难题。

三、我国器官移植的法律规定

2006年3月16日,卫生部发布了《人体器官移植技术临床应用管理暂行规定》,于2006年7月1日起施行。其规定:① 医疗机构开展人体器官移植技术临床应用,必须按照《医疗机构管理条例》和本规定,向省级卫生行政主管部门申请办理器官移植相应专业诊疗科目登记。申请办理器官移植相应专业诊疗科目登记的医疗机构原则上为三级甲等医院,并必须具备下列条件:具备人体器官移植技术临床应用能力的医院,有在职执业医师和与开展人体器官移植相适应的其他专业技术人员;有与开展人体器官移植技术临床应用相适应的设备、设施;有人体器官移植技术临床应用与伦理委员会;有完善的技术规范和管理制度。② 人体器官不得买卖;医疗机构用于移植人体器官必须经捐赠者书面同意;捐赠者有权在人体器官移植前拒绝捐赠器官。③ 医疗机构在摘取活体器官前,应当充分告知捐赠者及其家属摘取器官手术风险、术后注意事项、可能发生的并发症及预防措施等,并签署知情同意书。医疗机构及其医务人员未经捐赠者及其家属同意,不得摘取活体器官。活体器官移植不应当因捐献活体器官而损害捐赠者相应的正常生理功能。④ 医疗机构及其任何工作人员不得利用人体器官或者人体器官移植,牟取不正当利益。⑤ 医疗机构及其医务人员开展试验性人体器官移植,必须进行技术论证,并按照有关规定取得批准。医疗机构开展异种器官移植,应当按照临床科研项目有关规定取得批准后方可实施。该规定的施行,将有利于在全国范围内严格规范器官移植工作和科研工作,保障器官捐献者合法权益。

2007年3月31日,国务院发布《人体器官移植条例》,自2007年5月1日起实施。在中华人民共和国境内从事人体器官移植均适用本条例,但从事人体细胞、角膜和骨髓等人体组织移植不适用,其规定人体器官移植应该遵循八个原则。① 自愿:公民享有捐献或者不捐献其人体器官的权利;任何组织或者个人不得强迫、欺骗或者利诱他人捐献人体器官。捐献人体器官的公民应当具有完全民事行为能力。任何组织或者个人不得摘取未满18周岁公民活体器官用于移植。公民捐献其人体器官应当有书面形式的捐献意愿,对已经表示捐献其人体器官意愿者,有权予以撤销。公民生前表示不同意捐献其人体器官,任何组织或者个人不得捐献、摘取该公民人体器官;公民生前未表示不同意捐献其人体器官,该公民死亡后,其配偶、成年子女、父母可以书面形式共同表示同意捐献该公民人体器官的意愿。② 知情同意:从事人体器官移植的医疗机构及其医务人员在摘取活体器官前,应当向活体器官捐献人说明器官摘取手术风险、术后注意事项、可能发生的并发症及其预防措施等,并与活体器官捐献人签署知情同意书。③ 公平公正：申请人体器官移植手术患者排序，应当符合医疗需要，遵循公平、公正和公开原则。④ 技术准入：医疗机构从事人体器官移植应当依照《医疗机构管理条例》规定，向所在地省、自治区、直辖市人民政府卫生行政主管部门申请办理人体器官移植诊疗科目登记。医疗机构从事人体器官移植，应当具备下列条件：有与从事人体器官移植相适应的执业医师和其他医务人员；有满足人体器官移植所需要的设备、设施；有由医学、法学、伦理学等方面专家组成人体器官移植技术临床应用与伦理委员会，该委员会中从事人体器官移植医学专家不超过委员人数的 1/4；有完善的人体器官移植质量监控等管理制度。⑤ 非商业化：任何组织或者个人不得以任何形式买卖人体器官，不得从事与买卖人体器官有关的活动。从事人体器官移植医疗机构实施人体器官移植手术，除向接受人收取下列费用外，不得收取或者变相收取所移植人体器官费用：摘取和植入人体器官手术费；保存和运送人体器官的费用；摘取、植入人体器官所发生的药费、检验费、医用耗材费。⑥ 保密：从事人体器官移植的医务人员应当对人体器官捐献人、接受人或者申请人体器官移植手术患者的个人资料保密。⑦ 人体器官移植技术临床应用与伦理委员会审查同意：委员会不同意摘取人体器官，医疗机构不得做出摘取人体器官的决定，医务人员不得摘取人体器官。⑧ 活体器官接受人限于活体器官捐献人的配偶、直系血亲或者三代以内旁系血亲，或者有证据证明与活体器官捐献人存在因帮扶等形成的亲情关系人员。

第二节 死亡的法律问题

医学是研究保护和增进人类健康、预防和治疗疾病的科学，人类生与死从来就是医学所密切关注的主题。随着现代生物医学发展，特别是人工生殖、心肺复苏等技术发展，人类生存方式和死亡标准发生了重大改变，这种改变给传统法律带来了前所未有的挑战。

一、死亡标准与死亡法学判定

哲学上死亡是指一个人自我意识能力完全地、永久地丧失。与哲学上死亡概念相适应是生理学上和方法学上概念，即生理上死亡判定标准和死亡检测方法，这也是死亡标准和死亡法学判定的问题。

（一）死亡标准

死亡，是指脑死亡、生命机体内同化和异化过程矛盾运动的终止、生命系统所有维持其存在属性丧失和生命特征丧失且永久性的终止。其内在含义有以下方面：① 脑死亡；② 生命机体内同化和异化过程矛盾运动的终止；③ 生命系统所有维持其存在属性的丧失，最终变成无生命特征的物体；④ 自然流通链中变化的必然；⑤ 人的死亡是生物学上的死亡，其精神被周围存在的他个体所继承。

1. **心跳呼吸停止标准**　我国医学界一直以自发呼吸停止、心脏停止、瞳孔反射功能停止作为判定死亡的标准，即心脏死亡。这是人类公认的死亡标准，也是最容易观察和确定的形式。

2. **脑死亡标准**　脑死亡是指包括脑干在内的全脑功能丧失的不可逆转的状态，世界卫生组织医学科学国际委员会对脑死亡诊断提出了五项标准。① 昏迷：对整个环境应答反应消失。② 各种反射消失：瞳孔无对光反射，呈扩张状态。③ 自主呼吸消失：包括停止人工呼吸3

分钟后仍无自主呼吸。④ 如果不以人工维持,血压急剧下降。⑤ 甚至给予刺激,脑电图呈直线。以上情况应除外低体温(小于23℃)患者和药物滥用者。24小时重复上述测试,结果不变。

脑死亡有别于"植物人"。"植物人"的脑干功能存在,昏迷只是由于大脑皮层受到严重损害或处于突然抑制状态,患者可以有自主呼吸、心跳和脑干反应。而脑死亡则无自主呼吸,是永久、不可逆性。

世界许多国家采用脑死亡的标准,但是不同国家对于脑死亡的概念、判定标准、临床实践和文献记载并不一致。中国学者有共识的脑死亡临床判定的先决条件是昏迷原因明确,排除各种原因的可逆性昏迷。诊断标准是深昏迷,脑干反射全部消失,无自主呼吸,以上必须全部具备。确认实验为脑电图平直,经颅脑多普勒超声呈脑死亡图形,体感诱发电位P14以上波形消失,此三项中必须有一项。脑死亡观察时间为首次确诊后,观察12小时无变化,方可确认为脑死亡。

(二) 死亡的法律意义

1. 确认死亡标准对生活的法律意义

(1) 人的出生和死亡,在法律上都具有极为重要的意义。出生是一个人取得法律资格的开始,而死亡意味着其在法律上主体资格消灭,所享有的权利、义务终止。

(2) 死亡确定,宣布婚姻关系消灭。夫妻一方死亡,双方婚姻关系自然解除。

(3) 死亡确定,对于法律上定罪、量刑作用十分重大。如果一个人致人重伤昏迷,刑法上定性为伤害罪;而造成死亡,则是杀人罪或过失致人死亡罪。

(4) 有的法律关系因死亡确定而得以开始。如被继承者死亡,是遗产继承开始。人体器官捐献者在死亡后,医生才可以开始进行器官移植。如果死亡时间不能确定,器官移植就不能进行。如果没有死亡而进行器官切除,就会构成伤害或谋杀罪。

总之,死亡确定对生活有重要的法律意义,采取不同的死亡标准会得出不同结果。法律和伦理要求对死亡标准进行科学界定。

2. 确认脑死亡为实质性死亡标准对医学的法律意义

(1) 顺应医学科学本身发展的需要:脑死亡意味着人的实质性死亡。虽然有些情况下脑死亡后,患者在接受人工呼吸等支持情况下,心脏仍能跳动,并保持全身血液循环。但是,由于大脑无法复苏,这种心跳不再具有生命意义。因此,很多国家把脑死亡作为死亡标准,使死亡判断更加符合科学,也使法学、伦理学对死亡的认识更加理性化。

(2) 减轻医疗资源负担及患者家属与社会压力:对大脑不可逆损害患者只能靠人工辅助装置维持心跳和呼吸,对其进行长时期救护费用昂贵且占用较多医疗人力和物力,这必然给家庭、医院和社会都带来较大负担。脑死亡观念和实施脑死亡法,可以适时终止医疗救治和消耗卫生资源,合理使用有限资源。

(3) 减轻患者家属等待和无望的痛苦,让患者"死"得有尊严:拯救每一个可挽回生命是所有医生共同理想,但生死总是相伴而来。死亡是我们所有人都必定要经历,当死亡降临时,我们应勇敢地承认和面对,这是对死亡尊重、对生命本身敬畏。

(4) 开辟器官移植前景广泛:虽然随着人类医学进步,器官移植手术得到了极大发展。但是,由于心脏器官特殊性,医学还不能盲目将从脑死亡患者体内摘除的心脏器官用于移植受体。如果承认脑死亡,实际上就提前了确立死亡阶段,将心脏仍然可能处于跳动状态的脑死亡器官自愿捐献者宣布为死亡,从而可以摘除跳动心脏进行移植,而包括眼角膜在内其他器官存活和新鲜状态也将改善。可以说,脑死亡标准的确立,将为器官移植开辟广阔的前景。

二、脑死亡立法概况

脑死亡不仅在医学界得到共识,而且许多国家为之制定了相应的法律标准,已获得法律认可。从国外脑死亡立法情况看,脑死亡法律地位主要有以下三种形态。① 国家制定有关脑死亡法律,直接以立法形式承认脑死亡为宣布死亡的依据,如芬兰、美国、德国、罗马尼亚、印度等 10 多个国家;② 国家虽没有制定正式法律条文承认脑死亡,但在临床实践中已承认脑死亡状态,并以之作为宣布死亡依据,如比利时、新西兰、韩国、泰国等数十个国家;③ 脑死亡概念为医学界接受,但由于缺乏法律依据,医生不能以脑死亡来宣布个体死亡。

脑死亡立法从 20 世纪 70 年代开始一直绵延至今。1970 年,美国堪萨斯州率先制定了脑死亡法规的《死亡和死亡定义法》。1971 年,芬兰是世界上最早以法律形式确定脑死亡为人体死亡的国家。1978 年,美国统一州法全国委员会通过《统一脑死亡法》。1981 年,美国总统委员会通过了"确定死亡:死亡判定的医学、法律和伦理问题报告",明确规定脑死亡即为人的个体死亡标准之一(人的中枢神经系统死亡标准)。1983 年,美国医学会、美国律师协会、美国统一州法全国督察会议以及美国医学和生物学及行为研究伦理学问题总统委员会通过《统一死亡判定法案》,现已经有 31 个州和哥伦比亚特区采用这一法案,另外有 13 个州接受这一法案的基本原则而制定本州脑死亡法律。1997 年 10 月起日本实施《器官移植法》,规定脑死亡就是人的死亡。1997 年德国议会通过了新的器官移植法案,首次承认脑死亡。该国有关发言人指出,这样至少可保障医生不再在法律真空中工作,始终让达摩克利丝利剑高悬在他们头上。此外,加拿大和瑞典的脑死亡法律强调,当人所有脑功能完全停止作用并无可挽救时,即被认为已经死亡。

三、安乐死的法律问题

(一)安乐死概述

"安乐死"一词源自希腊文 Euthanasia,是由"美好"和"死亡"两个字所组成。现在的安乐死有两层意思:一是无痛苦的死亡,安然地去世;二是无痛致死术,为结束患者痛苦而采取致死措施。基于以上对安乐死的理解,安乐死一般可分为主动和被动安乐死两种形式。主动安乐死,即采用药物等措施加速患者死亡;被动安乐死,即对患者停止一切医疗措施,任其自行死亡。根据患者有无机会表示意愿,还可分为自愿安乐死和非自愿安乐死,后者通常是指患者在癌症晚期无法表达自己的意愿时,由患者家属或其他有关人员提出安乐死及协助安乐死。

(二)安乐死的法律问题

人是自然界最高级生物,人的生命具有崇高的价值。求生是每一个人的本能愿望,而安乐死的直接目的却是将人致死。因此,安乐死自其产生之日起,人们就从来没有中断过争论,在每一个国家都是如此,我国亦不例外。

1. 安乐死是否违反宪法　安乐死反对者认为,生存权是我国《宪法》直接保护的权利,不管安乐死是否自愿,只要是未经法律允许,人为地结束他人生命,都是对生存权剥夺,违背了《宪法》规定。

安乐死赞同者认为,我国《宪法》规定,公民人身自由与人格尊严不受侵犯。公民个人有权选择生存方式,在特定条件下也有权选择死亡方式。安乐死一般都是本人自愿,是公民个人的真实意愿,这不能算是违反《宪法》。

2. **个人是否有选择死亡的权利** 安乐死反对者认为,人作为社会主体,与整个社会联系在一起,在享受权利的同时,就要承担起对整个社会和家庭责任。选择安乐死即意味着放弃了对社会和家庭责任,这势必对社会、家庭会造成影响。

安乐死赞同者认为,既然生存权是一种权利,当事人当然既可以选择享受,也可以选择放弃。不同的患者,要求安乐死的动机虽然不尽相同,但是病魔给他们带来肉体和精神上的痛苦却是他们寻求安乐死的直接原因。可以想象,一个躯体和精神诸方面都十分正常、健康的人,是不会主动选择死亡,死亡毕竟是一种无可奈何的选择,而这一点常常被安乐死反对者所忽视。

3. **协助患者实施安乐死的人员是故意杀人还是人文关怀** 因协助患者进行安乐死而被判刑的案例并不少见。安乐死反对者认为,生命是神圣和至高无上的,任何人在没有法律授权情况下都没有剥夺他人生命的权利,否则就构成故意杀人罪。医生本职工作是尽一切可能救助患者生命,而不是加速患者死亡,即便患者处于绝症晚期也如此。

安乐死赞同者认为,协助患者进行安乐死不但不构成犯罪,反而是医生发扬人道主义精神体现。因为追求生命质量是实现生命价值的重要目标,当一个人生命只具有纯粹生物学意义上的存在或是只能在巨大痛苦中等待死亡时(生命质量已降低),让医生拖延患者生命以使其承受遥遥无期的痛苦,实际上是对患者的虐待,恰恰是一种不人道做法。

4. **节约医疗卫生资源能否成为免除国家或患者家属对患者进行救治的法定理由** 安乐死反对者认为,我国《宪法》规定:"中华人民共和国公民在年老、疾病或者丧失劳动能力的情况下,有从国家和社会获得物质帮助的权利。"患者近亲属对患者有抚养(赡养)义务,如果促使患者请求安乐死的主要原因是经济贫困,如果立法也允许这种情况下进行安乐死。那么,这种法律若固定下来将是道义的一种严重缺陷。

安乐死赞同者认为,社会资源是有限的,患者家属出于爱心、良知和人道,以巨大的精神、经济负担为代价,换来患者痛苦生命的延续,无疑是与理智背道而驰的行为,这种行为又因给患者及家属带来更多的痛苦,从根本上背离了人道。况且,对一个无望的绝症患者投入大量的医疗力量可能是浪费,应当将这些宝贵而有限医疗资源节约下来,用于救助可能治好的患者。而目前确有不少患者在医治无望的情况下,不愿意让亲人承受人财两空的结局而希望安乐死。

此外,还对安乐死实施的过程和后果表示担忧。首先,因为安乐死面临着巨大的医学难题。什么样的患者才是无法治愈的,什么样的痛苦才是患者难以承受的?对此,有时候根本无从断定。临床医学是在不断探索、实践中逐步发展的,如有些疾病看上去已无救治的可能,而实际上又有"起死回生"的希望;有些疾病目前无法治愈,但是数年、10多年之后就有可能被治愈了;有些意志力薄弱的患者,可能会因一时之痛而自愿放弃治疗;有些患者家属,可能是因为不愿意受拖累才请求医生对患者实施安乐死。在具体的临床实践中,如何应付、甄别种种复杂情况,并不是一件容易事情。其次,如何才能避免不法之徒以实施安乐死之名,行谋杀患者之实?安乐死一旦开禁,会不会导致滥用的情况。

(三)**安乐死国外立法概况**

1. **荷兰** 1968年,安乐死开始成为荷兰社会关注的问题。1988年,皇家药物管理局在一份报告中阐述了关于安乐死的标准。2001年4月10日,荷兰议会通过《安乐死法案》,使之完全合法化,并于2002年4月1日起正式生效,由此荷兰成为世界上第一个给安乐死立法的国家。该法案将荷兰长期以来安乐死判例加以条文化、规范化、法律化,不仅承认消极被动安乐死,更为重要的是有条件地承认主动安乐死。

法案为医生实施安乐死规定了严格而详细的条件:由患者本人"深思熟虑"后提出实施安乐死申请;医生确认患者病情根本无望好转且患者在经受病魔"令人无法忍受"的折磨;医生向患者如实通报其病情及以后的发展情况;与患者协商并得出结论,认为安乐死是唯一的解脱办法。一直看护患者的医生就上述4条写出书面意见,征得另一位"独立"医生的支持。

对患者实施安乐死程序,荷兰规定,所有上述条件仅是对成年患者而言,对未成年的患者,需要有附加条件:16~18岁的未成年患者可以在同家长商讨后一同做出决定。而12~16岁的青少年,必须由家长或监护人做出决定。同时,医生必须按照司法部规定"医学上合适方式"对患者实施安乐死,并在实施后向当地政府报告。

2. 比利时　比利时议会众议院于2002年5月16日通过一项法案,允许医生在特殊情况下对患者实行安乐死,并在3个月之内生效,从而成为继荷兰之后第二个使安乐死合法化的国家。按照该法案,实施安乐死的前提是患者的病情已经无法挽回,遭受着"持续的和难以忍受的生理、心理痛苦"。实施安乐死必须是由"成年和意识正常"的患者在没有外界压力的情况下,经过深思熟虑后自己提出来的。同时规定,患者有权选择使用止痛药进行治疗,以免贫困或无依无靠的患者因为无力负担治疗费用而寻死。

3. 澳大利亚　1995年6月,澳大利亚北部地区议会通过了一项安乐死法律——《晚期病人权利法》,批准实行符合特定条件的安乐死。尽管遭到当地医学会的反对,这项法律还是在1996年7月1日开始正式生效。不过,1996年12月联邦众议院以压倒多数通过终止这部安乐死提案。1997年3月澳大利亚联邦参议院经过辩论,推翻了《晚期病人权利法》。安乐死在澳大利亚重新成为非法行为。

4. 美国　美国20世纪70年代以来,判例法开始明确承认被动安乐死,并对主动安乐死持宽容态度。1976年美国加利福尼亚州州长签署了《自然死亡法》,其后有40个州通过了《死亡权力法案》,实施了与绝症晚期患者死亡权力的相关法律。

但到目前为止,联邦政府不完全认同安乐死,只有部分州认同。1999年10月27日,美国众议院通过法例,授权药物管制的执法人员严厉打击有目的地使用受联邦政府管制的麻醉药以帮助患者死亡的医生。但2006年1月17日,联邦最高法院以6对3票裁决,支持俄勒冈州1994年通过的准许有条件安乐死的州法。目前,美国实行安乐死合法化的有俄勒冈州、华盛顿州、蒙大拿州、佛蒙特州、纽约州。

5. 日本　日本是通过法院判例给安乐死以有条件认可,并逐渐形成了日本安乐死判例法。实行安乐死必须具备以下要件:① 根据现代医学知识和技术判断,患者已患不治之症且死亡不可避免,即将到来;② 所患疾病是不堪忍受、极度痛苦或惨不忍睹的;③ 实行的唯一目的是为了减轻患者死亡前的痛苦;④ 如果患者神志清醒,并能表达自己的意志,则需要本人的真诚委托或同意;⑤ 原则上由医生执行,否则需要充分的理由;⑥ 实行方法在伦理上被认为是正当。上述条件全部具备,夺去人的生命行为可以属于日本刑法规定的"正当行为"。为了消除患者肉体痛苦,不得已而侵害生命的行为,可被认为相当于日本刑法规定的"紧急避难行为"。

6. 其他国家　瑞士禁止积极、直接的安乐死。不过,在个别城市,医生可以给重病且自愿结束生命的患者一些致命药品,由患者自己服药。这属于被动协助自杀,是合法的。而在英国、法国等,安乐死至今尚未合法化。

(四) 我国安乐死立法思考

安乐死在我国引起了医学界、法学界、伦理学界、社会学界和公众的关注、讨论,始于20世纪80年代中期发生在陕西省汉中市一家医院的安乐死事件。

1988年7月、1994年10月在上海召开了两次全国安乐死学术讨论会,就安乐死的医学、社会、伦理、法律等问题进行了广泛讨论。关于安乐死立法,一种观点认为:选择安乐死是患绝症患者的一种权利,让安乐死合法化是人类理智、科学地对待死亡的一种表现,也是社会文明的一大进步。制定安乐死法规,既可解除不治患者的痛苦,又可节约卫生资源。可根据国情,分层次过渡,先拟定区域性条例,然后逐步推广。另一种观点认为:安乐死立法为时尚早,在法制尚不健全的情况下,安乐死即使有法也可能被滥用。1986年中国社会科学院在武汉、北京等地进行安乐死的民意调查结果表明,赞成安乐死或采取安乐死术的人占调查总人数的62%。1994年10月陈蕃等人发出《关于建立"自愿安乐死协会"倡议书》,并拟就了《中国自愿安乐死协会章程(草案)》,受到社会的关注。

安乐死问题也引起了国家立法机关的重视,在第七届、第八届全国人民代表大会会议上有代表提交了有关安乐死立法问题议案,提出我国应尽快进行安乐死立法提案。但从医学和法律角度的争论非常激烈,关于死亡权利及安乐死的社会、伦理和法律问题的讨论也将会持续相当长的阶段。

第三节 人类基因工程的法律规定

一、人类基因工程概述

基因工程又称基因拼接技术和DNA重组技术,是以分子遗传学为理论基础,以分子生物学和微生物学的现代方法为手段,将不同来源的基因按预先设计的蓝图,在体外构建杂种DNA分子,然后导入活细胞,以改变生物原有的遗传特性,获得新品种、生产新产品。基因工程技术为基因的结构和功能研究提供了有力的手段。

人类基因组计划是由美国科学家于1985年率先提出,于1990年正式启动,美国、英国、法国、德国、日本和我国科学家共同参与,与曼哈顿原子弹计划和阿波罗计划并称为三大科学计划,被誉为生命科学的"登月计划"。人类基因组计划将对医学产生深远影响,带来革命性变化。其一,改变了传统的医学模式,更大限度提高生命质量。如可根据每个人的特定基因图谱,判断健康状况、预测某种疾病潜在的发病可能;还可根据基因图谱提供的遗传信息,找到相应的预防、治疗措施;并可推出基因疫苗,提供防病能力。其二,支持基因诊断、基因治疗、生物芯片、克隆技术方面不断取得新进展。

二、人类基因工程的法律问题

1. **基因隐私权的法律问题** 基因隐私权是指法律赋予不同主体知悉和了解有关个体基因图谱及其他基因信息的权利。获得这些信息,也就知晓了每个人身体的秘密。这些信息一旦被泄露,个人的生命和健康将受到严重威胁。医务人员在诊疗过程中为诊疗的需要有权了解患者的基因信息,但也有为患者基因信息进行保密义务,如果一旦患者基因信息为他人知晓,将对权利人可能造成巨大的损害。如用人单位可能为了自身利益考虑而察看员工基因信息,一旦发现致病基因或缺陷基因,可能会拒绝招收或者解雇员工,以减少医疗费等开支;保险公司可能会因为某人携带致病基因或缺陷基因而拒绝其投保等,对此,法律应给以干预。

2. **基因专利权的法律问题** 目前国际上普遍存在争论是,人类基因可否授予专利权?如果可以授予,应按什么标准进行审查?如何确定批准后的保护范围?以一些科学家为代表的意见认为,基因序列本身是科学发现的范畴,不是专利意义上发明创造,因此基因序列本身不应保护,但对基因序列的应用可给予保护;以一些私人的公司为代表的意见则认为,应当保护基因序列本身。

3. **克隆的法律问题** 克隆是指生物体通过细胞进行无性繁殖,形成基因型完全相同的后代个体种群,可简单地理解为生物体"复制",分为生殖性克隆和治疗性克隆。生殖性克隆是指出于生殖目的使用克隆技术在实验室制造人类胚胎,然后将胚胎置入人类子宫发育成胎儿或婴儿的过程。治疗性克隆是指把克隆出来组织或者器官用于治疗疾病。由于某些新医疗方法需要胚胎干细胞,故有科学家在实验室制造人类胚胎以提取胚胎干细胞。但这些都普遍遇到了巨大的伦理障碍,遭到一些国家禁止。

现在国内外"克隆"人都被大众传播媒体炒得沸沸扬扬,但由于其严重违背了人类传统伦理道德及法律原则,导致各国政府、国际组织都反对"克隆"人。一些国家以法律条文禁止"克隆"人,并对"克隆"人的行为规定罚则,如英国将"克隆"人的行为规定为刑事犯罪行为。

三、我国人类基因工程立法

1. **基因工程安全管理** 为了促进我国生物技术的研究与开发,加强基因工程工作的安全管理,保障公众和基因工程工作人员健康,防止环境污染,维护生态平衡,1993年,国家科学技术委员会发布了《基因工程安全管理办法》。该办法授权国家科学技术委员会主管全国基因工程安全工作,成立全国基因工程安全委员会,负责基因工程安全监督和协调。国务院有关卫生行政主管部门依照有关规定,在各自职责范围内对基因工程工作进行安全管理。将基因工程工作按照潜在危险程度分为Ⅰ、Ⅱ、Ⅲ、Ⅳ四个安全等级。从事基因工程工作的单位,应当进行安全性评价,评估潜在危险,确定安全等级,制定安全控制方法和安全操作规则,制定相应治理废弃物安全措施。

2. **人类遗传资源管理** 人类遗传资源包括人类遗传资源材料和人类遗传资源信息,前者是指含有人体基因组及基因等遗传物质的器官、组织、细胞遗传材料,后者是指利用人类遗传资源材料产生的数据等信息资料。为了全面加强对采集、保藏、利用、对外提供中国人类遗传资源各环节的管理,明确管理责任和要求,健全管理体系,2019年3月20日国务院公布《人类遗传资源管理条例》,自2019年7月1日施行。

该条例明确,开展涉及人类遗传资源的活动,必须以维护中国公众健康、国家安全和社会公共利益为原则,必须符合伦理规定,必须保护资源提供者的合法权益,必须遵守相应的技术规范;强调对人类遗传资源的合理利用,提倡资源共享、开放合作;规定了违反条例的法律责任;要求对重要遗传家系和特定地区人类遗传资源实行申报登记制度。

3. **克隆技术管理** 2003年卫生部修订的《人类辅助生殖技术规范》规定:"禁止克隆人。"对于治疗性克隆没有法律规定。2005年3月8日第59届联合国大会批准了联大法律委员会通过的《联合国关于人的克隆宣言》,我国的态度是:明确反对生殖性克隆,继续治疗性克隆研究。

因为生殖性克隆人违反人类繁衍的自然法则,损害人类作为自然人的尊严,会引起严重的道德、伦理、社会和法律问题,但是治疗性克隆研究与生殖性克隆有着本质的不同,治疗性克隆对人类生命,增进人类身体健康有广阔前景。

人类基因工程技术是一项高新技术,随着它的飞速发展,需要法律对其进行调整以造福于人类。我国立法在这一方面还有待于进一步加强。

第四节 人类辅助生殖技术的法律规定

一、人类辅助生殖技术概述

人类辅助生殖技术简称生殖技术,是指采用医疗辅助手段使不孕不育夫妇妊娠的技术,包括人工授精和体外受精—胚胎移植及其衍生技术两大类。

人工授精是指用人工方法收集精子并直接注入女性生殖道内以取代性交途径使其妊娠的一种技术。根据精液来源不同,分为夫精人工授精和捐精人工授精。人工授精是用来解决男性不育问题(女方生育能力正常),现在世界人工授精婴儿已越过 30 万。当然,"受精"和"授精"是不同概念,受精是指精卵的结合,授精是指人为将精子加给卵子操作。一个是结果,一个是原因。

体外受精—胚胎移植技术及其衍生技术,是指从女性体内取出卵子,在器皿内培养后,加入经技术处理的精子,卵子受精后,继续培养,到形成早期胚胎时,再转移到子宫内着床,发育胎儿直至分娩的技术。由于体外受精—胚胎移植技术是有技术人员在试管器皿中操作,用这种技术生育的婴儿也称为"试管婴儿",主要适用于女性不孕问题,全球目前健康存活的体外受精试管婴儿已逾 10 万。

人类辅助生殖技术应当遵循有利于患者、知情同意、保护后代、社会公益、保密、严防商业化、伦理监督等原则。

二、人工授精的法律问题

(一) 夫精人工授精的法律问题

夫精人工授精所生子女一般情况下被视为婚生子女,享有与其他婚生子女同样的权利与义务。但对于利用亡夫精子进行怀孕所生孩子是否有继承权存在法律争议。

(二) 捐精人工授精的法律问题

由于捐精人工授精所生子女与生母之夫不存在自然血亲关系,因而引出了一系列的法律问题。

1. 子女法律地位的问题 20 世纪 50 年代,当捐精人工授精首次应用时,美国法院判定妇女犯有通奸罪(无性交通奸,即使丈夫同意),该婴儿是非法的非婚生子女或"奸生子女"。但随着捐精人工授精子女增多,世界各国一般都认定,经夫妻双方同意进行捐精人工授精所出生子女推定为婚生子女,与母之夫的关系视为父子女关系。

2. 子女父亲的确认 对于以捐精人工授精方式的出生子女,客观上存在着两个父亲,一个是生父(遗传意义上父亲),一个是养父(社会学意义上父亲)。谁是捐精人工授精子女合法父亲?从世界立法来看,大多认定后者为合法父亲,承担相应权利和义务;供精者不是该子女合法父亲,不享有对该子女的权利和义务。

3. 生育权的问题　单身妇女(包括未婚女子、丧偶妇女、女同性恋者及其他女独身主义者)是否享有用捐精人工授精方式实现生育权?每位妇女都享有生育权利,这是法律赋予的权利。如果允许这类妇女通过捐精人工授精生殖技术生育子女,社会就会产生一个难题:让子女出生在一个没有父亲的家庭是否对子女未来成长有影响?是否提供足够的法律保护?西方许多国家如法国、瑞典、德国等,都只允许在婚姻关系内进行捐精人工授精技术,但英国允许单身女子接受人工授精。美国也有一些由法院通过判例,明确"未婚女子同样享有宪法所规定的生育权"。我国目前还没有全国统一立法的相应规定。

三、体外受精的法律问题

1. 体外受精婴儿的父母确认　人工授精技术提出了谁是法律上父亲的问题,体外受精技术则将该问题扩大为"谁是父母"?如一对夫妇因在不能生育情况下,体外受精生子后,代理母亲不交还孩子给被代孕夫妇,会引发了一系列的法律纠纷。根据配子来源不同,可分为以下几种情况。

(1) 使用妻子卵子和丈夫精子在体外受精后将胚胎植入妻子子宫内妊娠,试管婴儿父母能被唯一地确定下来。

(2) 使用妻子卵子和其他供精者精子在体外受精后将胚胎植入妻子子宫内妊娠,生育试管婴儿也有生物学(遗传学)和社会学(养育者)两个父亲。各国法律一般都认为,这种试管婴儿法律上的父亲是其养育父亲,即生母之夫。

(3) 使用供卵者卵子与丈夫精子进行体外受精后将胚胎植入妻子子宫内妊娠,这种试管婴儿父亲可以确定下来,而母亲有遗传学上母亲(供卵者)和生母两个。各国法律一般都认为,生母是试管婴儿法律上的母亲,而供卵者与婴儿无任何法律上的权利与义务关系。

(4) 使用供卵和供精进行体外受精后再将胚胎植入妻子子宫内进行妊娠,试管婴儿有生母和供卵者两个母亲及生母之夫和供精者两个父亲。各国法律一般都认为,生母及生母之夫是试管婴儿法律上的父母。

在解决卵子提供者与体外受精技术所生婴儿间法律关系的问题上,各国法律确定了"孕育母亲在确定中比遗传母亲处于优势"原则,同时推定该妇女丈夫为所生婴儿父亲(即养育父亲在父权竞争中强于遗传学父亲),从而解决了谁是当体外受精技术所生婴儿父母的问题。

2. 体外受精适用对象　是否允许婚姻中的老年妇女要求使用体外受精?从教育子女和子女身心健康教育需要来分析,体外受精技术不应无限地扩大,法律应谨慎地面对普遍的、社会可承受的文化环境和传统习俗,由此方可保障稳定的社会秩序。

四、代孕母亲的法律问题

代孕是指婚姻关系中妻子无法怀孕生子或者不愿"亲自"怀孕生子而雇其他女性代为受孕。代孕母亲是指代人妊娠妇女,又称代理母亲,主要有两种形式:一是用自己的卵子人工授精后妊娠,分娩后将孩子交给委托人抚养;二是利用他人的受精卵植入自己的子宫妊娠,分娩后将孩子交给委托人抚养。

除美国之外,世界各国的法律基本上都是禁止代理母亲,代理母亲出现会引发了以下法律问题。

1. 代理母亲代生婴儿归属问题 有的代生母亲出于母爱,舍不得将所生孩子给委托代理人夫妇,或是由于所生婴儿存在某些缺陷,双方都不愿承担孩子抚养责任。

2. 存在出租子宫收取酬金现象 有偿出租子宫使用权,使妇女沦为生育工具,这是伦理道德所不允许,为法律所禁止。

3. 存在商品化趋向 代理母亲可能会出现将婴儿当作商品自由买卖的现象,这将不能保护青少年权益,造成一定的社会影响。

五、我国生殖技术立法

由于人类辅助生殖技术关系到个人、家庭、社会以及下一代健康和利益,世界各国大多制定了相应的管理条例和法律。我国从1988年开始讨论辅助生殖技术立法问题。

1989年,卫生部发出《关于严禁用医疗技术鉴定胎儿性别和滥用人工授精技术紧急通知》。1991年,最高人民法院在《关于夫妻关系存续期间以及人工授精所生子女的法律地位的函》司法解释中指出:在夫妻关系存续期间,双方一致同意进行人工授精,所生子女应视为夫妻双方婚生子女。2001年2月,卫生部颁布了《人类辅助生殖技术管理办法》《人类精子库管理办法》两部规章。随后,又分别颁布实施了《人类辅助生殖技术规范》《人类精子库技术规范》《人类精子库基本标准》《实施人类辅助生殖技术的伦理原则》。2015年卫生和计划生育委员会分别颁布了《关于加强人类辅助生殖技术与人类精子库管理的指导意见》(国卫妇幼发〔2015〕55号)、《关于规范人类辅助生殖技术与人类精子库审批的补充规定》(国卫妇幼发〔2015〕56号),2016年卫生和计划生育委员会妇幼司颁布了《关于落实人类辅助生殖技术管理相关规范性文件的通知》(国卫妇幼妇卫便函〔2016〕66号)。

1.《人类辅助生殖技术管理办法》

(1)人类辅助生殖技术的应用应当在经过批准的医疗机构中进行,申请开展夫精人工授精技术的医疗机构由省级卫生行政主管部门审批。申请开展供精人工授精和体外受精—胚胎移植及其衍生技术的医疗机构,由省级卫生行政主管部门提出初审意见,报国家卫生行政主管部门审批。禁止以任何形式买卖配子、合子、胚胎;禁止实施任何形式代孕技术。

(2)对人类辅助生殖技术实施,应当遵循知情原则,并签署知情同意书。涉及伦理问题,应当提交医学伦理委员会讨论。医疗机构应当与国家卫生行政主管部门批准的人类精子库签订供精协议;严禁私自采精;应当索取精子检验合格证明。医疗机构应当建立健全技术档案管理制度等。

2.《人类精子库管理办法》

(1)人类精子库设置在医疗机构内。精子采集和提供应当遵守当事人自愿和符合社会伦理的原则。任何单位和个人不得以赢利为目的进行精子采集与提供的活动。设置人类精子库应当经国家卫生行政主管部门批准。

(2)对精子采集与提供规定,供精者应当是年龄在22~45周岁的健康男性,且只能在一个人类精子库中供精;人类精子库应当与供精者签署知情同意书。严禁向医疗机构提供新鲜精子;严禁向未经批准开展人类辅助技术的医疗机构提供精子。1个供精者精子最多只能提供给5名妇女受孕。人类精子库应当建立供精者档案等。